教育部协同育人项目：
202101237008 学科基础课信息化教学资源库建设研究——以微生物实验为例
河北省教育教学改革研究项目：
2019GJJG390 混合教学模式在实践教学改革中的应用——以《环境工程微生物》为例
2023GJJG399 应用型本科高校分层渐进式实践教学体系建设研究
河北环境工程学院教育教学改革研究项目：
yb202026 应用型本科高校实验室资源整合与管理研究
横向课题：
生态环境检测"微专业"建设探索

应用型高校实践教学体系的构建研究

张一婷　伦海波　杨相丽 ◎ 著

吉林文史出版社

图书在版编目（CIP）数据

应用型高校实践教学体系的构建研究 / 张一婷, 伦
海波, 杨相丽著. — 长春 : 吉林文史出版社, 2024.3
ISBN 978-7-5752-0141-4

Ⅰ.①应… Ⅱ.①张… ②伦… ③杨… Ⅲ.①高等学
校 – 教学研究 – 中国 Ⅳ.① G642.0

中国国家版本馆 CIP 数据核字 (2024) 第 070580 号

应用型高校实践教学体系的构建研究
YINGYONG XING GAOXIAO SHIJIAN JIAOXUE TIXI DE GOUJIAN YANJIU

著　　者：张一婷　伦海波　杨相丽
责任编辑：高丹丹
出版发行：吉林文史出版社
电　　话：0431-81629359
地　　址：长春市福祉大路 5788 号
邮　　编：130117
网　　址：www.jlws.com.cn
印　　刷：河北万卷印刷有限公司
开　　本：710mm×1000mm　1/16
印　　张：14.5
字　　数：236 千字
版　　次：2024 年 3 月第 1 版
印　　次：2024 年 3 月第 1 次印刷
书　　号：ISBN 978-7-5752-0141-4
定　　价：88.00 元

前　言

　　高等教育体系作为规模巨大的教育体系，肩负着为国家培育各类人才的重要职责，其中包括研究创新型人才和应用技术型人才。随着我国高等教育改革的不断深化，应用型教育的质量也得到了显著提升。在这个过程中，实践育人逐渐显现出其独特的价值和意义。它不仅是一种教育方法，更是一种培养学生综合能力的有效手段。实践育人强调在实际操作中培养学生的实践能力和创新思维。通过实践育人，学生不仅能够掌握专业的知识和技能，还能够培养强烈的社会责任感和高尚的人格品质。与此同时，实践育人还能对学生世界观、人生观和价值观的形成起到积极的引导作用。在应用型高校的转型发展过程中，实践育人是一种重要的教育策略，它不仅能够帮助高校解决转型过程中遇到的各种问题，还能够激发高校的内生发展动力。

　　实践教学体系的构建不仅是一个教育问题，更是一个社会问题。因为一个国家的发展离不开高素质的人才，而高素质的人才培养离不开完善的教育体系。特别是在应用型高校，实践教学体系的重要性尤为凸显。因为应用型高校的学生大多数在毕业后会直接进入社会工作，他们的实践能力直接关系一个国家的经济发展和社会进步。鉴于此，笔者撰写了《应用型高校实践教学体系的构建研究》一书，其理论意义和实践价值自然不言而喻。笔者在撰写本书过程中，在内容编排上共设了七章，各章节内容简介如下：

　　第一章。阐释了应用型高校和实践教学体系的相关概念，全方位分析了实践教学在应用型高校人才培养中的地位和作用。

第二章。论述了应用型高校实践教学体系的理论之基，包括劳动教育理论、实践性学习理论、职业能力理论、建构主义理论，以奠定理论基础。

第三章。介绍了应用型高校实践教学体系的要素与原则，首先介绍了应用型高校实践教学体系的构成与特征，接着分析了该体系的影响因素，然后阐述了构建该体系应遵循的基本原则，最后罗列了构建该体系的重点。

第四章。从不同角度、不同层次入手论述了应用型高校实践教学体系的构建，分别为实践教学目标体系、实践教学内容体系、实践教学管理体系及实践教学评价体系。

第五章。为保障应用型高校实践教学体系的高效运行，需要建设相关保障条件。本章从实验室、实训基地的建设与管理入手，为应用型高校实践教学体系的运行保驾护航。

第六章。对"双师型"教师队伍的建设进行论述，首先介绍了"双师型"教师的内涵，其次分析了应用型高校"双师型"教师的素质要求，再次介绍了应用型高校"双师型"教师专业发展模式，最后提供了一些应用型高校"双师型"教师队伍建设的路径。

第七章。对应用型高校实践教学的改革与发展做出了展望。先是阐述了应用型高校实践教学改革的必然性和可行性，接着分析了应用型高校实践教学改革的思路和趋势，最后对新时代应用型高校实践育人协同创新发展做出了展望。

由于笔者知识和水平有限，书中错漏之处在所难免，恳请各位领导、专家、教师同行及阅读本书的朋友们多提宝贵意见，以便不断改进与完善。

作者

2023 年 9 月 24 日

目　录

第一章　概述 ·· 1

第一节　应用型高校概念阐释 ······································ 1

第二节　实践教学体系概念界定 ···································· 9

第三节　实践教学在应用型高校人才培养中的地位和作用 ·········· 13

第二章　应用型高校实践教学体系的理论之基 ···················· 23

第一节　劳动教育理论 ·· 23

第二节　实践性学习理论 ·· 29

第三节　职业能力理论 ·· 36

第四节　建构主义理论 ·· 44

第三章　应用型高校实践教学体系的要素与原则 ·················· 53

第一节　应用型高校实践教学体系的构成与特征 ················· 53

第二节　应用型高校实践教学体系的影响因素 ··················· 65

第三节　应用型高校实践教学体系的构建原则 ··················· 77

第四节　应用型高校实践教学体系的构建重点 ··················· 84

第四章　应用型高校实践教学体系的构建对策 ···················· 89

第一节　实践教学目标体系的调整 ································· 89

第二节　实践教学内容体系的优化 ································ 101

第三节　实践教学管理体系的健全 ································ 114

第四节　实践教学评价体系的强化 ································ 126

第五章　实践教学保障条件的建设与管理 ································ 135

　　第一节　实验室的建设与管理 ···································· 135

　　第二节　实训基地的建设与管理 ·································· 147

第六章　应用型高校"双师型"教师队伍的建设 ·················· 167

　　第一节　"双师型"教师的内涵 ·································· 167

　　第二节　应用型高校"双师型"教师的素质要求 ·············· 175

　　第三节　应用型高校"双师型"教师专业发展模式 ············ 179

　　第四节　应用型高校"双师型"教师队伍建设的路径 ·········· 181

第七章　应用型高校实践教学的改革与发展 ···················· 195

　　第一节　应用型高校实践教学改革的必然性和可行性 ·········· 195

　　第二节　应用型高校实践教学改革的思路与趋势 ·············· 202

　　第三节　新时代应用型高校实践育人协同创新发展 ············ 208

参考文献 ·· 221

第一章　概述

第一节　应用型高校概念阐释

一、应用型高校的概念

在当前我国高等教育的重要转型时期，如何建设高水平应用型高校成为许多地方高校的办学目标。而对于"应用型高校"的定义，无论是其内涵还是外延，学术界尚未形成统一看法。主要包括以下几个观点：

一是新兴高校观。常畅提出："应用型高校是以培养应用型人才为核心的高校，它在推动我国高等教育大众化发展进程中发挥着至关重要的作用。地方应用型高校是应用型高校的一种深化与延伸，它满足的是地方经济发展对人才的需求，同时也为社会经济的发展提供动力与活力。应用型高校在专业设置及合作与创业方面，更应该与当地的社会和企业紧密结合，把握并适应应用型高校的发展趋势。"[①] 此类观点借鉴了英国新大学的观点。

二是第三种高等教育类型观。潘懋元、车如山在《略论应用型本科院校的定位》一文中指出："提出应用型本科院校是为了既区别于传统的学术型大学，也区别于高等职业技术院校，这是社会发展赋予高等教育的当然使命。……应用型不是层次的高低，而是类型的不同。"[②] 由此可知，从这个角度来看，应用

[①] 常畅.地方应用型高校的教育现状与发展趋势 [J].教育与职业，2016（7）：28-30.

[②] 潘懋元，车如山.做强地方本科院校—地方本科院校的定位与特征研究 [J].中国高教研究，2009（12）：15-18.

型高校可以被视为一种特殊的高等教育机构，与学术型大学和高校有所不同。无论是多学科还是单一学科，这类高校或学院都可以被归类为应用型大学。它们的核心特征在于致力于培养应用型人才，以本科教育为主导，注重教学而非研究，并且主要服务地方社会和经济。

三是升级版的高校观。例如冯虹、刘文忠提出，应用型高校与高等职业院校在本质上属于同一类别的大学，原因就在于从人才培养类型来看，应用型高校与高等职业院校在某些方面有所重叠，这就意味着应用型高校的存在并不是为了与高校形成对立，而是作为高等职业教育培养理念的进一步发展和延伸。^①因此，从本质上讲，应用型高校就是高等职业教育培养理念的延伸。应用型大学类型存在的主要价值在于为高校的设置提供出口，有助于其培养层次的提升。

四是传统高等教育培养模式的修正观。如周刚提出："应用型本科高校教育是以培养高层次的应用型人才为目标的教学，随着科学的进步和发展，新建本科应用型高校将为生产、建设、管理和服务提供高质量应用型人才作为人才培养目标，在培养过程中应加强应用技能的发展，更新理论和教学目标。"^②

除了以上观点，朱琳对应用型高校的概念做出了较为全面的阐述："首先，应用型高校的基础是本科层次，其所处教育范畴应该是高等性的；其次，应用型高校的名称就已直接向我们传达了其核心特性，即应用型，其培养目标为应用型人才；最后，还要回归到教育的本质属性，即为促进人的身心和谐发展。"^③

笔者认为，在我国高等教育体系中，培养应用型人才不仅仅是地方高校的专属任务。实际上，无论是985、211高校，还是具有深厚办学历史的研究型高校，都肩负着为社会培养高水平应用型人才的重任。这种培养使命并不是近年来才出现的，而是从这些学校成立之初就已经存在，可以说是与其同生共长的。随着我国社会经济的快速发展，高等教育面临的核心课题就是如何更好

① 冯虹，刘文忠.对应用型大学的探讨[J].北京联合大学学报（自然科学版），2005（2）：24-29.

② 周刚.新建本科应用型高校办学定位及发展战略研究[J].创新创业理论研究与实践，2020，3（16）：90-92.

③ 朱琳.地方新建本科高校向应用型高校转型发展研究[D].南充：西华师范大学，2016：14-15.

地培养出能够满足社会需求的应用型人才。虽然应用型高校在类型上没有明确界定，但它们都有一些共同的基本特征：①办学目标不仅是追求纯粹的学术知识，更重要的是为了满足社会和经济发展对于应用型人才和应用研究的需求。②在办学形式上都强调与产业界的紧密合作，实现产、教、研的深度融合。③从办学层次上看，应用型高校主要是提供普通本科教育。

二、应用型高校的基本特征

《高等教育法》中明确规定："高等学校应当以培养人才为中心，开展教学、科学研究和社会服务，保证教育教学质量达到国家规定的标准。"这一法律规定为应用型本科高校提供了明确方向，即它们不仅要进行教学，还要开展科学研究和为社会提供服务。基于此，应用型高校应该具有以下几个特征：

（一）人才培养具有职业性和规格多样性

从人才培养定位来看，应用型高校具有职业性和规格多样性的特征。一方面，应用型高校的目标是为社会和产业培养即将走入职场、具备即战力的毕业生。这种即战力不仅体现在具体的技能掌握上，更多的是一种综合能力的体现。职业性实际上是强调学生在毕业后能够迅速融入工作环境，能够独立完成工作任务，能够与团队有效合作，能够面对工作中的挑战并提出解决方案。这种能力的培养，需要学校在教学中注重实践和实际操作，强调与产业界的合作，鼓励学生参与各种实践活动。除了具体的技能培养，综合能力的培养也是职业性教育的重要组成部分。例如，创业能力的培养不仅是教授学生如何开设一家公司，更多的是培养学生的创新思维能力、市场分析能力、团队管理能力等。团队管理能力的培养则需要学生了解组织行为、团队协作、领导力等方面的知识，并在实践中不断加强。其他的复合型能力，如沟通能力、团队协作能力、解决问题的能力等，都是在日常的学习和实践中逐渐培养起来的。

另一方面，规格多样性指的是为了更好地服务地方区域经济的发展，高校不应仅仅满足传统的教育模式，而是根据地方区域经济的特点和需求，进行有针对性的人才培养。这种培养模式的出现是对传统教育模式的一种补充和完善，它更加注重培养学生的实际应用能力。第一，与地方产业和企业的深度合作可以确保高校的专业建设与地方经济的发展需求相匹配。例如，一个地区是电子信息产业的集聚地，那么当地应用型高校就应该开设与之相关的专业，如电子工程、通信工程等，并与当地的企业进行合作，为学生提供实习和实训的机会。第二，通过与企业合作，学生可以在实习和实训中得到真实的工作经验，了解企业的运营模式和工作流程，这对于他们毕业后迅速适应工作环境非常有帮助。

（二）课程体系要突出实践能力

实践教学和理论教学都是高校教学的重要组成部分，它们之间的关系是相辅相成的。理论教学为学生提供了坚实的知识基础，而实践教学则将这些知识应用到实际中，使学生能够真正掌握并运用所学的知识。在应用型高校中，实践教学的地位尤为重要，它是培养学生实践能力的主要途径。为了更好地培养学生的实践能力，应用型高校应该在课程体系中给予实践教学足够的重视，不仅是增加实践课程的学时比例，更重要的是确保实践课程的质量。实践课程的设置应该突出实践性，注重培养学生的实际操作能力。例如，可以通过模拟实际工作环境，让学生在课堂上进行实际操作，或者组织学生到企业进行实习，让他们在真实的工作环境中学习和实践，将对学生实践能力的培养贯穿整个实践教学过程。

（三）人才服务要面向地方、行业

应用型高校的人才服务要面向地方和行业，这一特征不仅体现了应用型高校的办学定位，也是其与传统学术型高校的主要区别之一。

地方经济的持续增长和繁荣是每个地区发展的重要目标之一。为了实现这一目标，地方经济不仅需要资本、技术和资源，更重要的是需要大量的应用型人才来支撑。这些人才是地方经济发展的关键，他们不仅应具备扎实的专业知识，还应迅速适应地方经济的发展需求，为地方经济的发展提供有力的人才支持。他们是连接学术理论和实际应用的桥梁，能够将学到的知识迅速转化为实际的生产力，为地方经济的发展注入新的活力。与传统的学术型高校不同，应用型高校的办学目标更加注重实践和应用。它们的课程设置、教学方法和实践环节都是围绕培养应用型人才这一核心目标来设计的。这意味着学生在这些高校学习时，不仅会接触到丰富的理论知识，还会得到大量的实践机会，这有助于他们更好地将理论知识与实际应用相结合，从而为地方经济的发展做出实际贡献。

不同的行业有不同的发展需求，需要不同的人才来支撑。应用型高校要根据不同行业的发展需求，设立相应的专业和课程，培养出能够满足行业发展需求的应用型人才。面向行业的人才培养，要求应用型高校与行业建立紧密的合作关系，确保其培养的人才能够满足行业的实际需求。这种合作既可以在课程设置上，也可以在实践教学上。例如，应用型高校可以与行业内的企业合作，为学生提供实习和实训的机会，让学生在实际的工作环境中学习和实践，培养其实际操作能力。

（四）教师队伍建设具有"双师型"结构

对于应用型高校来说，需要建设具有扎实的理论基础和较强的实践操作能力的"双师型"教师队伍，确保教师能够将理论知识与实践经验相结合，为学生提供更为全面和深入的教育教学。在传统的学术型高校中，教师主要以研究为主，他们通常具备深厚的理论知识，但可能缺乏实践经验。而在应用型高校中，教师不仅要具备深厚的理论知识，还要具备丰富的实践经验。这是因为应用型高校的办学目标是培养出既掌握理论知识，又具备实际操作能力的应用型人才，而这需要教师能将理论知识与实践经验相结合，为学生提供更为全面和深入的教育教学。

三、应用型高校的人才培养目标——培养高素质的应用型人才

应用型本科高校的办学定位必须准确，才能制定正确的发展战略。在办学定位中，人才培养目标定位极其关键，应用型本科高校必须将人才培养的目标定位于培养应用型人才，才能找准它在整个高等教育体系中的位置。

（一）培养高素质的应用型人才符合市场需求

随着经济全球化和技术创新的加速，现代社会对人才的需求发生了深刻变化。特别是在数字化、智能化背景下，应用型人才成为市场的宠儿。这些人才不仅具备专业知识和技能，而且能够迅速适应变化，解决实际问题，为企业和社会创造价值。简而言之，应用型人才是把成熟的技术和理论应用到实际的

生产、生活中的技术技能型人才。与之相对的是理论型人才，他们主要关注理论研究和知识探索。在现代社会，尤其在快速发展的产业领域，应用型人才的需求远远超过理论型人才。

现阶段的市场需求特点是多元化、个性化和多变性，这些特点反映了当今社会经济发展的复杂性和多样性。随着全球化的深入发展，各种文化、思想和技术在全球范围内迅速传播和交融，使得市场需求变得更加多元化和个性化。同时，科技的快速进步和创新也使得市场环境和竞争态势发生了快速变化，对企业和个人提出了更高要求。在这样的市场环境下，无论是制造业、服务业还是高科技产业，都面临着巨大的挑战和机遇。制造业作为传统的产业领域，正面临着从劳动密集型向技术密集型的转型。随着人工智能、大数据和云计算等技术的发展，制造业不再仅仅是简单的生产和加工，而是需要结合先进的技术和管理方法，实现智能化、自动化和个性化生产。这就需要大量应用型人才来推动技术创新和业务模式的变革。服务业，尤其现代服务业，也面临着同样的挑战。随着消费者需求的多元化和个性化，服务业需要提供更加精细化、个性化和高品质的服务。这不仅需要深入了解消费者的需求和喜好，还需要利用先进的技术和方法，如大数据分析、人工智能推荐等，从而实现服务的智能化和个性化。这同样需要大量应用型人才来支持。高科技产业，如互联网、人工智能、生物技术等，是当今社会经济发展的重要驱动力。这些产业的发展不仅需要深厚的技术积累和创新能力，还需要与其他产业和领域进行深度融合，实现跨界创新。这就需要大量应用型人才，他们不仅具备专业的技术知识和能力，还具备跨领域的思维和协作能力。此外，随着人工智能、大数据和云计算等技术的发展，很多传统产业也面临着转型升级的压力。这些技术为传统产业提供了新的发展机遇，但也带来了巨大挑战。传统产业需要结合这些技术，实现业务模式的创新和转型，如从产品导向向服务导向的转变、从线下向线上的迁移等。这同样需要大量应用型人才来支持。

（二）培养高素质的应用型人才符合政府要求

扩招之后，各地相继新建了一批本科高校。各地方政府作为高校的主要创办者，也非常重视本科院校的发展。应用型高校培养应用型人才既是政府的明确要求，也是政府的殷切希望。

从国家战略的角度来看，培养高素质的应用型人才是实现经济持续健康发展的关键。在知识经济时代，人才是最重要的生产要素。高素质的应用型人才可以为企业带来技术创新和业务增长，从而推动整体经济的提升。这不仅可以增强国家的竞争力，还可以提高人民的生活水平和幸福感。因此，政府高度重视人才培养，将其作为国家战略的重要组成部分。

从社会稳定和和谐的角度来看，培养高素质的应用型人才是政府的重要要求。在现代社会，人们对生活的期望和要求越来越高。只有通过不断学习和进步，人们才能够适应社会的变化，实现自己的价值和梦想。而高素质的应用型人才不仅具备专业的知识和技能，还具备创新思维和跨领域的协作能力，能够为社会创造更大价值。这不仅可以满足人们的物质和文化需求，还可以增强社会的凝聚力和向心力。

从国际竞争的角度来看，培养高素质的应用型人才是政府的迫切要求。在全球化背景下，各国都在加大人才培养的投入，争夺国际人才市场的制高点。高素质的应用型人才不仅具备国际化的视野和背景，而且具备跨文化交往和协作的能力，能够为国家在国际舞台上争取更大的话语权并扩大影响力。因此，政府高度重视国际化人才的培养，将其作为国际交往和国际合作的重要手段。

从教育改革和发展的角度来看，培养高素质的应用型人才是政府的要求。教育是人才培养的基石，只有通过深化教育改革，加强实践教学和项目驱动的学习方式，才能够培养出真正的应用型人才。政府不仅需要加大对教育的投入，还需要提供政策支持和资金扶持，推动各大高校和企业之间的合作，确保人才培养的质量和数量都能满足社会的需求。

（三）培养高素质的应用型人才符合应用型本科高校的实际

很多新建本科院校从专科升格而来，这使得这些学校在多个方面面临巨大挑战。首先，师资力量是学校教育质量的核心。但对于这些新建本科院校来说，师资队伍的结构可能存在很大问题。例如高职称教师偏少，这意味着学校缺乏经验丰富、学术造诣深厚的教师来引领学术研究和教学活动。同时，师资队伍的学历结构、年龄结构、学缘结构和学科结构也不尽合理，这可能导致学校在某些学科领域缺乏深度和广度。其次，学校的基础设施和办学条件也面临着巨大压力。实验仪器设备和图书等基本条件是学校教学和研究的重要支撑，但对于新建本科院校来说，这些条件往往不够充分，这给学校的教学和研究活动带来了很大限制。再次，科学研究是学校发展的重要动力。但新建本科院校在这方面的基础相对薄弱。无论是国家级的科研项目、奖项，还是省级的重点学科和实验室，这些衡量学校发展水平的重要指标在新建本科院校中都相对较低。这意味着学校在科技创新和科研活动方面还有很大的提升空间。最后，新建本科院校在人才培养方面也面临着巨大挑战。从专科到本科的转变意味着学校需要调整其教育模式和目标，但很多学校难以快速实现这一转变。尤其在培养创新型人才方面，由于各种条件的限制，新建本科院校很难做到。因此培养高素质的应用型人才是这些学校更现实和理性的选择。应用型人才更注重实际应用能力和技能，而不是单纯的学术研究，这与新建本科院校的实际条件和目标更加契合。

（四）培养高素质的应用型人才符合应用型高校在高等教育结构中所处的位置

从高等教育的结构来看，应用型高校在当今的高等教育体系中占据着重要位置。在传统的高等教育体系中，研究型高校和应用型高校有着明确界限，前者主要侧重学术研究和理论知识的探索，而后者则更加注重实际应用能力和技能的培养。这种划分在一定程度上满足了社会的多元化需求，但随着时代的发展和教育改革的推进，这种界限逐渐变得模糊。随着教育改革的深入，很多研究型高校也开始重视学生的应用能力和技能培养。这是因为随着社会和经济的发展，企业和社会对人才的需求也发生了变化。单纯的学术研究和理论知识已经不能满足社会的实际需求，而具备实际应用能力和技能的人才成为市场的宠儿。因此，很多研究型高校也开始调整教育模式，加强与企业的合作，注重学生的实践教学，培养学生的应用能力和技能。与此同时，应用型高校也开始加强学术研究和理论知识的教学。因为随着科技的发展和知识经济的崛起，应用型人才也需要具备一定的学术研究和理论知识，才能更好地适应社会的发展和变化。所以应用型高校也开始注重学术研究和理论知识的教学，培养学生的综合素质，使其既具备实际应用能力和技能，又具备一定的学术研究和理论知识。这种变化意味着应用型高校不再是高等教育体系中的边缘和补充，而是成为主流和核心。它们在高等教育结构中所处的位置也从边缘转向了中心。这不仅是应用型高校自身发展的需要，也是社会和经济发展的需要。在知识经济时代，人才是最重要的资源和竞争力，而应用型人才更是企业和社会争夺的焦点。因此，应用型高校在高等教育结构中所处的位置不仅体现了其自身的价值和意义，也体现了社会和经济发展的趋势和方向。

第二节　实践教学体系概念界定

一、体系

体系指的是由众多相互关联的事物或意识构成的一个有特定功能的有机整体。例如，工业体系、思想体系和作战体系都是特定领域内的体系结构。在更广泛的意义上，整个宇宙都可以被视为一个巨大的体系，其中包含了各种星系，每个星系都是一个独立的体系。而在微观层面，人们的社会、人文、宗教以及各学科及其分支都是各自的体系。每一个人、每一片草叶、每一个字母甚至每一粒微尘都可以被视为一个独立的体系。这些体系之间存在着联系和互动，大的体系内部包含了无数的小体系，而每一个小体系又可以进一步细分为更小的体系。这种从宏观到微观的体系结构展现了宇宙的无穷复杂性和多样性。每一个体系都是一个有机的整体，它们相互联系、相互影响，共同构成了人们所处的世界。笔者认为，体系是在特定的规则下，将某活动的所有要素连接起来，并按特定模式有序运作的结构。

二、教学体系

《教育大辞典》中明确指出教学体系就是教学最优化的方式体系，是将教学过程的所有基本成分进行最优化方式的综合，如任务、内容、条件、方法、手段、形式、结果等，它们并不是彼此孤立的算术总和，而是相互联系、缺一不可的有机整体。[①] 教学体系指的是在一定的教育理念和目标指导下，由一系列相互关联的教学要素组成的有机整体。这些要素包括教学目标、内容、方法、手段、组织形式、评价机制等，它们在教学过程中相互作用，共同实现教育目标。

三、实践教学

"实践"这一哲学术语起源于古希腊的"praxis"，其基本含义为行动、行为，与理论形成对比。在高等教育逐渐转向职业化的背景下，西方国家首次提出了"实践教学"这一教学模式。与传统的理论教学不同，实践教学更注重学生的实际操作和体验，主要目标是使学生在接近真实生产环境的情境中，对所学理论知识进行感性的体验和认识。通过这种方式，学生不仅能够学习到相关技术和探索方法，还能培养将理论与实践相结合的科学态度，与此同时，实践教学还旨在帮助学生形成未来职业所需的技能和能力，以更好地满足社会需求。

对于应用型高校而言，实践教学指的是教学过程中的所有实践环节如实验教学、实训教学、实习教学、课程设计、毕业设计（论文）等相关内容的统称。这些环节共同构成了实践教学的完整体系，是应用型人才培养中不可或缺的部分。实践教学不仅是培养学生创新和创业能力的关键，也是学校为地方经济建设提供服务的主要方式。通过实践教学，学生可以将所学的理论知识与实际应用相结合，更好地为未来的职业生涯做好准备。同时，实践教学也成为学校与地方经济之间协同发展的桥梁，促进了双方的紧密合作。

四、实践教学体系

目前，对于实践教学体系的概念还没有一个统一的说法。不同的专家、学者对实践教学体系的概念有不同理解。

俞仲文明确指出实践教学体系的概念有广义和狭义之分，在广义上，实践教学体系被视为一个由实践教学活动的各个要素组成的有机整体，包括实践

---

① 顾明远 . 教育大辞典（增订合编版）[M].上海：上海教育出版社，1997：80.

教学的目标、内容、管理方式以及所需的条件；在狭义上，实践教学体系专指实践教学的内容体系，这是基于专业人才培养目标，在制订教学计划时，通过合理的课程安排和各种实践教学环节，如实验、实习、实训、课程设计、毕业设计、创新制作和社会实践等，所构建的教学内容体系。①

吴国英认为，实践教学体系的内涵分为广义和狭义两个层面，在广义层面上，实践教学体系被视为一个由实践教学活动的多个要素组成的有机结构，包括实践教学的目标体系、内容体系、实施路径体系、管理体系以及支持体系等要素，这些要素不仅各自扮演独特的角色，还相互协作，确保实践教学体系的整体功能得到充分发挥；而在狭义层面上，实践教学体系专指实践教学的内容结构，这意味着为了达到专业人才的培养目标，在制订教学计划时，会通过合理的课程设计和实践教学环节的组织，构建一个与理论教学体系互补的内容体系。②

顾力平对旅游教育的实践教学体系进行了全面阐述，并将其分为广义和狭义两个维度，从广义的角度来看，旅游教育的实践教学体系是一个有机的整体，由实践教学活动的多个要素组成，包括实践教学的目标体系、内容体系、管理体系以及评估体系等要素；从狭义的角度来看，旅游教育的实践教学体系主要指的是实践教学的内容结构，即为了满足专业人才的培养需求，在制订教学计划的过程中，会通过合理的课程设计和实践教学环节的组织，构建一个与理论教学体系相互补充的内容体系。③

王晓江、翟轰、祝西莹基于系统工程的理论，认为一个体系要想有序且高效地运作，必须具备四个核心功能：驱动受动、调控、保障和实现目标。④

孟欣征认为，广义的实践教学体系是一个综合性的结构，包括实践教学的目标体系、内容体系、管理体系以及条件支撑体系，这些组成部分共同构成了实践教学的完整框架，确保教学活动有序进行；狭义的实践教学体系为实践

---

① 俞仲文.加强实践教学环节突出高职教育特色 [J].国家高级教育行政学院学报，2000（1）：70-72.

② 吴国英.高校人文社科专业实践教学体系的构建研究 [D].天津：天津大学，2010：20-22.

③ 顾力平.高校实践教学体系构建研究 [J].中国高教研究，2005（11）：67-68.

④ 王晓江，翟轰，祝西莹.加强实践教学环节的组织与管理提高实践教学质量 [J].西安航空技术高等专科学校学报，2006（3）：58-60.

教学内容体系,这是在教学计划中经常使用的部分,主要涉及实践教学的具体内容和方法。[①]

徐琤颖指出,一个完整的体系必须具备驱动、受动、调控和保障功能,才能有序且高效地运转,从而实现目标。以此为依据,可把实践教学体系分为五个子体系,分别为实践教学目标体系、实践教学内容体系、实践教学条件体系、实践教学管理体系和实践教学评价体系。[②]

通过阅读大量书籍和文献,不难发现,关于"实践教学体系"的概念虽然仁者见仁,智者见智,但基本都是从广义和狭义两个层面去理解的。基于此,笔者也认为,实践教学体系有广义和狭义之分。从广义的角度来看,实践教学体系是一个综合性的结构,涵盖了实践教学的各个方面和要素。这包括实践教学的目标、内容、方法、组织形式、评价机制等。在这个层面上,实践教学体系不仅是教学内容的组织和呈现,更是一个完整的教学管理和实施的框架。它强调实践教学的系统性、连续性和整体性,确保学生在实践中能够系统且有序地获得知识和技能,同时能够将理论知识与实际应用相结合,达到教学的预期目标。从狭义的角度来看,实践教学体系主要指的是实践教学的内容体系。这主要涉及实践教学中的具体内容、方法和技能。在这个层面上,实践教学体系更注重教学内容的深度和广度,以及如何将这些内容有效地传授给学生。它关注的是实践教学的核心内容,如实验、实习、实训、课程设计等,以及如何将这些内容与理论教学相结合,形成一个完整的教学过程。

---

① 孟欣征. 高职高专以就业为导向的实践教学体系建设研究 [D]. 兰州: 西北师范大学, 2006: 10−11.

② 徐琤颖. 高等职业教育实践教学体系建设研究 [M]. 上海: 立信会计出版社, 2006: 30.

第三节　实践教学在应用型高校人才培养中的地位和作用

一、实践教学在应用型高校人才培养中的地位

（一）实践教学是高等学校教学的重要组成部分

在高等学校的教学体系中，实践教学占据了极为关键的位置。随着 21 世纪的到来，为了进一步强化高等教育的教学品质，我国教育部连续颁布了一系列指导文件，如《关于加强高等学校本科教学工作提高教学质量的若干意见》《关于进一步加强高等学校本科教学工作的若干意见》《关于进一步深化本科教学改革全面提高教学质量的若干意见》《国家中长期教育改革和发展规划纲要（2010—2020 年）》。这些文件不仅对加强高等教育的教学工作提出了宏观的指导建议，更在实践教学的层面上明确强调了其在高等教育中的不可替代性。同时，这些文件还为如何进一步强化实践教学提供了具体的操作建议。

在高校教学中，实践教学与理论教学相辅相成，宛如车之两轮、鸟之两翼，两者共同构成了人才培养的完整体系。实践教学不仅是高等教育的重要组成部分，更是实施素质教育的关键环节。它强调将理论知识与实际应用相结合，旨在培养学生的实践技能、创新思维和全面素质。特别是对于那些致力于培育具备创新和实践才能的应用型人才的高校，实践教学的重要性更是不言而喻的。它不仅能帮助学生将所学的理论知识应用于实际情境中，更能够锻炼他们的实际操作能力和解决问题的能力。

通过建设和管理校外实践教学基地，高校可以更直接地感知社会对人才的需求和期望，及时发现在师资培养、专业配置、课程目标与内容、教学策略等方面的潜在短板，根据反馈进行有针对性的教育教学改革，适时调整人才培养计划，优化教学方法，以培育更符合市场需求的高素质人才。同时，当教师和学生共同参与基地的实践教学时，教师的实践教学能力也可以得到进一步锻

炼和提升。高校通过邀请企业的技术精英担任兼职实践指导教师，不仅有助于提高实践教学的师资质量，还能加强学校与企业之间的紧密合作。此外，高校聘请企业领域的专家参与学校的教学计划调整工作，可以确保校外教学活动的持续性和效果，从而显著提升实践教学的整体质量，进一步增强学校的综合办学实力。由此可见，实践教学在高等学校教学中占据着至关重要的地位，对于高等学校教学的发展具有积极的促进作用。

（二）实践教学是高校培养应用型人才的必由之路

知识的积累、能力的培养和素质的形成离不开实践的磨炼。实践不仅是知识的来源，更是能力和素质的锻造工坊。对于大学生而言，实践是他们成长的关键阶段，能够帮助他们将所学的理论知识与实际相结合，培养出真正的实践能力和创新思维。应用型高校的核心目标是培养具有高素质的应用型人才。为了实现这一目标，除了强化理论教学外，更为关键的是加强实践教学的环节。实践教学不仅能够帮助学生培养实践能力和动手能力，更能够让学生真正理解和掌握知识的应用性。一个合格的应用型人才应该具备较强的知识应用能力和良好的综合素质。这样的人才才能够满足社会的需求，才能在人才市场中脱颖而出。如果学生缺乏实践经验，他们的知识将仅仅停留在理论层面，在就业市场上将面临巨大挑战。因此，实践教学对于提高教学质量和培养应用型人才具有至关重要的作用。

近年来，大学生就业压力与日俱增。要解决大学生就业这一世界性难题，不仅需要党和政府为大学生创造有利的外部环境，更需要高校、学生和社会各界共同努力，携手应对。而有效解决大学生就业问题的关键仍然在于高校的教育方式。一个大学生是否能够顺利并且高质量地就业在很大程度上反映了高校教育是否能够满足经济和社会的发展需求。尽管当前的就业市场形势严峻，但仍有许多企业表示难以找到合适的毕业生，这暴露出人才培养模式与市场需求之间存在一定脱节。因此，应用型高校应当更加重视实践教学，确保学生在学习过程中能够获得真正的知识和技能，从而提高他们的就业和创业能力。只有这样，高校才能培养出既具有创新思维，又具备实践能力的高质量、高水平应用型人才。这不仅是满足社会需求的关键，也是高校在日益激烈的教育市场竞争中保持领先地位的必要条件。因此，实践教学是高校培养应用型人才的必由之路。

（三）实践教学是应用型高校科学研究的助力器

应用型高校的重要使命是培养高素质的应用型人才，但这并不意味着它们不参与科学研究。相反，应用型高校在科研领域的工作与传统的研究型高校有所不同，其更加注重技术和应用的创新，而不仅仅是理论的探索。这种研究方法与地方的经济和社会发展需求紧密相连，具有很强的应用性。实践教学在这其中起到了至关重要的作用。通过实践教学，高校的师生可以深入生产线中，直接面对技术问题，寻找研究课题，从而建立科研平台。这种深入实践的方式使得应用型高校能够取得与地方经济和社会发展紧密相关的科研成果。

校外实践教学基地是应用型高校与企业、地方政府之间合作的产物，它们往往采用产学研的模式进行运作。学生在校内接受专业技能培训后，可以到这些基地中进行实践，解决实际的技术问题。同时，教师也可以与基地单位合作，结合生产实际申报科研课题。这种合作模式不仅为企业提供了技术支持，也为地方经济发展提供了技术保障。更为重要的是，这种模式使得科研成果能够迅速在地方得到推广和应用，为地方经济带来实际的经济效益和社会效益。此外，这种合作还能增强学校的社会服务能力，提高其在社会中的影响力和辐射力，使得学校与社会、企业之间建立起紧密的合作关系。由此可见，实践教学是应用型高校科学研究的助力器。

（四）实践教学是应用型高校为社会服务的重要途径

应用型高校作为地方高校的主体，与地方的经济和社会发展有着密不可分的联系。这种联系不仅是历史发展的产物，更是应对当前地方发展需求的现实选择。地方经济的持续发展、产业结构的调整和优化、高新技术产业的崛起以及城市化进程和可持续发展等都是地方面临的重要议题。应用型高校需要紧密围绕这些议题，发挥其研究和教育的双重优势，进行有针对性的研究和探讨。同时，应用型高校还需要利用其丰富的人才和教育资源，与地方政府和企业建立紧密的合作关系。这种合作不仅在人才培养层面，更应该在人才交流、技术研发和经济建设等多个层面进行。鼓励高校内的专家和教授积极参与地方的经济建设，为地方提供必要的技术和智力支持。只有在为地方服务的过程中，高校才能真正实现自身的价值，也才能得到更快的发展。而要有效实现为地方服务的目标，高校必须深入了解地方的实际需求和发展状况。实践教学正是实现这一目标的最佳途径。通过实践教学，高校可以直接与地方的经济和社会发展接轨，既能更好地为地方提供服务，也能为学生提供宝贵的实践机会。因此，实践教学是应用型高校为社会服务的重要途径。

二、实践教学在应用型高校人才培养中的作用

在应用型本科高校人才培养中，实践教学发挥着重要作用，其主要表现在以下几个方面，如图 1-1 所示。

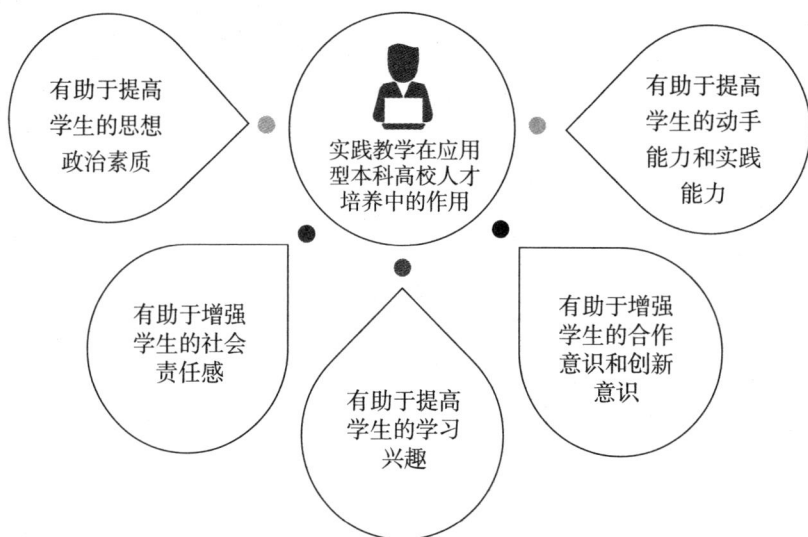

图 1-1　实践教学在应用型本科高校人才培养中的作用

（一）有助于提高学生的思想政治素质

"培养什么人，如何培养人"是当前高校面临的两大基本问题。教育的根本任务是培养社会主义事业的建设者和接班人。建设者不仅需要具备知识和文化，更要具备实际能力。这类人不仅要掌握专业知识，更要具备相应的专业技能。社会主义建设者还扮演着另一个重要角色，那就是社会主义事业的接班人。这意味着他们不仅要具备专业的知识和技能，更要有坚定的社会主义理想信念，愿意为国家和人民的利益做出牺牲和贡献。这种精神境界是每一个社会主义建设者和接班人都应该追求的，能否有效培养出这样的建设者和接班人直

接关系中华民族的未来和社会主义事业的长远发展。为了确保培养出的人才能够胜任这一重要使命，高校必须将学生思想政治素养的培养放在首位。这不仅是为了确保他们具备必要的专业知识和技能，更是为了培养他们的社会主义理想信念，使他们成为真正的社会主义建设者和接班人。

在当前的大学生中，受到成长背景、社会环境等因素的影响，部分学生存在着一系列的问题：对学习缺乏明确的动机、对知识缺乏浓厚的兴趣、过于自我、缺乏对他人的关心和理解、不愿与他人合作、交往能力较弱、缺乏坚韧的意志、偏向于追求舒适和逃避困难……为了解决这些问题，实践教学显得尤为关键。通过参与各种实践活动，大学生可以真正体验到学习的意义，感受到知识带来的力量，从而激发他们的学习热情和兴趣。在这些活动中，学生们需要相互合作，这不仅可以帮助他们更好地了解和理解他人，还可以通过他人的反馈更加深入地了解自己。此外，实践中难免会遇到挫折和失败，这些经历可以帮助学生认清自己的不足，锻炼意志，培养耐心和毅力，并形成一系列积极的品质，如团队合作、珍视劳动成果等。

实践活动为大学生提供了一个宝贵的机会，使他们能够深入体验劳动的辛劳和喜悦，扩大视野，并接受真正的教育。更为重要的是，通过实践，学生们可以深刻认识到中国共产党在社会主义现代化建设中的核心领导地位，从而有助于他们确立科学的世界观、人生观和价值观。广泛参与社会实践，深入实践中，通过各种方式如参观、访问和调查研究，学生们可以更深入地理解和领会党和国家的路线、方针和政策，学习英雄模范的先进事迹。这种深入的参与和学习能够使学生们真正地在思想上践行社会主义核心价值观，坚定树立共产主义的远大理想和奋斗目标。实践中的经历可以进一步提高学生的政治觉悟和政治责任感，培养其民主意识，加强其法治观念。在深入吸收这些思想的基础上，学生们将其转化为自己的自觉行动，以先锋模范的角色推动党和国家的各项法规和政策的实施，确保经济建设始终沿着社会主义的方向前进，并为此提供精神和智力支持。由此可见，实践教学有助于全面提高大学生的思想政治素质。

（二）有助于增强学生的社会责任感

社会责任感是每个人的基本品质，它决定了一个人在社会、工作和家庭中的角色和地位。一个缺乏社会责任感的人很难在社会中产生深远影响，因为他不会有为国家和人民服务的决心和行动，也不会有为他人着想的情怀。这样的人在社会中既不会有"天下兴亡，匹夫有责"的觉悟，也不会有"己欲立而立人，己欲达而达人"的情怀。在工作中，缺乏社会责任感的人往往只是为了谋生而工作，不会主动承担责任，也不会为团队和企业的长远发展考虑，只关心自己的利益，不愿意为团队付出，这样的员工很难成为企业的核心力量；在家庭中，没有社会责任感的人不会承担起家庭的责任，可能导致家庭关系紧张，家庭和谐破裂。因此，培养大学生的社会责任感是高等教育的重要任务。但是，仅仅依靠课堂教学是不够的，过多的说教可能导致学生产生逆反心理。实践教学能够让学生深入社会，体验真实的生活，这正是培养学生社会责任感的重要途径。

丰富多彩的实践教学活动，如实习实训、社会实践、自主创业，为大学生提供了一个宝贵的机会，使他们能够超越传统的教科书知识，直接接触和体验真实的社会生活。这些活动鼓励学生走出学校，深入生产和生活的前线，了解国家的实际情况和人民群众的真实需求。在这个过程中，学生不仅可以从第一线了解社会的运作，还可以与各行各业的人们进行深入的交流和互动。这种直接的接触和交流能够使他们真实地感受到社会的脉搏，从中获得宝贵的人生经验和教育。更重要的是，这种实践经验有助于学生摆脱纸上谈兵的习惯，更加实际地评估自己的价值和能力。另外，实践活动还可以提供给大学生证明个人力量的机会，帮助他们培养独立和自主的能力，使他们更加深入地理解自己在社会中的角色和责任。随着时间的推移，这种实践经验使大学生更加坚定地相信，自己完全有能力在国家的发展和建设中发挥重要作用。他们不再只是旁观者，而是参与者，深知自己对国家和社会的责任。这种实践中的体验和教育使他们更加坚信国家的未来和繁荣不仅取决于整个社会，更取决于他们这一代人的努力和贡献，并将"国家兴亡，匹夫有责"转化为"国家兴亡，我有责任"，在实践中真正培养和增强自己的责任感和使命感。

（三）有助于提高学生的学习兴趣

在实践教学中提高学生的学习兴趣，巩固学生的知识是由认识的发展规律决定的。认识发展的过程是"实践—认识—实践"。简而言之，知识来源于实践，并在实践中得到验证和丰富。而学生的学习过程并不总是从实践开始，更多的是是从获取知识开始，这通常是通过学习前人的经验和理论知识来实现的。间接经验是前人从实践中总结概括出来的成果，是间接知识，是理论知识。理论知识的抽象性常常使学生感到难以接近和理解。没有直接的体验和参与，学生很容易觉得这些知识与他们的实际生活相距甚远，导致他们很难有效吸收和掌握。为了应对这种情况，许多学生选择通过死记硬背的方式来学习，但这种方法不仅使学习变得乏味，而且记忆的知识容易被忘记。尽管学生的学习过程不能完全从实践开始，但要真正掌握和应用知识，实践不可或缺。因此，教育者必须在教学中融入更多实践活动，使学生有机会直观地体验和应用所学知识。这种结合理论与实践的方法不仅可以帮助学生更深入地理解知识，还可以激发他们的学习兴趣和动力。

虽然实践教学也处于认识的第二个环节"认识"，但与理论教学中学生获得的认识途径不同，意义也不同。实践不仅是对理论知识的应用和验证，更是一个真实环境中的学习过程，使学生能够在实际场景，如实验室、研究室、工厂和田野中，深化对知识的理解和掌握。这种教学方式使学生的学习不再仅仅停留在书本上，而是可以在实际操作中不断巩固和提高。通过实践，学生可以直观地看到知识的应用，理解其背后的原理，并在实际操作中检验和完善自己的知识体系。更重要的是，实践教学促使学生经历从感性到理性的认识过程。在实践中，学生首先获得直接的、感性的体验和认识。随后，他们会对这些经验进行思考、概括和总结，从而将感性的体验升华为更高层次的理性认识。实践教学还是使理论回到实践的过程。在实践教学中，书本上静态、抽象的知识转化为鲜活、直观的知识，从而完成知识的提升、改造和升华。通过实践教学，学生有机会在接近真实的环境中，如企业的生产线或仿真实验室，进行实际操作。在教师的指导下，学生可以将课堂上难以捉摸的理论知识在实践中具体化，使之更加深入人心。

（四）有助于增强学生的合作意识和创新意识

21世纪，高等教育面临的一大现实挑战就是培养具有创新思维和能力的人才。为了有效应对这一挑战，每所高校都必须将创新作为核心使命。特别是在应用型高校中，创新不仅是价值追求，更是教育的必要条件。为了真正实现这一目标，高校必须对传统的教学方法进行深刻的反思和改革。仅仅依靠理论教学不足以培养学生的创新能力。实践教学不仅可以帮助学生将理论知识与实际经验相结合，更可以培养他们的团队合作精神和创新思维。在实践中，学生可以直接面对真实的问题，这会激发他们的好奇心和探索欲望，驱使他们去寻找解决方案。更重要的是，实践教学可以激发学生的创新意识，使他们在面对问题时不再束手无策，而是积极思考，勇于尝试，从而培养出真正具有创新精神和创新能力的人才。

长期实践证明，仅依赖课堂理论教学难以培养学生的综合实践能力和创新精神。相对于传统的理论教学，实践教学更能深入挖掘学生的内在潜能，帮助他们将所学知识与实际相结合，进而培养出真正能够适应社会、具备创新思维的人才。这也正是实践教学的价值和意义所在。实践教学不仅能够帮助学生巩固和应用所学知识，更能激发他们的创新意识和实践精神。在实践中，学生可以直接面对真实的问题和挑战，这种直接的体验会促使他们更加深入地思考，更加主动地寻找解决方案。此外，实践教学还能培养学生的合作和团队精神，使他们学会与他人合作，共同解决问题。不同的高校可能有不同的实践教学方法和策略，但其核心目标都是培养学生的实践能力和创新精神。无论是哪种方法，都已经证明，实践教学对于增强学生的合作意识、团队精神和创新能力起到了至关重要的作用。

（五）有助于提高学生的动手能力和实践能力

应用型人才的突出特征之一就是动手能力和实践能力强。艰辛知人生，实践长才干。而通过实践教学的强化，能够提高学生的动手能力和实践能力。实践教学不仅能够帮助学生巩固和应用所学知识，更能培养他们的创新思维和解决问题的能力。在实践中，学生会面临各种真实的挑战和问题，迫使他们思考、探索、实验，从而形成科学的思维方式和解决问题的方法。实践教学还能够培养学生的独立思考和独立研究能力。在实践中，学生需要独立地分析问题、提出解决方案、并进行验证。这一过程不仅能够锻炼学生的动手能力，更能培养他们的创新精神和独立思考能力。

课程训练可以有效提高学生的实践能力。当学生深入工程实际中，不仅能够直观地了解到实际工程中的问题，还能够运用所学的专业理论知识来解决这些问题。这种实际操作中的学习使学生有机会收集和查阅相关技术资料，与工程技术专家和经验丰富的工人交流，从而进一步加深对所学知识的理解。这种实践中的学习方式不仅能锻炼学生的自学和独立工作能力，还能提高他们的社交和社会实践能力。通过模型制作和计算分析的实践活动，学生不仅能够锻炼动手和独立思考能力，还能够整合所学的知识和技能，形成一个完整的工程意识。这种实践中的整合使学生更加明确自己的学习目标，增强他们的求知欲和综合知识获取能力。

实习可以有效提高学生的动手能力。在企业实习中，学生主要通过观察和参与，深入了解企业的运营和管理流程，从而掌握工程管理的实际操作。这种直接的接触和参与使学生能够更加深入地理解工程的实际情况和企业的内部运作机制。对于工程师而言，具备一定的动手能力是基础。即便是高级工程师，也需要经过基础的实践训练。这种训练的目的并不是让学生成为某一领域的专家，而是为他们未来的职业生涯打下坚实基础，为他们的知识整合和创新思维提供实际参考。

第二章 应用型高校实践教学体系的理论之基

第一节 劳动教育理论

一、中华优秀传统文化中的劳动观

（一）崇尚劳动的思想

崇尚劳动是中华民族的优秀文化基因。自古以来，中华优秀传统文化就高度重视劳动的价值。墨子指出："凡五谷者，民之所仰也。"[①] 这句话的意思是五谷是民众生存的基石，而要获得这些五谷，唯一的途径就是通过辛勤的劳动。吕坤说："一年不务农桑，一年忍饥受冻。"[②] 这句话强调如果一年不从事农业劳动，那么这一年人们就可能面临饥饿和寒冷的威胁。此外，商鞅提出："国之所以兴者，农战也。"[③] 这里的"农"代表了农业生产，是国家经济的基石；而"战"则代表了国家的军事实力，强调只有确保农业的稳定生产和国家的军事实力，国家才能真正地兴盛。到了明清时期，思想家、教育家颜元不仅将农业技术纳入教学内容，还开设了与生产技术相关的"水、火、工、象"等课程。这一做法培养了大量既懂军事，又精通农业的实用型人才，为国家的发展做出了重要贡献。

---

① 墨翟.墨子 [M].南京：江苏凤凰科学技术出版社，2018：23-28.

② 吕坤.续小儿语 [M].汕头：汕头大学出版社，2017：114.

③ 商鞅，王霞.商君书 [M].长沙：岳麓书社，2019：23-37.

上述观点深刻揭示了劳动在维护社会稳定和推动人类生存发展中的重要地位。因此，历代统治者都高度重视这一劳动思想，并努力将其落实到实际行动中。中华优秀传统文化不仅强调劳动的重要性，更进一步提倡诚实劳动的价值观。例如，揠苗助长的寓言教导人们，真正的成长需要遵循自然规律，脚踏实地地努力，而非依赖捷径。任何试图违背自然规律的行为最终都会适得其反。这种强调真实、诚实劳动的观点旨在培养人们对劳动的尊重和珍视，确保每个人都能树立正确的劳动观念和价值观。

（二）耕读传家的思想

勤劳创业、耕读传家既是中华优秀传统文化的重要组成部分，也是中国教育的重要内容之一，在中国的历史长河中，"劳"与"学"始终紧密相连，共同塑造了民族的精神面貌。这种紧密的联系主要体现在代代相传的"耕读文化"中。其中"耕"代表着农业生产，是为了获取生活所需的基本物资；而"读"则代表着知识的传承和学习。在一个以农业为主的国家，人们深知只有通过不懈劳作，才能确保家族的生存和繁衍。因此，劳动和学习在传统文化中被看作是相辅相成的，一方面，人们通过劳动获得物质生活的保障；另一方面，通过学习，传承和积累知识，为家族和社会的持续发展提供智慧支持。"读"代表着读书、学习和陶冶情操，是人们在书籍中不断吸收知识和智慧的过程。这种"读文化"背后的驱动力是"修齐治平"的理想目标，强调人们需要通过不断地学习和修身，来达到个人和社会的和谐与平衡。"耕读文化"是对儒家那种轻视农业和体力劳动、崇尚做官的思想的回应，该文化提倡"半耕半读"的生活方式，强调劳动和学习的结合，旨在平衡物质与精神的需求。农家许行坚持"贤者与民并耕而食"，强调劳动的尊严和价值。张履祥进一步提出，农耕劳作与自力更生是塑造个体品格、锻炼智慧和对生命深度感悟的关键。曾国藩作为中国晚清政治家、战略家，始终强调"耕读教育"是家庭教育的基石，只有将"耕"和"读"结合起来，才能为家族和社会培养出真正有用的人才。曾国藩的观点进一步强调了农耕劳作、日常生活乃至礼仪是教育的重要组成内容。

受耕读文化的熏陶，历代文人学士不仅仅满足书斋之中的学问，更将自己投入田间土地，与农民一同耕作。这种生活方式使他们深刻体验到农业生产的辛劳与乐趣，从而创作出了许多描绘田园生活的诗词佳作。陶渊明的《归园田居》就是对这种生活方式的真实写照，展现了他对自然、对田园生活的热爱。除了诗词，古代知识分子还撰写了大量农业专著，为后人留下了宝贵的农业生产经验和技术。例如，《四民月令》是我国古代首部以月令为题材的农业书籍，详细记录了各个季节的农事活动；《齐民要术》是目前已知的最早、最完整的农业专著，为后世的农业生产提供了重要参考。

这种"耕读结合"的思想与现代教育理念中的"教育与生产劳动相结合"有着异曲同工之妙，都强调了知识与技能、理论与实践的有机结合。在新时代，尤其应用型高校，这种结合为实践教学提供了重要的理论支撑。它鼓励学生走出课堂，投入实际生产中，通过实践来加深对知识的理解和应用，培养出真正能够适应社会需求的应用型人才。

（三）"以劳树德""以劳健体"的思想

《国语·鲁语下》指出："夫民劳则思，思则善心生；逸则淫，淫则忘善，忘善则恶心生。"① 这句话是说，百姓参加了劳动，就会因劳累而去思考如何节俭律己，若经常思考这些问题，就会使自己的心地善良起来；无所事事，就会放肆起来，一旦放肆，就会忘掉善良，没有善良，就会滋生作恶之心。孔子认为，一个成人的主体，需要接受"文、行、忠、信"的教育。② 在古代，"文"指诗书礼乐等六经，属于脑力活动范围；"行"就是亲身力行，是对知识的应用；"忠"即尽心尽责，是对工作和生活的热情和投入；"信"便是坚守自身原则。这是"以劳树德""以劳健体"的思想在古代的生动阐释，强调只有通过劳动，人们才能真正地发展自己，锻炼身体，培养品德。在新时代，这种古老的劳动教育思想仍然具有深远意义。它为人们提供了一个理论框架，帮助人们理解劳动、德育和体育之间的内在联系。只有正确处理这三者的关系，才能真正发挥劳动在树德和健体中的作用，培养出全面发展的现代劳动者。

上述关于中华优秀传统文化中所蕴含的劳动教育思想对应用型高校实践教学的发展起着基础作用，无疑是深化新时代应用型高校实践教学的重要思想源泉。

---

① 左丘明.国语 [M].桂林：漓江出版社，2022：103-109.

② 孔丘.论语 [M].成都：四川天地出版社，2020：80-99.

二、马克思主义劳动观

（一）人的本质理论

"人的本质不是单个人所固有的抽象物，在其现实性上，它是一切社会关系的总和。"这是马克思主义在人的本质问题上的经典表达。马克思主义认为，人存在社会属性和自然属性，而人的本质在于社会性。[①]自然属性与动物的本能活动相似，如觅食、生存和繁殖等。而社会属性则是人作为社会存在物的特有属性，它是在物质资料生产和社会交往中形成的。这意味着人的行为和思想都是在特定的社会背景下产生和发展的。马克思主义强调人的历史性和现实性。其中，历史性意味着人的本质是随着社会的发展而不断变化的，不同的历史时期，人的本质会有所不同；现实性则强调人生活在具体的社会关系中，这些社会关系对人的行为和思想有着深刻影响。

应用型高校实践教学及其体系构建研究应遵循人的本质理论。基于马克思主义的人的本质理论可知，学生不仅是学习的对象，更是一个处于特定社会关系中的主体。因此，实践教学应紧密结合社会现实，与时俱进，确保教学内容的时效性和前沿性。在新时代的背景下，应用型高校面临着前所未有的挑战和机遇。为了更好地适应社会的发展，高校应不断创新教学方法，充分挖掘学生的能动性和创造性。这不仅可以帮助学生提高实践能力，还可以加强其思想教育，培养出既有理论知识，又有实践经验的复合型人才。

（二）人的全面发展理论

马克思和恩格斯在《德意志意识形态》中，对人的全面发展理论做出如下论述："人以一种全面的方式，也就是说，作为一个完整的人，占有自己的全面的本质。"[②]由此可知，人的发展是多方面的，涉及需要、主体性、个性、社会关系和能力等多个维度。其中，人的需要是推动其发展的核心动力。这些需

---

①中共中央马克思恩格斯列宁斯大林著作编译局.马克思恩格斯选集（第1卷）[M].北京：人民出版社，1995：56.

②中共中央马克思恩格斯列宁斯大林著作编译局.马克思恩格斯全集（第42卷）[M].北京：人民出版社，1979：123.

要不是固定不变的，而是随着人在社会中的位置和角色的变化而变化。当人的基本需要得到满足后，更高层次的需要就会浮现出来。人不是孤立存在的，他们生活在复杂的社会关系中。这些社会关系不仅影响人的发展，也受到人的影响。人的全面发展是社会进步的基石；反之，社会的进步也为人提供了更好的发展条件。人的发展并不是一帆风顺的，而是会受到个体的身体和心理素质的制约，也受到外部社会环境的制约。但正是这些制约和挑战，推动人不断超越自我，追求更高层次的需要，从而实现真正的全面发展。

应用型高校实践教学及其体系构建应遵循人的全面发展理论。首先，教育不仅是传授知识，更是培养人。在教学中，应充分尊重学生的人格，确保他们的自尊得到满足。教育者应采用理性和情感相结合的方式，既用事实和逻辑说服学生，又用真挚的情感打动他们。其次，随着社会的发展，教学方法和内容也应随之调整和创新。教育者应密切关注社会的变化，及时更新教学内容，以满足学生的学习需求。同时，要关注学生的思想观念变化，深入了解他们的思考方式和行为动机，从而为他们提供更为合适的指导。最后，学生的需求是多层次的，除了基本的学习需求，还有对知识、技能、情感和人际关系的需求。高校应为学生提供一个充满活力、开放包容的学习环境，帮助他们在各种社会关系中找到自己的位置，满足自己的需求，不断提升自己，实现自我的价值。

（三）实践第一的观点

马克思指出："全部社会生活在本质上是实践的。凡是把理论导致神秘主义的神秘东西，都能在人的实践中以及对这个实践的理解中得到合理的解决。"[①] 实践是人类认识世界的基石，它不仅是人们与外部世界互动的方式，更是人们深化对世界认识的手段。在日常生活中，人们经常遇到未知和不明确的概念，而这些概念往往是通过实践来得到明确和深入的理解的。通过实践，人们可以运用自己的能力，有目的地、有计划地与客观世界互动，从而不断完善和丰富自己的认识。实践不仅是认识的起点，更是认识的动力。人们在实践中遇到的问题和挑战激发了他们探索和求知的欲望。这种探索和求知的过程使人

---

① 中共中央马克思恩格斯列宁斯大林著作编译局.马克思恩格斯选集（第1卷）[M].北京：人民出版社，1995：56.

们的认识得以不断深化和拓展。而这种深化和拓展的认识又为人们提供了更为明确的实践指导，形成了一个正反馈的循环。此外，实践还是检验认识真实性的唯一标准。只有当认识能够在实践中得到验证，才能被认为是真实的；反之，如果认识在实践中不能得到验证，或者与实践中的事实相矛盾，那么这种认识就可能是错误的。

应用型高校实践教学及其体系构建应遵循实践第一的观点。学生所学的理论知识只有在实际操作中才能得到真正的检验和巩固。实践不仅是知识的应用，更是知识的再创造。在实践中，学生会遇到各种问题，这些问题会激发他们的思考，推动他们不断更新和完善自己的知识体系。此外，实践教学也是培养学生马克思主义观念的重要途径。在实践中，学生可以深刻体会到马克思主义理论的指导意义，从而更加坚定地认同共产主义理想。实践使得理论知识得以生动展现，使学生更加深刻地理解和领会其内涵。

（四）知行合一的观点

习近平新时代的知行合一观是中国特色社会主义伟大实践与马克思主义知行观及中国传统知行观有机结合的产物。这一观点深刻地体现了知识与实践之间的密切关系，强调了理论知识与实际行动的统一。习近平多次强调知行合一的观点，如"必须以知促行、以行促知"[①]"于实处用力，从知行合一上下功夫"[②]。"知"不仅是对事物的简单认识，还是在理性与感性的结合中形成的深入理解，涉及认识的能力、内容、来源、方法和路径。而"行"则是人们在实际生活中的各种实践行为，是对知识的应用和实践。知识和实践是相互促进的，只有真正理解了知识，才能有效地将其转化为实践行动；反之，只有在实践中，人们才能更加深入地理解和掌握知识。知行合一的观点突出了实践的重要性，认为知识只有通过实践才能得到真正的验证和完善。尽管知与行紧密相连，但两者之间仍然存在差异。知是对事物的认识和理解，而行则是基于这种

---

① 习近平.在党的群众路线教育实践活动总结大会上的讲话[EB/OL].（2014-10-08）[2023-10-09].https://news.12371.cn/2014/10/08/ARTI1412782565836372.shtml.

② 习近平.青年要自觉践行社会主义核心价值观——在北京大学师生座谈会上的讲话[EB/OL].（2014-05-05）[2023-10-09].https://www.gov.cn/xinwen/2014-05/05/content_2671258.htm.

认识采取的实际行动。行是知的前提和基础，而知则是行的来源和目的。两者之间的关系是相辅相成的，但它们各自也有自己的特点和功能。

应用型高校实践教学及其体系构建应遵循习近平新时代知行合一的观点。真正的知识来源于实践，而真正的实践则基于深厚的理论知识。因此，高校在进行课堂教学时，不仅要注重知识的传授，更要强调知识与实践的结合。理论知识是实践的基石，但只有将其应用于实际，才能真正体现其价值。同时，实践教学不仅是知识的应用，更是知识的来源。在实践中，学生可能遇到各种实际问题，这些问题会促使他们回到理论中去寻找答案，从而实现知识的不断更新和深化。

第二节　实践性学习理论

一、对实践性学习的解读

实践性学习本身就是一种理论与实践相互结合的产物。实践性学习既是一种方法论，又是一种实践工具，旨在帮助学生在真实的工作和生活环境中掌握和应用新知识。这种学习方式强调在实际情境中进行学习，使学生能够通过与他人的互动和合作，提高自己的实践能力。与此相反，仅仅从书本和课堂中获取的知识往往是间接的、表面的，缺乏深度和个人化的体验，这种学习方式可能导致学生只是机械地接受知识，而不是真正地理解和应用它。因此，实践性学习强调将学生置于真实的情境中，无论是自然环境、社会背景、日常生活，还是课堂和教室，关键不在于情境的设定，而在于学生如何在这些情境中主动参与、思考和吸收知识。与传统的理论学习相比，实践性学习提供了一个更加真实的环境，使学生能够更深入地体验和理解知识。这种学习方式鼓励学生融入情境，积极探索，从而内化所学的知识和经验。实践性学习的价值在于它能够为学生提供与实际生活和工作紧密相关的知识和技能，帮助他们更好地适应和应对现实生活中的挑战。这种学习方式不仅弥补了纯理论学习的不足，还为学生提供了一个更加全面、深入的学习体验，使他们能够更好地将知识应用于实际生活中。

角色和关系是实践性学习必不可少的条件，实践性学习是学生通过扮演角色和融入关系中进行的。当今时代下，教学不再是单向的知识传递，而是一个互动的过程。教与学相结合，使得课堂变成了一个对话和交流的平台。在这种互动中，学生不仅是知识的接受者，更是参与者。他们进入特定的实践情境，与其他学生和教师建立关系，共同参与、探索和解决问题。这种参与和互动使得学生能够更加深入地理解和掌握知识。实践性学习鼓励学生融入情境，扮演特定角色，与他人建立关系，从而更好地体验和理解知识。这种学习方式不仅增强了学生的实践能力，还培养了他们的沟通、合作和解决问题的能力。

知识经验是实践性学习的对象，实践性学习所学习的不只是显性知识，更包括隐性知识，或者说是人们的个人经验。显性知识，如理论和概念，可以通过书籍、课堂或他人的指导轻易获得。但要有效理解并应用这些知识，实践性学习是关键。与此相反，隐性知识是那些不易言传的、与个人经验和情境紧密相关的知识，往往与学生的实际生活和工作环境有关，且具有一定的个人意义和价值。要获取这种知识，单纯的理论学习是不够的，必须通过实际的实践和体验。随着实践环境的不断变化和发展，隐性知识也在不断地更新和演变。这使得学生需要持续进行实践性学习，以适应变化的环境，不断积累和更新自己的知识经验。

二、实践性学习的特征

（一）社会性和道德性

实践性学习是在真实的社会情境下或自然情境下进行的，旨在让学生吸收知识，形成一定的人际交往能力，以及对社会规范的认识。这种学习方式具有鲜明的社会性和道德性特点。社会性体现在学生不是孤立地学习，而是作为社会集体的一部分，与他人互动，共同完成任务。在这一过程中，学生不仅获得了知识，还学会了如何与人合作、如何为集体和社会的利益而努力。这种社会性使得学生更好地融入社会，为社会的发展做出贡献。道德性则强调学习活动应当遵循社会规范和道德要求。在实践性学习中，学生需要确保自己的行为是正直的、负责任的，并符合社会的期望。这种道德性教育能帮助学生建立正确的价值观和道德观，使其成为有道德底线的人。

（二）情境性

实践性学习是一种深入实际情境中的学习方法，强调学生在真实环境中通过实际操作来获取知识和经验。这种学习方式不仅是对知识的探索，更是一个全面的、与现实生活紧密相连的学习过程。在实践性学习中，学生与实际情境有着紧密的联系，他们不仅要理解知识结构和认知关系，还要与外部环境建立联系，体验主体与客体之间的互动。这种学习方式使得学生能够更好地理解和应用知识，因为他们是在真实情境中学习和实践的。实践性学习强调将学习置于有意义的实际环境中。学生在这种环境中面对真实的问题，通过实际操作来解决这些问题，从而获得其背后的知识和经验。这种学习方式不仅提供了知识的教育，还为学生提供了情感的体验。在实践中，学生会经历成功和失败，体验努力的过程和结果的甜美，这些体验使他们更加成熟和坚韧。

（三）主体性

实践性学习是学生进行知识深层理解的主要学习方式，是一种主动的学习方式，而不是被动地被灌输知识。实践性学习是以学生亲身经历的方式探究学习的奥秘，在实践和学习的过程中探究知识的奥秘，获得解决问题的方法和促进自身经验的积累，以及自身能力的发展。从学生的角度来看，通常情况下，学习的对象——知识存在于主体之外，尤其隐性知识，更是隐藏在现实的深处，如何把相对独立的知识转化为学生自身的知识，这就需要学生亲历和融入学习的过程，在实践中体验、思考，如此才能有效地促进学生个人知识经验的生成和发展。

从课程的角度来看，课程学习不仅是知识的传递，更重要的是学生如何主动地参与和体验这一过程。实践性学习强调学生的主体性，即学生在学习过程中的主动性和创造性。只有当学生真正融入学习中，积极参与和体验，才能真正地理解和掌握知识。主体性是实践性学习的核心，强调学生不仅是知识的接受者，更是知识的创造者。通过主动参与，学生可以更深入地思考和体验，从而使知识获得更深的意义。这种学习方式能够激发学生的研究能力，培养他们积极的学习态度，同时能够培养他们的问题意识和创新精神。即使是表面上看似简单的知识，也需要学生主动地去探索和体验。只有这样，知识才能真正地被学生所掌握，成为他们的真正财富。

（四）开放性

实践性学习具有开放性。在实践性学习中，学生面向的是整个生活世界，不再受限于固定的课程内容和教学方法，而是可以根据自己的兴趣和需求选择学习的方向。这种开放性使得学生可以更加主动地参与学习过程，更加深入地探索和体验。实践性学习强调个性化的学习体验。每个学生都有自己独特的学习需求和兴趣，实践性学习鼓励学生根据自己的特点进行学习，这样可以更好地激发学生的学习兴趣和动力。社会是一个复杂的系统，提供了丰富的学习资源和机会。实践性学习不仅仅局限于学校和课堂，学生可以在更广阔的社会环境中进行实践活动，如参与社区服务、进行国际交流等。这种学习方式既增强了学生的实践能力，也拓宽了他们的视野。虽然实践性学习具有很大的自由度，但学生在实践活动中仍然需要遵循社会的规范和制度，确保自己的行为是合法和合理的。

三、实践性学习与相关概念的区别

（一）实践性学习与实践学习

实践学习一般被理解为"通过实践活动而进行的学习，以解决实际问题为主要目的的一种学习方式"。[①] 实践学习是一个在学术界广泛讨论的概念，但其定义和解释在文献中并不统一。许多学者将其简化为通过参与实际活动或操作来学习的过程，从而使实践学习与动手操作或实地观察等学习方式等同起来。简而言之，只要学生能够通过直接参与实践活动，从中吸取知识、得出结论或创造某种产品，这种学习方式都可以被称为实践学习。

虽然实践性学习与实践学习在形式上有许多相似之处，但两者在本质上存在明显差异。实践性学习的范围更为广泛，它不仅是通过实践来学习。与实践学习不同的是，实践性学习不总是以解决具体的实际问题为目标。它更加注

---

① 曾素林.论实践教育[D].武汉：华中师范大学，2013：30.

重学生如何通过实践活动来内化知识、如何从中学习到社会的隐性经验，并将这些经验转化为具有个人意义的知识。这意味着实践性学习的成果往往是具有个人价值和意义的知识和经验，而不仅是解决某个具体问题的方法或技巧。

（二）实践性学习与研究性学习

研究性学习是综合实践活动课程的一个重要组成部分，强调学生通过实际的探究和研究来获得知识和技能。这种学习方式不仅是传统的知识传授，而且是让学生亲自参与知识的发现和创造过程中。通过研究性学习，学生可以深入探讨生活中的实际问题，如项目设计、作品创作等，并在这个过程中学习科学研究的方法和技巧。研究性学习的核心思想是让学生体验知识的探索过程，使他们不仅满足接受现有的知识，而是学会如何独立地追求新的知识和技能。这种学习方式鼓励学生发挥他们的创造力和批判性思维，培养他们的探究精神和科学研究方法。此外，研究性学习还强调知识、方法和态度的有机结合。学生不仅要学会知识，还要学会如何应用这些知识、如何与他人合作、如何批判性地思考问题。简而言之，研究性学习是一种全面的、综合性的学习方式，旨在培养学生的综合素质，使他们成为具有探究精神和科学研究能力的现代公民。

实践性学习既是综合实践活动课程实施中的一种学习方式，也是人社会化发展的一种学习方式。这种学习方式不局限于传统的教科书知识，而是更加强调社会知识和经验的吸收。学生可以在实际情境中，通过个人的实践或在团队中受到指导，来探索和解决问题。这种学习方式鼓励学生的自主性和积极性，使他们能够更加深入地理解和应用知识。实践性学习的内容来源广泛，包括书本知识、社会经验、个人观点和他人指导，为学生提供了一个全面、综合的学习环境。例如，在生活中，学生对于共青团员在社会中的具体行为表现可能并不十分清晰。尽管学校的教育为他们提供了共青团员的行为准则和示范，但学校环境与真实的社会情境有很大差异。因此，学生需要在实际的社会环境中，基于他们已有的知识和经验，逐渐形成适应社会的行为模式。为了更好地适应和学习，学生可以采取多种方式，如以小组为单位，通过团队实践和讨论来共同探索和学习；在日常生活中主动实践和验证自己的行为是否符合共青团员的标准；观察和学习他人的行为。这样一来，学生不仅能够更好地理解共青团员的行为准则，还能够在实际生活中更好地将其付诸实践。

（三）实践性学习与课堂学习

课堂学习是班级授课制下学生学习的主要方式，是从学生的角度对课堂教学的表述，教师在课堂教学中进行教授，学生在课堂教学中的学习即课堂学习。在这一过程中，教师根据教学大纲和学生的学习特点，对教材进行深入解读和组织，确保学生在有限的时间内掌握关键知识。尽管传统的课堂教学方式以教师讲授为主，但自新课程改革以来，课堂教学的形式和方法已经发生了很大变化。现如今的课堂学习不再是单一的教师讲授，而是更加注重学生的参与和互动。例如，通过小组讨论、实验、角色扮演等方式，使学生更加主动地参与到学习中，这不仅增强了学生的学习兴趣，也提高了他们的学习效果。与此同时，课堂学习的地点也不再局限于传统的教室，而可以是实验室、图书馆甚至户外环境，为学生提供了更加丰富和多样的学习体验。

实践性学习强调在真实环境中的知识应用和经验积累，它与实际情境紧密相连，使学习能够在实践中深化对理论知识的理解。这种学习方式超越了传统课堂的边界，鼓励学习将所学与实际生活相结合，从而实现知识与技能的完美融合。与此同时，课堂学习为学生提供了系统的理论知识，为他们在实践中遇到的问题提供解决方案。两者之间存在着互补关系：课堂学习为实践性学习奠定理论基础，而实践性学习则使学生能够将课堂所学应用于真实场景，增强其实践能力。

（四）实践性学习与服务性学习

服务性学习起源于20世纪80年代中后期的美国，是一种将学术知识与社区服务相结合的教育模式。这种教育方法不仅以学术为目的，更是为了培养学生的社会责任感和公民意识。通过服务性学习，学生可以将在课堂上学到的知识应用到真实的社会问题中，从而实现知识与实践的完美结合。这种学习方式不仅促进了学生的智力发展，还培养了他们的社会参与意识。与实践性学习相似，服务性学习也是在真实环境中进行，要求学生在实际的社会环境中扮演角色，与社区成员互动，从而获得更深入的学习体验。此外，服务性学习既达到了学习的目的，也促进了学生社会服务功能的发挥，是一种双赢的学习方式。

实践性学习与服务性学习都是现代教育中重要的学习方式，都强调将理论知识与实际经验相结合，帮助学生更好地理解和掌握知识。但这两种学习方式在目的、内容和形式上存在明显差异。从目的上看，服务性学习的核心是为社区提供服务，而实践性学习则更注重学生的个人发展和技能培养；服务性学习要求学生在为社区提供服务的过程中，将所学的知识和技能应用到实际中，从而达到学以致用的目的，而实践性学习则更多的是为了帮助学生掌握某一技能或知识，通过实际操作来加深对知识的理解。从内容上看，服务性学习往往与社区的实际需求紧密相关，学生需要根据社区的需求来确定学习的内容和方向，而实践性学习则更多的是基于学生的兴趣和需求，学生可以根据自己的兴趣选择学习的内容。从形式上看，服务性学习往往是无偿的，学生在为社区提供服务的过程中，不能期望得到任何形式的报酬，而实践性学习则不同，在实践的过程中，学生往往可以获得一定报酬，如实习工资或奖学金。

四、实践性学习理论对应用型高校实践教学体系的指导价值

随着社会的发展和经济的进步，对高等教育的需求也在不断增加。应用型本科高校作为我国高等教育体系的重要组成部分，其培养的人才直接面向社会，为社会提供大量应用型技术人才。因此，如何更好地培养应用型人才，使其既具备扎实的理论知识，又具备熟练的实践技能成为应用型本科高校教育改革的重要课题。实践性学习理论为应用型本科高校提供了有力的理论支撑。该理论强调理论与实践的相互结合，认为学习不仅是对知识的传授，更是对知识的应用和实践。基于这一理论，应用型本科高校在人才培养上应该牢固树立理论与实践相互结合的思想，从而更好地培养出既具备理论知识，又具备实践技能的应用型人才。

一方面，从课程设置来看，应用型本科高校应该增加探究性、操作性强的实践教学内容。这样的课程设置可以使学生在学习理论知识的同时，有机会将所学的知识应用到实践中，从而加深对知识的理解和掌握。例如，对于工程类专业，可以设置一些实验课程，让学生亲自操作、亲自实践，从而更好地掌握所学的理论知识；对于医学专业，可以设置临床实习课程，让学生在医院的环境下与真实病人互动，进行诊断和治疗的模拟，从而加深对医学理论的理解和应用；对于建筑学专业，可以组织实地考察和建筑设计项目，让学生亲自参

与建筑模型的制作或使用专业软件进行建筑设计，从而将建筑理论与实际设计相结合；对于教育学专业，可以安排教育实习，让学生进入学校，亲自进行教学设计和课堂教学，体验教育理论在真实课堂中的应用。另一方面，创新教学手段和方法也是提高学生实践能力的重要途径。启发式、情景式、案例式教学等教学方法都可以使学生在学习过程中更加主动地思考、更加深入地探究，从而更好地理解和掌握知识。例如，通过情景式教学，可以为学生创设一个真实的工作环境，让学生在这样的环境中亲自操作、亲自实践，从而更好地掌握所学的知识和技能。

第三节　职业能力理论

职业能力理论是基于职业发展和能力本位理论所形成和发展的科学理论。职业能力理论研究的对象更侧重高等教育领域的应用型人才，其概念就是个体通过学习和实践积累的知识、经验、技能和态度，在特定的职业环境或场景中进行有效的整合和应用，从而形成能够独立完成某一职业任务的综合能力。简而言之，职业能力理论关注的是如何将个体的学术和实践成果转化为实际的职业执行力。本节从职业发展理论和能力本位理论两方面入手，对职业能力理论展开论述。

一、职业发展理论

（一）需要层次理论

美国社会心理学巨擘亚伯拉罕·马斯洛（Abraham H.Maslow）提出了需要层次理论，这一理论不仅为组织行为和个人心理分析提供了坚实的理论基石，而且为职业发展理论注入了新的活力。马斯洛认为，人的需求可以被细分为五个主要层次，从较低层次到较高层次依次是：生理需求、安全需求、社交需求、尊重需求和自我实现需求。[1] 这些需求层次像一个金字塔，底层的需求满

---

[1] 马斯洛.动机与人格[M].南京：江苏人民出版社，2021：147-159.

足后，人们才会追求更高层次的需求。从这个角度来看，人们在追求职业发展时，也是在追求满足这些层次化的需求，从确保基本的生计到追求职业上的成就和自我价值的实现。

1. 生理需求

生理需求如食物、水、空气和住所是人类最基本的需求。在这些需求未得到满足之前，人们很难关注其他更高级的需求。例如，当一个人饥饿时，他的所有注意力和动力都会集中在寻找食物上，其他事情都变得次要。这种需求的紧迫性和基础性使得它成为人们生活中的首要关注点。

2. 安全需求

安全需求涉及对个人安全、生活的稳定性和避免受伤、受威胁或生病等方面的需求。当这些需求未被满足时，它们成为人们当下的主要关注点，与生理需求的紧迫性相似。在职场中，员工的安全需求可能体现为对稳定的工作、医疗保障、失业和退休福利的需求。那些高度重视安全需求的人在考虑职业选择时，会优先考虑那些能为他们提供基本生活保障的工作。他们追求的是一个能够确保其基本需求得到满足的稳定环境。

3. 社交需求

社交需求关乎对友情、亲密关系和归属感的需求。一旦基本的生理和安全需求得到满足，人们的注意力就会转向这些社交需求，它们开始产生驱动力。在马斯洛的需求层次理论中，社交需求标志着与前两个需求完全不同的新阶段。如果这些社交需求未被满足，员工可能感到心理上的不安，这可能导致出勤率下降、生产效率降低、对工作的不满和情绪的波动。

4. 尊重需求

尊重需求涉及个人对自己成就和价值的认知，以及他人对其的赞赏和尊重。那些追求尊重的人希望被他人真实地看待，希望被认为是有能力和能够胜任工作的。他们追求的是成就感、声誉、社会地位和更多的晋升机会，因为这些都是他人对他们才华的认可。当实现这些需求时，他们不仅获得了外界的尊重，而且因为对自己的价值感到满足而更加自信。然而，如果这些需求得不到满足，他们可能感到失落和沮丧。

5. 自我实现需求

自我实现需求关注个体的最大潜能发挥和完全实现自我。那些追求自我实现的人不仅完全接受自己，还真诚地接受他人。他们在解决问题上展现出更强的能力，具有高度的自觉性，并倾向独立行事。另外，他们也更倾向寻求独处的时光，以便不受打扰地进行深度反思。为了达到这种自我实现的状态，一个人必须在某种程度上已经满足了其他较低层次的需求。但有时过于追求自我实现可能导致他们忽视或牺牲满足基本需求，无论是有意的还是无意的。

在职业发展理论的研究中，以上每一个需求层次都可以对应个体在职业发展生涯的不同阶段中所外化出来的各种需求特征。

（二）职业锚理论

职业锚是指当一个人不得不做出选择的时候，无论如何都不会放弃的职业中的那种至关重要的东西或价值观。最早这一概念由麻省理工学院的专门小组研究提出。职业锚可以视为一个人对自己职业生涯的核心认知，它由三个主要部分构成：一是基于实际工作成果的自我认知的才能和能力；二是基于实际经验和他人反馈的动机和需求的自我认知；三是基于与工作环境和组织之间的实际互动的态度和价值观的自我认知。这三个部分共同构成了个人的职业自我观，帮助人们在职业生涯中做出决策。与工作价值观的典型概念相比，职业锚提供了一个更为全面和深入的视角，帮助个人更好地理解自己的职业倾向和决策因素，从而在职业生涯中做出更为明智的选择。

1. 技术职能能力的职业锚

对于那些以技术职能能力为锚定的人来说，他们的职业选择和决策主要基于自己的专业技能和知识。这些人对于自己所从事的技术或职能内容有浓厚的兴趣和热情，他们的自我认同与自己在特定领域的专业能力紧密相连。这类人在职业生涯中，更加重视自己的技术或职能能力的提升和完善，而不是追求管理职位或高级别的职务。即使有机会晋升到管理层，他们也可能选择留在自己熟悉和擅长的技术或职能领域，因为他们更加珍视与自己专业技能相关的工作内容和挑战。他们的职业满足感来源于自己在某一领域的专业成就，以及由此带来的认可和反馈，而不是职位的晋升或薪酬的增加。

这种以技术职能能力为锚定的职业取向使得这类人在职业生涯中更加稳定和坚定。他们不会轻易被其他诱惑所吸引，而是始终围绕自己的专业领域进行职业规划和发展。这种职业取向不仅有助于他们在自己的领域内达到更高成就，也为组织带来了稳定的技术或职能支持。

2. 管理能力的职业锚

对于那些具有管理能力的职业锚的人，他们看重的是管理职位和责任，将管理作为自己的职业终极目标。这类人不仅具备技术或职能能力，更重要的是，他们拥有一系列管理所需的关键能力，如分析能力、人际交往能力和情感智慧。这些能力使他们能够成功地扮演管理角色，有效地领导和指导团队，解决复杂的组织问题。但值得注意的是，这并不意味着他们在某一技能上比其他人更出色，而是他们的这些能力组合使他们适合管理角色。他们对工作的期望是挑战性的任务、更大的责任和更高的决策权。

与那些以技术或职能为核心的职业锚的人不同，具有管理能力职业锚的人更加看重的是工作的性质和内容，而不仅仅是技术或职能本身。他们追求的是更高层次的管理职位，希望能够在组织中获得更大的影响力。因此，他们更加依赖组织提供的机会，期望能够在组织中获得更大的责任和挑战，从而实现自己的职业目标。

3. 安全型和稳定型的职业锚

具有安全型和稳定型职业锚倾向的个体往往会基于雇主的期望和要求来行动，他们追求的是工作的稳定性和安全感。为了保障这种稳定性，他们希望获得稳定的收入和有效的退休计划，以及其他形式的津贴和福利。与其他人相比，这类人更容易接受和适应组织对其职业生涯的规划和定义。他们更倾向信任组织，并期望组织能为他们提供最佳的职业发展路径和机会。总的来说，他们更加依赖组织，希望在组织的框架内找到自己的价值和定位。

4. 创造型的职业锚

具有创造型职业锚的人追求的是自主性和管理能力，他们希望能够充分展现自己独特的才华，并为自己创造一个稳定的未来。这类人内心深处有一种强烈的创造欲望，希望能够创造出属于自己的、独一无二的作品。无论是一个以自己名字命名的项目、程序，还是自己创办的公司，他们都希望这些作品能够成为衡量自己成就的标志。对他们来说，创造出这样的成果不仅是为了实现自我价值，更是为了实现自我扩展和成长。

5. 自主型和独立型的职业锚

具有自主型和独立型职业锚的人渴望在工作中拥有更多的自由度和空间，他们希望能够在一个最少受到组织约束的环境中，充分发挥自己的职业和技术才能。这类人的自主需求远远超过其他需求，他们希望能够按照自己的意愿和步调来规划工作和生活。对他们来说，能够自主地制定自己的时间表、选择自己的生活方式和工作习惯非常重要。他们不喜欢被固定的规则和流程所束缚，而是更倾向在一个开放和灵活的环境中追求自己的职业理想和目标。

6. 挑战型职业锚

具有挑战型职业锚的人热衷寻求和接受各种新的、具有挑战性的工作任务。他们对日常的、重复的工作感到厌倦，更喜欢那些能够激发他们潜能和创造力的任务。对他们来说，成功的标志不仅是完成任务，更是在工作中克服那些其他人认为难以逾越的障碍，解决那些被认为是难题的问题。他们享受与能力出众的对手竞争的过程，并以此为荣。

（三）职业生涯发展阶段理论

职业发展理论是研究人的职业心理与职业行为成熟过程的理论。这一理论强调，职业发展是一个持续的、长期的旅程，而不仅仅是生活中的一个短暂决策时刻。职业选择并不是一个孤立的事件，而是一个漫长的过程。事实上，在很早的时候，如童年时期，人们对职业的态度和期望就已经开始形成。随着时间的推移，由于年龄、生活经验和教育等多种因素的影响，人们的职业观念和心态也会发生相应变化。职业发展理论主要提出了以下两种模型：

1. 生命周期模型

生命周期理论模型由美国心理学家萨帕提出，是一种以人的自我概念发展为核心的心理学模型。该模型认为，人的职业发展经历五个主要阶段：第一，成长阶段，这一阶段持续到 14 岁左右。在这个时期，个体的自我概念开始逐渐形成。随着对社会的深入参与，个体的兴趣和能力开始逐渐显现，并被视为关键要素。第二，探索阶段，这一阶段大约从 15 岁延续到 24 岁。在这个阶段，个体开始通过各种尝试和实验来检验自己对环境的认知和理解。他们会保留那些能够带来满足感的自我概念，并摒弃那些不能带来满足的概念。第三，建立阶段，从 25 岁持续到 44 岁。在这一时期，个体会进一步检验自己的自我概念，并努力在职业领域中找到一个最适合自己的位置。第四，维持阶段，从 45 岁延续到退休。在这个阶段，个体的主要目标是维持自己在职业领域中的位置和地位，确保自己的职业生涯能够稳定发展。第五，衰退阶段，从退休开始直至生命结束。在这一阶段，个体开始回顾自己的职业生涯，对自己的成就和遗憾进行反思，并为自己的未来做好准备。

2. 个体差异模型

个体差异模型是一个非阶段性的模型，它以个体的特征为出发点，强调个体在职业选择中的独特性。尽管大多数研究者并没有将个体差异纳入职业发展模型的考虑范围内，但职业锚模型却是一个明显的例外。这一模型最初的研究目的并不是探讨个体差异，而是希望通过研究社会化过程和心理契约的形成来深入了解个体需求与组织要求之间的相互作用。尽管毕业生在工作经历中所经历的工作变化种类各不相同，但他们选择变换工作的原因存在很大的一致性。随着工作经验的不断积累，这些原因变得越来越明确和连贯。职业锚模型就是为了解释这种一致性中的原因模式而提出的。它试图整合个体的职业模式，为个体在职业生涯中的选择提供一个清晰的框架。根据这一模型，职业锚可以分为六种基本类型：技术职能能力型、管理能力型、寻求安全和稳定的类型、创造型、自主型和挑战型。这六种类型为个体在职业生涯中的选择提供了一个参考，帮助他们更好地理解自己的需求和期望，从而做出更为明智的职业决策。

（四）职业发展道路理论

简而言之，职业发展道路就是一个人在其职业生涯中所走的路线或途径。一个经典的例子是雇员在加入某个企业后，如何在该企业内部不断地变换职位和角色。这种职业发展道路有几个显著的特点：①它是由组织为雇员所设计和铺设的，目的是帮助雇员实现个人的职业目标和愿景。②传统上，职业发展道路主要集中在某一特定的职业领域内，强调的是如何在这一领域内实现升迁和晋升。③职业发展道路并不是一条刚性的、固定的路线。对于某一特定的职业发展道路，不是每个雇员都会或必须沿着它前进。有的雇员可能选择这条路，而有的则选择其他道路。即使选择了某一条职业发展道路，也不意味着必须沿着它走到最后。例如，有的雇员可能沿着组织的纵向行政级别不断晋升，但在达到某一级别，如科级或副处级后，可能选择停留。而有的雇员则可能继续前进，直至达到局级、部级或者更高的领导层级。职业发展道路为雇员提供了一个参考框架，但每个人的职业之路都是独特的，取决于个人的选择和机会。

二、能力本位理论

能力本位，又称为能力本位教育，起源于 20 世纪 60 年代的美国，是师范教育改革的产物。当时，人们对师范教育的质量普遍不满，认为问题的根源在于教师的教育和教学能力。因此，提出了提高教师的教学能力和相关技能的需求。为了解决这一问题，能力本位教育方案应运而生。与传统的学科培养教师的方法不同，能力本位教育首先对教师的工作进行深入分析，确定教师在实际工作中应具备的关键能力。然后，根据这些能力标准来设计和实施教师培训计划。随着时间的推移，能力本位教育的理念逐渐完善，并开始被应用到更广泛的职业教育领域。这种教育模式强调能力的实际应用，而不仅仅是学科知识的掌握。这一思想在美国得到了广泛认同，并逐步在北美、加拿大、英国和澳大利亚等国家流行起来。

与传统的以知识为中心的教育方式不同，能力本位教育更加注重实际应用能力的培养，其目标不仅是提高学生的知识水平，更重要的是提高他们的职业能力，使他们能够胜任实际工作中的各种任务。这种教育模式强调企业的参与，认为企业是培养学生实际能力的最佳场所。通过与企业的紧密合作，教育机构可以确保所提供的教育内容与实际工作需求相匹配，从而更好地为学生提供实际应用能力的培训。在教学过程中，能力本位教育强调学生的主体性和教师的引导作用。它认为教学不仅是教师传授知识的过程，更是学生主动学习、实践和探索的过程。因此，在课程设计上，它更加重视职业技术和技能训练，尤其实际操作和社会实践的训练。这种教育模式认为，只有通过实际的操作和实践，学生才能真正掌握所学的知识和技能，并将其应用于实际工作中。

能力本位理论的形成不是一蹴而就的，而是结合了几种不同的研究成果或教育理论。其中，布鲁姆的"掌握学习"理论强调了学生的个体差异和按照自己的节奏进行学习；斯金纳的"程序学习"则注重行为的逐步塑造和强化；波帕姆的"标准参照测验"为教育评估提供了一个与特定标准相比较的方法。澳大利亚的"TAEF"模式和德国的"双元制"教育都是基于能力本位理论的人才培养模式，它们都已经在各自的国家中得到了广泛的应用和认可。

三、职业能力理论对于应用型高校实践教学体系的指导价值

职业能力理论更偏向培养学生的专业基本技能、专业创新技能、专业从业技能等实践能力的训练。其中，专业基本技能是指在某一专业领域中，个体必须掌握的基本知识和技能；专业创新技能则是指在已有的知识和技能基础上，进行创新和发展的能力；专业从业技能是指在某一专业领域中，从事相关工作所必须具备的实际操作能力。在应用型高校中，职业能力理论的应用尤为重要。因为应用型高校的目标是培养具有实际操作能力的应用型人才。这些人才不仅要掌握专业知识，还要具备解决实际问题的能力。因此，应用型高校的教育模式应该是理论与实践相结合，强调实践性教学。为了实现这一目标，应用型高校应该在教学中大量引入实践性教学环节，包括实验、实习、项目研究等。通过这些实践性教学环节，学生可以将所学的理论知识应用到实际中，培养他们的实践能力。同时，教师也应该根据职业能力理论，设计出与实际工作环境相符合的教学内容和方法，使学生能够更好地适应工作环境。此外，应用型高校还应该与企业和行业进行深度合作，建立校企合作的实践教学基地。这样，学生可以在真实的工作环境中进行实践，更好地培养他们的职业能力。

第四节　建构主义理论

一、建构主义的理论基础

建构主义的历史渊源可以追溯到哲学和心理学，对于和哲学研究的心理学可以使我们加深对建构主义的理解。

（一）建构主义的哲学基础

把建构主义作为一种学习的哲学的理论可以追溯到 1700 年文艺复兴时代的意大利哲学家、人文主义者詹巴蒂斯塔·维科。这一观点突破了传统的学习观念，强调了学生在知识建构过程中的主体性。德国哲学家伊曼努尔·康德进一步发展了这一理论，他试图将理性主义和经验主义相结合，提出了一个新的观点：人们在认识外部世界的同时，也在认识自己。[①] 这一观点为后来的建构主义学习理论提供了哲学基础。20 世纪初，美国哲学家杜威进一步发展了建构主义的观点。他反对传统的二元论教育观念，主张教育应该基于实际行为。他认为，学习不仅是知识的传递，更重要的是学生如何在实际的学习环境中，基于自己的行为进行学习。[②] 这一观点强调了学习的实践性和社会性，认为学习是一个在特定社会背景中的建构过程。随着时间的推移，建构主义的观点也发生了变化。1950 年以后，随着非理论主义的兴起，建构主义逐渐被人们所接受。后来，随着后解构主义的出现，建构主义得到了进一步发展。后解构主义主张恢复学生的主体性，强调学习是一个历史和实践的过程。这一观点与建构主义的核心思想高度契合，进一步加强了建构主义在教育领域中的地位。

---

①（德）伊曼努尔·康德.纯粹理性批判[M].蓝公武，译.天津：天津人民出版社，2023：303-313.

②杜威.大教育书系民主主义与教育[M].魏莉，译.武汉：长江文艺出版社，2018：69-73.

（二）建构主义的心理学基础

从心理学的角度来看，建构主义的起源与瑞士教育学家皮亚杰的研究紧密相关。皮亚杰提出，儿童在与其环境的互动中逐渐形成对外部世界的认知，进而建立和发展自己的认知结构，这种互动过程中涉及同化和顺应两个过程，儿童在这两个过程中不断地调整和完善自己的认知，从而达到一个新的认知平衡。① 这种从不平衡到新的平衡的循环过程推动了儿童认知结构的持续发展，这便是皮亚杰建构主义理论的核心思想。基于皮亚杰的理论，后来的研究者如科尔伯格对认知结构的性质和发展条件进行了深入探讨，研究进一步丰富了建构主义的理论体系。斯滕伯格和卡茨等学者更加注重学生在认知建构过程中的主体性，强调学生在认知过程中的自我主动性是关键，这种主动性能够推动学生更好地建构和完善自己的认知结构。

维果茨基的"文化历史发展理论"为人们提供了一个独特的视角，强调社会历史背景在认知学习过程中的深远影响。即人的知识积累和发展不仅是个体的内在过程，更多的是受到外部活动和社会交往的影响②，这种观点突破了传统的教育观念，强调了社会环境和文化背景在教育过程中的关键作用。其中，他提出的"最近发展区"概念为教育实践提供了有力的指导。③ 这一概念意味着儿童在学习过程中只能吸收和理解那些与其当前能力相匹配的知识，过于复杂的知识是他们难以接受的。这为教育者提供了一个明确的方向，即在教学过程中应该提供与学生能力相匹配的教学内容，以促进其有效学习。而布鲁纳则从"意义"的角度出发，强调学习是一个积极的建构过程。他认为，学生不是被动地接受知识，而是在学习过程中，依赖自己的既有知识，主动地建构和创造新的知识。这一观点进一步强调了学生在学习过程中的主体性，以及教育者在教学中应该如何引导学生进行有效的知识建构。

---

① 皮亚杰.教育科学与儿童心理学 [M].武汉：长江少年儿童出版社，2014：23-25.

② 维果茨基.教育心理学 [M].龚浩然，许高渝，潘绍典，等译.杭州：浙江教育出版社，2003：103-117.

③ 维果茨基.维果茨基全集：第 5 卷 [M].合肥：安徽教育出版社，2016：199-221.

二、建构主义的基本观点

建构主义与行为主义在学习理论上存在显著差异。行为主义主张学习是由外部环境对学习者的刺激所引发的反应。这种观点将学习过程简化为一种机械的、线性的过程，即通过将课程内容分解为小部分，并按照特定的顺序和步骤进行教学，学习者就可以达到预定的学习目标。这种方法忽略了学生作为学习过程中的主体的重要性，仅仅从外部条件的角度来看待学习，这与现代教育的理念存在冲突。与此相反，建构主义强调学习是一个复杂的、动态的过程，不仅是外部刺激的简单反应。学生在学习过程中会根据自己先前的知识和经验来解释、理解和建构新的知识。这意味着，即使在相同的教学环境和条件下，不同的学生可能会有不同的学习成果和体验。这种差异是由于学生的个体差异以及他们在学习过程中所依赖的已有的知识和经验所导致的。建构主义主要有三个基本观点，分别是知识观、学习观和教学观，如图 2-1 所示。

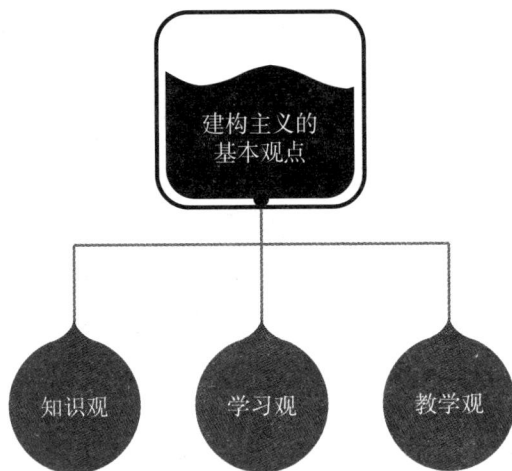

图 2-1　建构主义的基本观点

（一）知识观

知识不是一成不变的，而是随着社会、科技和文化的进步而不断演变的。在某一特定时期，人们所接受的知识只是基于当时的科技和认知水平对事物的充分理解。这种理解并不意味着它是对客观事物的绝对正确反映，而是在特定条件下的一个近似描述。这种观点与辩证法的思想相吻合，即事物处于不断变化和发展中，人类的认知也在随之进化。人类的认知能力有限，但这并不意味着人类不能逐渐接近事物的真实本质。通过不断学习、研究和实践，人们可以逐步深化对事物的理解。然而，这种理解建立在一定的前提条件之上。当这些条件发生变化时，人们对事物的认知也可能随之改变。

在应用型高校的教学中，教师传授的往往是前人的研究成果和经验总结。但是，教师有责任让学生明白，这些知识并不是绝对的真理。它们在一定的条件和背景下形成，当这些条件和背景发生变化时，知识的内容和结论也可能有所调整。因此，教育的目的不仅是传授知识，更重要的是培养学生的批判性思维和独立思考的能力，使他们能够适应不断变化的世界，持续更新和完善自己的知识体系。

建构主义理论强调知识的相对性和不断变化的特点。在这一理论视角下，知识并不是对现实的绝对反映，而是人们基于自己的经验和认知对现实的一种解读。这种解读是基于特定的背景和条件形成的，因此，它只是一种假设或解释，而不是绝对的真理。随着时间的推移和人类认知的深入，知识可能发生变化，今天被认为是正确的知识，未来可能被新的认知所取代。而且知识并不总是能够完美地描述和解释现实世界。在面对具体问题时，人们不能简单地将已有的知识应用于所有情境，而是需要根据具体的环境和条件进行分析和判断。这意味着知识并不是普遍适用的，它有其局限性和适应范围。尽管可以使用语言和数学符号来表达和记录知识，但并不意味着这些知识就是绝对的和不变的。它们只是在某些特定条件下与现实相符合的描述。因此，人们应该保持开放的心态，对知识持有批判性的态度，不断地审视、更新和完善我们的认知，以适应不断变化的世界。

（二）学习观

学习是学生主动构建知识的过程，其中学生的主动性和参与度至关重要。在这一过程中，学生不再是被动的接受者，而是积极的知识建构者。教师的角色也发生了转变，他们不再仅仅是传统意义上的"教"者，而是成为学生学习旅程中的指导者和伙伴。他们为学生提供必要的资源和信息，引导学生的学习方向，确保学生在一个有利于学习和探索的环境中。教师不仅是知识的传递者，更是学生学习过程中的合作伙伴，与学生一同参与学习活动，共同探索和发现知识。这一观点强调了学生与教师之间的合作和互动，使学习成为一个真正的共同创造过程。

学习不仅是对外部信息的被动接收，还是一个主动的、自我驱动的过程。学生在这一过程中不是简单地吸收信息，而是对这些信息进行筛选、加工和整合，使其与自己的先前知识和经验相结合。这种知识构建过程是独特的，因为每个人的经验和背景都是不同的。外部的信息和刺激只是学习的触发因素，真正的学习发生在学生内部，是他们对这些信息的解读和理解。这种理解并不是一成不变的，而是随着新的信息和经验的加入而不断调整和演化。因此，学习不应被视为知识的简单累积，而是一个动态的、持续的过程，涉及知识的创新、概念的改变和认知结构的重组。这种观点与行为主义的学习观念形成鲜明对比，后者强调外部刺激和反应之间的关系，而忽略了学生的内部认知过程。

在建构主义的视角下，个体通过主动参与来掌握知识。教师不能简单地将知识传递给学生，而是应鼓励学生自主学习。教学的重点在于激发学生的学习主动性，而学习有以下四个方面的内在规律：

第一，学习是学生主动构建心里内部表征的过程。在学习过程中，人的大脑不仅被动地接收信息，更重要的是对这些信息进行自我解读和建构。学习不是简单地将知识存储在记忆中，而是基于个体的既有经验，通过与外部环境的互动来形成新的认识。换言之，学习不仅是对知识的直接吸收，更多的是对新知识进行加工和解释，使其与已有的认知结构相融合。这样的学习方式使得知识不再是孤立的，而是与个体的经验和理解紧密相连，从而更有助于深入理解和长期记忆。

第二，学习的对象不仅包括结构性知识，更包含一些非结构性的知识和前人的经验，这才叫作真正意义上的学习。建构主义特别强调了对这些非结构化知识和经验的价值。斯皮罗等研究者对学习的不同层次进行了分类，将其分为初级学习和高级学习。其中，初级学习关注基础事实、关键概念和原理，这些内容都有明确的逻辑结构；而高级学习则更注重概念的实际应用，要求学生能够在特定情境中运用所学知识进行分析，处理各种复杂和多变的问题。这种学习方式强调了知识的实际应用和对复杂情境的适应能力。

第三，在建构主义的学习观中，学习是一个双重建构的过程。这里的"建构"有两层含义：首先，学生对新信息的处理不是简单地接收和存储，而是基于他们过去的学习和生活经验，对新信息进行个性化、主动的解读和整合。其次，当学生需要调用已有的知识时，他们不仅是从记忆中提取信息，而是根据当前的情境，对这些信息进行重新的解读和组合。这意味着学习不仅是对新知识的建构，也涉及对已有知识的再建构。这种观点与皮亚杰的理论相呼应，他认为新的知识和旧的知识通过同化和顺应的过程实现双向的建构。现今的建构主义更进一步强调对已有知识的再建构，看重学生如何将所学知识融入实际情境中，使其成为可以灵活应用的工具，从而在遇到新的挑战时能够创造性地解决问题。

第四，学习不仅是学生自己主动的建构过程，而且也是学习共同体的合作建构过程。每个学生都有自己独特的视角和经验，这使得他们对同一事物有不同的解读和理解。这种多元性意味着没有固定的、标准化的答案。然而，这并不是说所有解读都是等同的或者正确的。学生的建构是在特定的社会和文化背景中进行的，这意味着他们的理解必须与社群的共同认知相协调。通过学生之间的交流和合作，不仅可以加深他们的理解，还可以确保知识的一致性和共通性。因此，尽管建构主义强调学生的主动性和个性，但它同样重视学习的社会性和共同性，认为学习是一个集体的、协同的努力，而不仅是个体的努力。

（三）教学观

在建构主义理论下，教师在教学中应重视学生的现有知识和经验，将其作为教学的起点。教学不是简单地将知识传递给学生，而是要引导学生基于他们已有的知识和经验进行深入的思考和探索。教师的角色转变为促进者和指导者，帮助学生在学习过程中不断扩展和丰富他们的认知结构。

建构主义强调，学生不是空着脑袋进入教室。学生对周围的环境、日常生活和自然界都有自己的认知和理解，即使面对未知的问题，学生也会依赖过去的经验和知识来进行推断和解释。这种基于经验的推理是他们对新情境的自然反应。因此，教师在教学中不能孤立地传授知识，而是应该认识到学生的这些经验是宝贵的资源。教学应该从学生已有的知识出发，与他们的实际经验相结合，引导他们在已有的知识基础上建构新的理解。这样的教学方法不仅更有针对性，也更能激发学生的学习兴趣和主动性，使他们更深入地理解和掌握新知识。教师应深入了解学生的生活经验和已有知识，尊重并倾听他们的观点和想法。这样的教学方式能够更好地与学生建立联系，使教学内容更加贴近学生的实际生活。通过与学生的互动交流和问题讨论，教师可以帮助学生在已有的知识基础上构建新的认知，使学生在学习过程中更加主动、积极。教师在建构主义课堂中应当起引导的作用，不应当一味地灌输。

建构主义强调以学生为主体，学生应当从被动的知识接受者转变为主动的知识建构者。这种转变不仅使学生的角色发生了变化，教师的角色也随之发生了深刻变革。在这种教育观念下，教师不再是单纯的知识传递者，而是成为学生学习过程中的引导者和助手。他们的任务是为学生创造一个真实的学习环境，帮助学生连接已有的知识和经验，引导他们进行有意义的知识建构。这种教学方法更加注重学生的内在动力和学习过程，而不仅是学习的结果。教师需要根据学生的实际情况，设计合适的教学活动，鼓励学生进行主动的探索和思考，帮助他们建立起新的知识体系。这样的教学方法不仅可以提高学生的学习效果，还可以培养学生的独立思考能力和创新能力。总的来说，建构主义为课堂教学提供了一种全新的教育理念，它强调学生的主体性，注重学生的实际经验和知识建构过程，为教师和学生之间建立起一种全新的合作关系。

三、建构主义理论对应用型高校实践教学体系的指导价值

随着时代的发展，在现代环境下，建构主义理论更具有现实意义和指导意义。与传统的教育观念相比，建构主义更加注重学生的内在动力和学习过程，而不仅是学习的结果。建构主义理论为应用型高校的实践教学体系提供了新的思路和方法。在建构主义的指导下，应用型高校可以更好地培养学生的实践能力和创新能力，从而更好地满足社会需求。同时，学生也可以更好地掌握知识，更好地发展自己的潜能，为将来的职业生涯做好准备。因此，建构主义理论对应用型高校的实践教学体系具有重要的指导价值。

首先，应用型高校的目标是培养学生成为具备实际应用能力的专业人才，这就要求学生不仅掌握理论知识，更要具备实践操作的能力。而建构主义理论恰恰提供了一种方法，可以帮助学生更好地将理论知识与实践操作相结合。在建构主义的指导下，学生不再是被动的知识接受者，而是成为主动的知识建构者。在学习过程中，他们不仅要掌握知识，更要学会如何应用知识、如何将知

识与实际相结合。其次，在应用型高校的实践教学中，教师的角色也发生了变化，他们不再是单纯的知识传授者，而是成为 学生学习的引导者和助手。教师要根据学生的实际情况，设计合适的教学活动，引导学生进行实践操作，帮助学生解决实际问题。同时，教师还要鼓励学生进行合作学习，通过小组合作，学生可以互相交流、互相帮助，共同解决问题，这样不仅可以提高学生的学习效果，还可以培养学生的团队合作能力。此外，对于学生而言，建构主义提供了一种新的学习方法。他们不再是被动地接受知识，而是要主动地去寻找知识、去探索知识、去建构知识。这样的学习方法更加符合学生的实际需求，更加有利于学生的成长。在学习过程中，学生不仅要掌握知识，还要培养学习能力、独立思考能力创新能力。

第三章 应用型高校实践教学体系的要素与原则

第一节 应用型高校实践教学体系的构成与特征

一、应用型高校实践教学体系的构成

（一）狭义的应用型高校实践教学体系

狭义的应用型高校实践教学体系主要聚焦应用型高校实践教学的内容体系。它是围绕专业人才培养目标制定的、通过精心设计的教学计划，结合课程设置和各实践教学环节，形成了一个与理论教学相互补充的内容体系。这一体系主要涵盖实验、实训和实习三个核心部分，如图 3-1 所示。这三个部分旨在帮助学生将理论知识与实际操作相结合，培养其实际应用能力。

图 3-1 狭义的应用型高校实践教学体系

1. 实验

实验是应用型高校中不可或缺的一种实践教学形式，它允许学生在教师的指导下，使用特定的器材和设备进行具体的操作和观察。这种操作不仅是简单的模仿，更是在一定的条件控制下，观察实验现象或过程的变化，从中获取直接的知识和实验技能。实验的目的不仅是完成某个具体任务，更重要的是通过实验活动，使学生能够将理论知识与实际操作相结合，深化对学科知识的理解。为了确保实验的顺利进行，学校通常会设有专门的实验室，提供必要的器材和设备。这些实验室是实验教学的基础，为学生提供了一个安全、专业的环境，使他们能够在实践中探索、学习和成长。

2. 实训

实训旨在培养学生的单项能力和综合技术应用能力，不仅包括课程设计、毕业设计等教学环节，还涵盖了职业岗位的实践训练，真正体现了应用性教学的特点。实训的核心目的是使学生能够熟练掌握专业领域的基本操作技能和技术应用能力。为了达到这一目标，实训通常采用模拟项目和模拟案例的方式，对学生进行解决实际问题的综合能力训练。这种训练方式不仅能够帮助学生巩固理论知识，还能够培养其实际操作能力和创新思维。为了确保实训的效果，学校通常会设有专门的实训基地，提供必要的设备和环境。在我国，大多数地方的高校以校内为主要的实训基地，这既确保了实训的质量，又符合学校的实际情况。

3. 实习

实习是专业教学阶段性的认识性实践教学，它为学生提供了一个真实的环境，使他们能够将所学的理论知识与实际工作相结合。实习使学生能够直接了解他们所学专业对应的岗位，以及这些岗位的工作内容和对工作人员的能力和素质要求。这种直接的了解和体验对于学生的职业规划和未来的职业生涯发展非常有益。在应用型高校中，实习是实践教学的一个重要组成部分，通常包括认识实习、专业实习和顶岗实习三种形式，每种形式都有其独特的目的和内容。为了确保实习的效果，学校通常会与多个实习基地建立合作关系，包括校内和校外的实习基地，为学生提供多样化的实习机会。

（二）广义的应用型高校实践教学体系

广义的应用型高校实践教学体系是由应用型高校实践教学活动中的各要素构成的有机联系整体。这一体系包括实践教学的目标、内容、管理、保障和评价等多个子系统，如图 3-2 所示，每个子系统都有其独特的作用和功能，但它们之间又相互关联，需要协同工作，以确保实践教学体系能够有效运行，达到既定的教学目标。

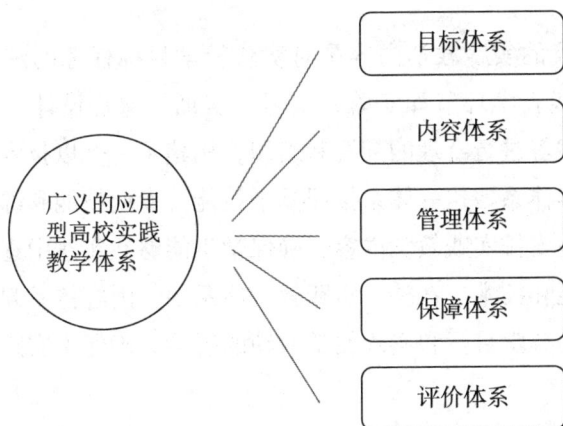

图 3-2　广义的应用型高校实践教学体系

1.目标体系

应用型高校的实践教学目标体系是一个精心设计的框架，旨在确保学生能够在实践中获得深入的专业知识和技能。这一体系是根据各专业的人才培养目标和培养规格要求制定的，同时结合了专业的特点。它不仅是一个简单的教学目标列表，更是一个完整的教学目标集合体，涵盖了专业的总体目标以及各个具体实践教学环节的目标。在实践教学体系中，目标体系起引导驱动作用。其基本内容包括以下几点：

（1）使学生能够通过实践活动获得实践知识，开阔眼界，丰富思想，深化对理论知识的理解和掌握，在实践中对所学知识进行修正、拓展和创新。

（2）培养学生的基本技能和专业技术技能，使之具备从事某一行业所需的职业素质和能力，确保学生在毕业后能够胜任职业工作，成为某一行业的专业人才。这一目标主要涵盖四个方面：实践能力、职业素质、创业能力以及职业资格证书。

（3）增强学生的实践情感和实践观念，培养学生良好的职业道德和责任感，使之具备实事求是、严肃认真的科学态度，形成刻苦钻研、坚韧不拔的工作作风，同时要培养学和是学生探索和创新的精神。

2.内容体系

应用型高校的实践教学内容是对实践教学目标任务的细化和具体化。它通过对各种实践教学环节如实验、实习、实训、课程设计、毕业设计、创新制作和社会实践等进行合理的配置和组织，构建了一个以技术应用能力为核心的实践教学内容体系。这一体系按照基本技能、专业技能和综合技术应用能力的层次，有序地安排实践教学内容，确保学生能够在实践中逐步掌握必要、完整和系统的技能和技术。在整个实践教学体系中，内容体系起到关键的受动作用，是连接实践教学目标和实践教学活动的桥梁，确保了实践教学的连贯性和系统性。

3.管理体系

应用型高校的实践教学管理体系是一个综合性的体系，涵盖组织管理、运行管理和制度管理三个主要方面，确保实践教学的顺利进行和高质量完成。在整个实践教学体系中，管理体系起到重要的信息反馈和调控作用。

（1）组织管理

学院的教务处和实训管理中心负责对实践教学进行宏观层面的管理，制定相应的管理办法和措施，确保实践教学的整体方向和目标得到有效实施。而各个系部则负责具体的实践教学组织和实施工作，确保实践教学的具体内容和方法得到有效执行。

（2）运行管理

各个专业需要制订自己的实践教学计划，这些计划应该是独立的、完整的，能够反映专业的特点和需求。基于这些计划，各专业还需要编制实践课程标准、编写实践教学指导书、规范实践教学的考核办法，确保实践教学的质量。此外，还需要根据行业和企业的实际需求，合理安排毕业设计（论文）等环节。为了确保实践教学的顺利进行，还需要做到计划落实、大纲落实、指导教师落实、经费落实、场所落实和考核落实六个方面的有效落实，并抓好四大环节，分别为准备工作环节、初期安排落实环节、中期开展检查环节和结束阶段的成绩评定及工作总结环节。

（3）制度管理

学校需制定一系列关于实验、实训、实习、毕业论文和学科竞赛等方面的实践教学管理文件，为实践教学提供明确的指导和规范。实践教学文件和管理制度涉及多个环节，主要包括实践教学计划，实践教学课程大纲和教材，实践指导书、实训项目单、卡、实验报告等实践教学文件和各实践教学环节管理制度。

4.保障体系

应用型高校的实践教学保障体系是确保实践教学效果的重要支柱。一是"双师型"教师队伍，这类教师不仅具备丰富的教学经验，还拥有实际的生产和管理经验，能够将理论与实践完美结合，为学生提供真实、有效的学习经验；二是先进、完备的教学设备和设施，以及仿真性的实践教学环境，为学生提供接近真实工作环境的学习体验；三是充足的经费保障，确保实践教学的各个环节都能得到足够的资金支持。

（1）师资队伍建设

为了确保实践教学的质量和效果，学院的人事部门需制定明确的师资队伍建设规划，确保教师队伍与实践教学的目标要求相匹配。首先，对现有教师的培训和发展是关键。这不仅涉及教师的专业知识和技能，还涉及他们如何将这些知识和技能应用于实践教学中。其次，为了鼓励教师与企业之间的交流和合作，学院可以通过政策规定来激励教师在学校与企业之间进行有序流动。这不仅可以帮助教师更好地了解行业和企业的实际需求，还可以促进学术研究和技术开发的合作。再次，学院还需对传统的教师考核评价体系进行改革，确保它能够真实反映教师的实践教学能力和成果。建立有利于师资结构调整的分配制度和激励机制，可以进一步鼓励教师参与实践教学和与企业的合作。最后，为了确保实践教学的顺利进行，学院还需重视实验员队伍的建设。实践指导教师应参加全国通用的岗位技能培训，确保他们具备中级以上的岗位等级证书或职业资格证书。同时，建立理论教师与实践教师的定期换岗制度和专业理论教师的限期考试制度，从而进一步提高教师的实践能力。

（2）实训基地建设

为了满足教学和人才培养的需求，各系部在已有的实验实训室基础上，需根据教学计划和人才培养方案，精心制定实验实训室的建设规划。在规划过程中，不仅要考虑各个专业的具体需求，还要进行整体统筹，确保资源的优化配置。

校内实训基地不仅要满足教学和鉴定的需求，还要具备开放性和服务性，为学生提供更广阔的实践平台。利用校内先进的计算机系统，可以建立仿真和模拟的实训环境，使学生在进入真实的工作环境前，已经具备基本的操作技能和经验。除此之外，校外实践教学基地的建设也是不可忽视的一环。各系部应根据自身的实践教学需求，建立校外实践基地，选择既能满足教学需求，又可以将交通便利的单位作为实践基地。

（3）大力推进实践教学教材建设

实践教学的深化与完善在很大程度上依赖教材的创新与建设。为了确保实践教学内容体系的持续优化，教材建设成为关键的推进力量。为此，学院需采纳一系列积极措施来加强教材的建设与研发。学院可以成立由主管教学工作的副院长领衔的教材建设领导小组，承担起学院教材建设的整体规划和具体指导工作。为了确保教材建设的持续性和高质量，每年学院都应拨出专项经费设立出版基金，以贷款形式鼓励和资助教师们出版高质量的教材。这不仅为教师提供了经济支持，也为教材的创新和教学研究提供了坚实后盾。例如，笔者通过参考《食品微生物学实验技术（第4版）》这本教材，结合高等院校实际情况，编写出了适合高等院校教师和学生使用的教材——《应用微生物学实验分级训练教程》。《食品微生物学实验技术（第4版）》是一本专注于各类微生物学实验的教科书，主要内容包括基础微生物学实验、食品微生物学检验实验、发酵微生物学实验。此书详细介绍了与食品微生物学相关的科学实验的基本操作方法和原理，这些实验不仅与教学和研究相关，还和社会生产紧密关联；此书还分析了当前食品生产行业应用的新技术，意在使学生了解食品微生物学在现代社会中的实际应用和发展趋势。这本教材注重理论与实践相结合，在这本教材的启发和引导下，笔者编写了《应用型微生物学实验分级训练教程》。《应用微生物学实验分级训练教程》采用了逐级递进的分级训练模式，涵盖了从基础实验到综合实验再到拓展实验的各个阶段。书中包含 11 个基础实验任务，这些任务的重点在于培养学生规范操作和无菌操作的意识；包含 13 个综合实验项目，这些项目从各行业的实际岗位需求出发，目的在于培养学生系统性、批判性的逻辑思维方式；还包含 7 个具有代表性的拓展实验任务，这些任务是在基础实验和综合实验的基础上、侧重相关领域前沿知识设计的，旨在提高学生的研究和创新能力。

（4）实践教学经费保证

学院应设立专项消耗材料经费和实训经费，每学期按计划下达，专款专用，保证每一个实训项目的支出。制订计划的原则是保证教学目标的实现，同时尽可能节约经费使用。

5. 评价体系

应用型高校实践教学评价指标体系是指由表征评价对象各方面特性及其相互联系的多个指标所构成的具有内在结构的有机整体，旨在全面、科学地评价实践教学的各个方面。这一体系不仅关注学生的学习成果，还涵盖了教师的教学方法、管理人员的工作效果以及整体的教学环境。其内容有以下几点：

（1）科学完整的学生评价体系

无论是校内还是校外的实践教学，都需要有明确的指导和管理。每一次实训都应有明确的成果或报告，由专业指导教师进行评价，并根据实践教学的时长计入总成绩，确保学生能够真正从实践中学到知识。

（2）教师评价体系

通过制定明确的实践教学质量标准，并结合同行评价和学生评教结果，对每位教师进行全面评估，确保他们能够提供高质量的教学。

（3）专项奖励基金

为了激励和奖励在实践教学中表现出色的教师和管理人员，学院可设立专项奖励基金。这不仅可以提高教师和管理人员的工作积极性，还可以鼓励他们在实践教学中不断创新和进步。

（4）实践教学督导体系

实践教学督导员不仅要对实践教学的完成情况进行检查，更要关注实践教学的质量，确保每一个环节都能达到预期的教学效果。

二、应用型高校实践教学体系的特征

应用型高校实践教学体系必须符合高等教育的培养目标，以社会需要为原则，以"应用实践"为主旨。应用型高校实践教学体系的主要特征表现在以下方面，如图3-3所示。

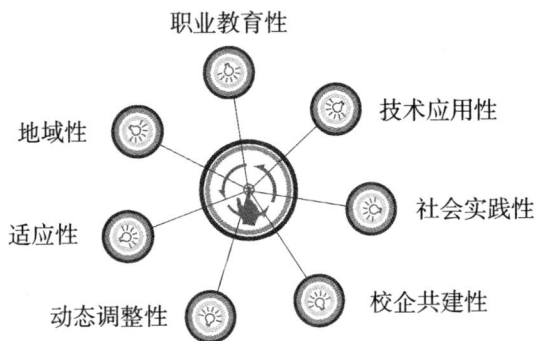

图3-3　应用型高校实践教学体系的特征

（一）职业教育性

应用型高校所培养出的技术技能型人才应是"高端的"，与中职教育在人才培养的层次上有着本质的区别。因此，我国应用型高校的人才培养目标是培养能够满足现代产业和服务领域需求的高端技术技能型人才。"高端技术技能型人才"这一概念在我国的教育政策文件中并没有明确定义，但共识较多的内涵包括：在技能上达到最高水平，具有"高超"和"精湛"的技术能力，并且能在人才队伍中起到引领和示范作用，这类人才不仅是技能型劳动者，更是在高端产业和我国的战略新兴产业中起到关键作用的技术骨干。[①]由此可见，从人才培养目标来看，应用型高校的职业指向非常明确。

因此，面向劳动力市场培养的学生，既要确保他们的职业素质满足职业岗位需求，还要保证他们的智能结构、技术应用能力都可以满足特定职业岗位或岗位群的需求。应用型高校的专业业务规格本身就体现了职业岗位的工作要

---

① 徐炳文.谈建设与技术进步相适应的优质课程网络资源—广东岭南职业技术学院高端技术技能型人才培养探索[J].辽宁高职学报，2018，20（3）：69-72.

求，具有鲜明的职业教育性特点。因此，应用型高校的实践教学体系的构建必须基于对职业能力和素质结构的深入分析，确保学生在毕业后能够顺利融入劳动力市场，满足雇主的期望和需求。

（二）技术应用性

社会人才的分类多种多样，其中被人们较为普遍接受的分类是按照二类四型进行划分。第一，学术型人才主要致力于探索和研究客观世界的规律，他们将这些规律提炼为科学原理和体系。第二，应用型人才专注将这些抽象的科学原理和理论知识转化为实际的、有形的成果。在应用型人才中，又可以进一步细分为工程型、技术型和技能型三个子类。第三，工程型人才位于应用型人才的高端，他们的主要任务是将科学原理和知识转化为具体的开发项目、设计图纸和规划方案等"软件"形式，这些都是半隐形的、可估量的财富。第四，技术型和技能型人才负责将开发、设计和规划转化为实际的、有形的成果，从而创造出显性的财富。这种分类方式不仅揭示了各类人才在知识和技能上的差异，还强调了他们在创造财富和价值上的独特作用。

从知识层面上看，学术型和工程型人才都强调学科知识的系统性和完整性。他们深入研究学科，掌握核心理论和方法。相比之下，技术型人才更注重学科知识的实用性，他们的知识广度可能更大，但深度可能不如前两者。他们的目标是将知识应用于实际工作中。技能型人才更侧重操作技能，他们可能对学科知识有基本的了解，但更重视实际操作的熟练程度。从能力角度来看，学术型和工程型人才都强调创新和创造能力。他们能够在科学技术领域提出新的观点和方法，推动学科的发展。技术型人才更注重实践能力，他们能够在职业岗位上有效地应用知识和技能。技能型人才的核心能力在于动手操作，对工作有着高度的熟练度和准确性。从工作领域来看，学术型和工程型人才主要在科研院所和工程规划、设计部门工作，他们的工作往往与研究和创新紧密相关。技术型人才主要在第一线的管理岗、技术岗和高技术操作岗工作，直接参与生产和服务。技能型人才主要在操作岗工作，他们的任务是确保生产流程的顺利进行。随着科技的快速发展和大工业生产的进步，技术型和技能型人才之间的界限变得越来越模糊。在某些行业中，这两类人才的职责和能力可能已经开始重叠。

　　高等教育作为中等教育的高延，是一个培养具有深厚理论基础和实践能力的技术应用型人才的平台。与传统的技能教育和职业教育不同，应用型高等教育的目标是培养那些能够将工程原理与实际应用相结合，进而创造出工程、产品等实物的人才。这种教育模式强调的是技术应用能力的培养，而不仅仅是技能的掌握。因此，实践教学在高等教育中占有至关重要的地位。它是一个将专业技术应用能力与专业技能有机结合的教学体系，旨在培养学生的实际操作能力和解决问题的能力。通过实践教学，学生不仅可以掌握理论知识，更能够将这些知识应用于实际工作中，培养其分析和解决实际问题的能力，从而更好地为社会和产业界培养出真正具有应用价值的技术型人才。因此，应用型高校实践教学体系具有鲜明的技术应用性。

（三）社会实践性

　　应用型高校的实践教学体系具有社会实践性特点，这一特性深刻地反映了教育与实际生产、管理和社会需求之间的紧密联系。在当今的经济环境中，企业和社会对于人才的需求已经从单纯的知识型人才转向了具备实际操作能力和实践经验的应用型人才。因此，应用型高校的实践教学体系必须与这一转变相适应，确保学生能够在毕业后迅速融入职场，满足企业和社会的实际需求。

　　应用型高校的实践教学体系必须反映企业生产和管理实际。这意味着无论是工科专业的模拟项目实训，还是文科专业的模拟案例实训，都应该来自企业的真实运作。这样的教学模式不仅可以帮助学生更好地理解和掌握所学的理论知识，更能够培养其实际操作能力和实践经验。通过参与真实的项目和案例，学生可以更加深入地了解企业的工作流程、工作环境和工作文化，更好地为将来的职业生涯做好准备。企业是学生实习、实践的重要场所。在现代企业里，学生不仅可以得到技能训练，更重要的是，他们可以受到职业道德和职业素质的教育。现代企业不仅是一个生产和经营的场所，更是一个培养人才、传承文化和价值观的场所。在这里，学生可以感受到现代企业文化的气息，了解企业的价值观和经营理念，培养自己的职业道德和职业素质。这种教育不仅是对学生的知识和技能的培训，更是对其人格和品质的塑造。

（四）校企共建性

应用型高校在实践教学中面临着诸多挑战，如信息交流的不流畅、实习设备和场地的不足以及"双师型"教师的短缺，这些都凸显了校企合作在实践教学体系建设中的重要性。为了克服这些挑战，学校和企业必须建立一个紧密的合作关系，共同推进实践教学的发展。

校企共建模式是一种创新的教育合作方式，它强调学校和企业之间的深度合作。通过这种模式，企业的专家可以参与到学校的实践教学规划和设计中，为学校提供宝贵的行业经验和资源。这不仅可以帮助学校更好地利用其教育和知识资源，还可以充分发挥企业的人力、物力和财力资源，为学生提供更加丰富和实用的实践教学机会。校企共建模式可以帮助学生更好地适应职场，提高其综合素质。在这种模式下，学生可以在实际的工作环境中进行实践，接触真实的工作流程和文化，这对于培养其动手能力和职业素养非常有益。同时，企业也可以从中受益，因为它们可以得到经过良好培训的实习生或毕业生，这对于企业的长远发展非常有利。除此之外，地方政府和行业企业也可以从校企共建模式中受益。通过与学校的合作，他们可以得到更多的人才支持，推动地方经济和行业的发展。而学校和学生则可以从中获得更多的实践机会和资源，为学生的未来职业生涯打下坚实基础。

（五）动态调整性

所谓动态调整性，简而言之，是指在面对外部环境变化时，教学体系能够及时有效地进行自我调整，以确保教学目标的达成。这种调整不仅是内容的增减或方法的更替，更是一种对教学全局的重新定位和整体的优化配置。在应用型高校实践教学体系的运行中，动态调整性主要体现在以下几个方面：

第一，对于实践教学的形式，应用型高校已经不再满足传统的实验、实习这些固定模式。课外空间和校外空间的利用使得学生有了更多的实践机会和更广阔的实践舞台。这种形式的多样性要求教学体系具有高度的灵活性，能够根据不同的实践内容和目标，进行有针对性的调整。第二，实践教学的内容应不断更新和深化。随着科技的进步和社会的发展，很多传统的实践内容已经不能满足当前的需求，而新的技术、新的方法、新的理念则需要被及时地纳入实践教学中。这就要求教学体系具有高度的开放性，能够及时吸纳新的内容，同时对旧的内容进行淘汰或重构。第三，实践教学的资源配置应不断优化。随着教育技术的发展，很多传统的实践教学资源已经不能满足当前的需求，而新的技术、新的工具、新的平台则为实践教学提供了更多的可能性。这就要求教学体系在资源配置上能够进行动态调整，确保资源的合理性和有效性。第四，实践教学的评价标准应不断调整。传统的以结果为导向的评价方式已经不能满足当前对学生能力培养的要求，而以过程为导向、注重学生能力发展的评价方式则逐渐成为主流。这就要求教学体系在评价方法上和标准上能够进行动态调整，确保评价的公正性和有效性。

（六）适应性

《教育部关于全面提高高等教育质量的若干意见》中提出："增强高校社会服务能力。主动服务经济发展方式转变和产业转型升级。"应用型高校的核心目标是为特定的职业领域培养专业人才，这些专业设置往往基于市场需求，紧密地与当地的经济发展和产业结构挂钩。这样的教育模式确保了学校的教育内容与实际产业需求之间的紧密联系，使得学生毕业后能够迅速融入职场，满足企业的实际需求。随着社会经济的飞速进步，产业结构也在经历着不断的调整和变革。这意味着劳动力市场对于人才的需求也在发生变化。为了确保毕业生的就业率和满足社会的人才需求，应用型高校必须对其专业设置进行及时调整。这种调整不仅是基于当前的市场需求，更要预见未来的发展趋势，确保学校的教育内容始终与时俱进。知识经济的崛起使得产业和经济结构发生了深刻变化。新的职业和岗位不断涌现，而一些传统职业则逐渐被淘汰。在这样的背景下，应用型高校的专业设置和调整必须具有高度的灵活性，能够迅速响应外部环境的变化，确保学校的教育内容始终与市场需求保持一致。

从课程体系和课程内容上看，应用型高校的课程设计以满足职业能力的需求为主线，旨在为学生提供胜任岗位所需的全面培训，包括专业技术知识的掌握，更重要的是培养学生的工作技能和态度。与此同时，课程内容还强调对学生人格的塑造和学习能力的培养，确保学生能够适应不断变化的工作环境，具备持续学习和自我更新的能力。为了更好地满足职业标准的要求，应用型高校的课程内容不仅局限于专业技术知识的传授，更注重培养学生的综合能力。这就需要课程设计跳出传统的学科界限，更加注重能力的培养和知识的实际应用，以突出课程的针对性、实用性、先进性和职业岗位（群）的适应性。

高新技术产业的崛起不仅推动了企业技术的更新，还催生了大量高技术含量的职业岗位。这些岗位对劳动者的专业技能和综合素质都有着更为严格的要求。在这样的背景下，应用型高校的实践教学面临着新的挑战和机遇。为了满足社会和产业的需求，应用型高校必须对其实践教学进行创新和调整，确保同等重视职业素质培养与岗位技能培养，这是现代化建设对应用型高等教育外延及内涵拓展所提出的现实要求。

（七）地域性

应用型高校多系地方院校，是地方经济发展的直接反映，它们的成立和壮大都是为了更好地适应和支持地方的经济建设，其存在和发展与地方经济的进步紧密相连。每个地区都有独特的资源配置、产业布局和发展策略，这些因素决定了该地区对人才的需求和期望。另外地区之间在生产力和经济发展水平上的差异也意味着对人才的需求和标准也存在差异。因此，应用型高校在确定其教育目标和内容时，必须充分考虑地方的实际情况。它们的实践教学体系不仅要反映出地方的产业特色和技术水平，还要根据学校所处的地理位置和经济环境来制定教学策略。因此，应用型高校的实践教学体系具有地域性特点。

第二节　应用型高校实践教学体系的影响因素

一、学校因素

在应用型高校实践教学体系运行过程中，很多因素是教师和学生无法自行决定的，只能由学校进行科学管理。学校因素主要包括以下几方面，如图3-4所示。

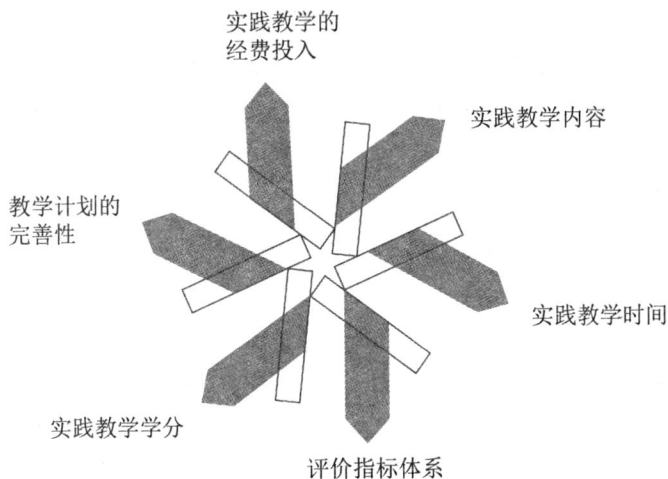

图 3-4　影响应用型高校实践教学体系的学校因素

（一）实践教学的经费投入

实践教学的经费投入是决定实践教学质量和效果的关键因素。只有充足的经费投入，应用型高校才能为学生提供高质量、与时俱进的实践教学，培养出真正具有应用能力的人才。

首先，经费投入直接关系实践教学的硬件设施。高质量的实验设备和先进的实验技术可以为学生提供更真实、更深入的实践体验。例如，一个拥有先进设备的化学实验室可以让学生进行更多的实验操作，而不仅仅是观察。这不仅可以提高学生的实践技能，还可以激发他们的学习兴趣和创新思维。其次，经费投入影响师资队伍的建设。实践教学需要一支专业、经验丰富的教师队伍来指导。这些教师不仅要有深厚的理论知识，还要有丰富的实践经验。为了吸引和留住这样的教师，学校需要提供足够的薪酬和研究经费。此外，教师的进修和培训也需要经费支持，以确保他们的知识和技能与时俱进。再次，经费投入关系与企业和其他机构的合作。很多应用型高校都与企业建立了紧密的合作关系，为学生提供实习和实践的机会。这种合作不仅可以为学生提供更多的实践机会，还可以帮助学校了解行业的最新动态和需求，从而调整教学内容和方法。但这种合作也需要一定的经费支持，如实习津贴、交通费、住宿费等。最后，经费投入影响实践教学的管理和评价。实践教学需要有一套完善的管理和评价体系，以确保教学的质量和效果。这包括实践教学的计划、组织、实施和评价等各个环节。而这些环节的顺利进行需要一定的经费支持。

（二）实践教学内容

实践教学内容是实践教学体系的核心，它直接决定了学生的学习效果和实践能力的培养。实践教学内容的设置、调整和完善对整个实践教学体系的稳定性、连贯性和前沿性有着显著影响。实践教学内容这一因素对应用型高校实践教学体系的影响主要体现在以下几方面：

第一，实践教学内容的设置和调整直接影响实践教学的连贯性和系统性。一个好的实践教学内容应该是连贯的、系统的，能够确保学生从基础到高级、从简单到复杂，逐步深入地进行学习和实践。这样，学生可以在实践教学中逐步积累经验，形成系统的知识体系，提高自己的实践能力。第二，实践教学内容的前沿性对实践教学体系的前沿性和领先性具有一定影响。随着社会经济的发展和科技的进步，各个行业和领域的技术和知识都在不断地更新和发展。因此，实践教学内容也需要与时俱进，不断地进行更新和完善，确保其前沿性和领先性。这样，学生在实践教学中不仅可以学到最新的知识和技术，还可以培养创新思维和创新能力。第三，实践教学内容的科学性和实用性对实践教学体系的科学性和实用性也有着重要影响。一个科学、实用的实践教学内容可以确保学生在实践教学中得到真实、有效的培养，从而提高学生的实践能力和就业竞争力。

（三）实践教学时间

实践教学时间是应用型高校实践教学体系的影响因素之一，不仅关乎学生的学习进度和实践能力的培养，更是决定实践教学效果的关键因素之一。一方面，实践教学时间的长短直接关系学生能否充分地进行实践活动，深入地掌握和应用所学的知识和技能。一个合理的实践教学时间意味着学生有充足的时间去体验、探索和实践，这不仅有助于他们更好地理解和掌握专业知识，还能够培养他们的实践能力和创新思维。在这样的实践过程中，学生可以遇到各种实际问题，通过解决这些问题，他们的问题解决能力、团队合作能力和创新能力都会得到锻炼和提高。相反，如果实践教学时间过短，可能导致学生缺乏深入探索的机会，他们可能只是机械地完成任务，而没有真正理解和掌握背后的知识和技能。这样的实践教学效果不佳，不能达到应用型高校培养高素质的应用型人才的目标。另一方面，实践教学时间的设置关乎学生的学习负担和身心健康。过长的实践教学时间可能会让学生感到身心疲惫。长时间的实践活动可能导致学生缺乏休息和娱乐的时间，这不仅会影响学生的学习效果，还可能对学生的身心健康产生不良影响。长时间的工作和学习会导致学生感到压力过大，可能出现焦虑、抑郁等心理问题。此外，长时间的实践活动还可能导致学生缺乏与家人和朋友的交往时间，影响学生的社交能力和人际关系。而过短的实践教学时间则可能导致学生无法充分地进行实践活动。实践教学是帮助学生将理论知识转化为实际操作技能的重要环节，过短的实践时间可能导致学生只能进行表面的、零散的实践活动，这样的实践经验难以帮助学生真正掌握和应用知识。

（四）评价指标体系

在应用型高校的实践教学体系中，评价指标体系不仅是衡量学生实践能力的标准，更是指导实践教学活动的重要依据。一个科学合理的评价指标体系可以有效地促进学生的实践能力培养，而一个不完善的评价指标体系则可能导致实践教学的偏离和失效。评价指标体系对应用型高校实践教学体系的影响主要体现在以下几方面：

首先，评价指标体系是实践教学的导向，决定着学生在实践教学中应该追求的目标和方向。一个明确具体的评价指标可以帮助学生明确自己的学习目标，知道自己在实践活动中应该做什么、如何做，以及如何评价自己的实践成果，进而更有针对性地进行实践活动，更加注重实践中的知识和技能的应用，而不是单纯地追求实践的数量。其次，评价指标体系是实践教学的反馈机制。通过对学生的实践成果进行评价，教师可以了解学生在实践活动中的表现，知道学生在哪些方面做得好、哪些方面需要改进。由此一来，教师可以针对学生的实际情况，调整实践教学的内容和方法，确保实践教学能够真正达到预期的效果。最后，评价指标体系是实践教学的激励机制。一个公正、公平的评价指标体系可以激励学生更加努力地参与实践活动，追求更高的实践成果。需要让学生知道只有通过实践活动才能真正掌握和应用所学的知识和技能，才能得到高分。这样，学生会更加珍惜实践的机会，更加努力地进行实践活动。

（五）实践教学学分

实践教学学分直接关系学生的学业进度、毕业资格以及未来的职业发展。只有建立一个科学合理的实践教学学分制度，才能确保实践教学能够真正达到预期的效果，真正培养出具有实践能力和创新能力的应用型人才。实践教学学分这一因素对应用型高校实践教学体系的影响主要体现在以下几方面：

首先，实践教学学分是对学生实践能力的量化评价。实践教学作为应用型高校的重要教育内容，旨在培养学生的实践能力和创新能力，使他们能够将所学的理论知识应用到实际工作中。为了确保学生能够在实践中达到预期的学习目标，学校可以通过设置实践教学学分来进行量化评价。这种量化的评价方式为学生提供了一个明确的学习目标和方向。学生知道，只有达到预定的实践教学标准，才能获得相应学分。这种评价方式鼓励学生更加努力地参与实践活动，更加深入地探索和研究，从而更好地掌握和应用所学的知识。此外，实践教学学分的设置也为学生提供了一个自我评价的机会。学生可以通过获得的学分来判断自己在实践中的表现，从而对自己的学习进行调整和完善。这不仅有助于学生明确自己的学习方向，还有助于他们更加有针对性地进行实践活动，提高实践能力和创新能力。

其次，实践教学学分是对学生实践活动的一种激励和鼓励方式。实践教学学分与学生的学业进度和毕业资格紧密相连，是学生努力学习和积极参与实践活动的动力源泉。当学生明白只有通过实践活动才能获得必要的学分，从而顺利完成学业和获得毕业资格时，他们会更加珍视每一个实践的机会，更加全心全意地投入实践活动中。这种与学业进度和毕业资格直接相关的学分制度确保学生不会忽视或轻视实践活动。相反，他们会更加努力地参与实践，更加深入地研究和探索，从而更好地掌握和应用所学的知识。这种努力不仅能帮助学生获得必要的学分，更能帮助他们提高实践能力和创新能力。

（六）教学计划的完善性

教学计划是指导学生进行实践教学的蓝图和路线图，决定了学生在实践教学中的学习内容、方法和目标。一个完善的教学计划可以确保学生的实践教学活动有序、高效和目标明确，从而提高实践教学的效果和效率。

首先，教学计划的完善性直接影响实践教学的内容和结构。一个完善的教学计划会明确列出实践教学的具体内容、方法和目标，确保学生在实践教学中能够系统地学习和掌握所需的知识和技能。以计算机科学与技术专业为例，在制订教学计划时，应强调软件开发的实践教学，明确规定学生需要完成的项目数量、项目的难易程度、所需掌握的编程语言和工具，以及每个项目的具体目标和要求。为了确保学生能够系统地学习和掌握软件开发的知识和技能，教学计划需明确列出每个项目的学习内容和方法。例如，初级项目主要围绕基础的编程技巧和算法设计，使用 Python 或 Java 作为主要的编程语言，通过小组合作的方式完成；中级项目则更加注重软件的整体架构和设计模式，要求学生使用更加复杂的工具和框架，如 Spring Boot 或 React，独立完成项目；高级项目则更加注重软件的性能优化和安全性，要求学生深入研究某一特定领域的技术，如大数据处理或人工智能，并应用到实际项目中。通过这一完善的教学计划，学生不仅可以系统地学习和掌握软件开发的知识和技能，还可以根据自己的兴趣和能力，选择不同难度的项目进行实践。这样，学生在实践教学中不仅能够深入地掌握和应用所学的知识和技能，还能够培养创新能力和团队合作精神。

其次，教学计划的完善性也关乎实践教学的效果和效率。一个完善的教学计划会为学生提供明确的学习目标和方法，帮助学生更加高效地进行实践活动，更加迅速地达到预期的学习效果。以机械工程专业为例，在其教学计划中需明确规定学生在实验室中的实践教学内容。为了确保学生能够高效地进行实践活动，教学计划中还应详细列出每次实验的目的、所需材料、实验步骤和预期结果。在一个具体的实验中，学生需要设计一个小型的液压系统。教学计划中明确规定了学生需要掌握的液压原理，所需的材料，如液压泵、阀门和油缸，以及实验的具体步骤，如如何连接各个部件、如何调试系统等。通过这一完善的教学计划，学生在进行实验时有了明确的方向和目标，不会因为不知道如何开始而浪费时间，保证了实践教学的效率和效果。

另外，教学计划的完善性还与学生的学习动机和学习态度密切相关。一个完善的教学计划可以为学生提供明确的学习方向和目标，激发学生的学习兴趣和学习动机，帮助学生建立正确的学习态度和学习方法。这样，学生会更加积极地参与实践教学活动，更加主动地探索和学习，从而更好地提高实践能力和创新能力。

二、教师因素

教师是应用型高校实践教学的主体，是影响该体系运行的关键因素。教师因素主要包括以下几方面，如图 3-5 所示。

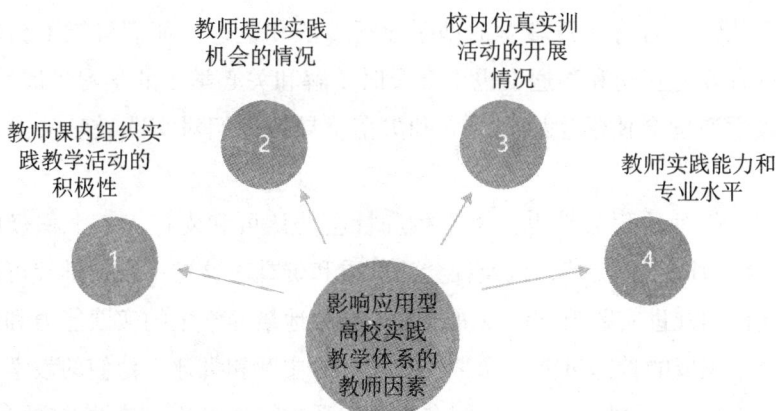

图 3-5　影响应用型高校实践教学体系的教师因素

（一）教师课内组织实践教学活动的积极性

教师课内组织实践教学活动的积极性不仅关乎实践教学的质量和深度，还关乎学生的学习动机和学习态度、学校的教学管理和教学质量，以及学校和社会的认可和支持。因此，应用型高校必须重视教师的积极性，确保其能够真正发挥在实践教学中的关键作用。

第一，教师的积极性决定了实践教学的质量和深度。一个积极参与、热情洋溢的教师会更加注重实践教学的设计和组织，更加重视学生实践能力的培养。他们会根据学生的实际情况和需要，有针对性地设计和组织实践教学活动，确保学生能够在实践中真正学到知识，真正培养实践能力，从而提高实践教学的质量。相反，一个不积极的教师可能对实践教学持有敷衍态度，不愿投入太多的时间和精力来组织和指导实践活动。他们可能会采用传统的、固定的实践教学模式，而不是根据学生的实际情况和需求进行个性化的设计和调整。这样的实践教学往往缺乏针对性和深度，不能真正满足学生的学习需求，难以保证实践教学的质量。

第二，教师的积极性也关乎学生的学习动机和学习态度。一个积极的教师会激发学生的学习兴趣和学习动机，帮助学生建立正确的学习态度和学习方法。由此一来，学生会更加积极地参与实践教学活动，更加主动地探索和学习，从而更好地提高实践能力和创新能力。相反，一个不积极的教师可能无法给予学生足够的关注和支持，导致学生感到被忽视和不被重视。这种教师可能缺乏教学热情，对待实践教学活动时显得冷淡和疏远。他们可能不会经常与学生进行有效的互动和沟通，也不会及时了解和关心学生的学习进展和困惑。这样的教学态度会使学生感到孤立和失落，导致他们对实践教学失去兴趣和动力。

第三，教师的积极性也关乎学校和社会的认可和支持。一个积极的教师会得到学校的认可和支持，以及社会的尊重和赞誉。这样一来，学校可以更加有力地支持和推进实践教学的发展，更加有力地培养学生的实践能力和创新能力。一个不积极的教师可能遭受学校和社会的质疑和批评。他们的教学方法和态度可能不被学校认同，导致他们在教育体系中被边缘化。这种教师可能面临更多的教学压力和挑战，因为他们的教学效果和学生满意度可能低于标准。学校可能对这样的教师进行更加严格的评估和监督，甚至考虑调整其教学职务或减少其教学资源。

（二）教师提供实践机会的情况

应用型高校实践教学的开展在很大程度上取决于教师提供的实践机会。教师提供的实践机会不仅是学生实践能力培养的关键，也是学生与社会、企业、行业进行互动的重要平台。

教师提供的实践机会是学生将理论知识与实际操作相结合的桥梁。在当今的教育环境中，单纯的理论知识已经不能满足社会和企业对人才的需求，而是需要学生具备强大的实践能力和创新思维。因此，教师提供的实践机会成为连接理论与实践、知识与能力的关键桥梁。在应用型高校中，理论教学为学生提供了扎实的知识基础，而实践教学则是这些知识的应用和拓展。只有将两者紧密结合，学生才能真正掌握和应用所学知识。而教师提供的实践机会正是实现这一目标的关键。通过参与实践活动，学生可以将课堂上学到的理论知识应用于实际情境，解决实际问题，从而深化对理论知识的理解和掌握。

教师提供的实践机会是学生与社会、企业、行业进行互动的平台。教师提供的实践机会在应用型高校中不仅是一个学习的场所，更是一个与外部世界连接的窗口。这些实践机会为学生打开了一扇通往社会、企业和行业的大门，使他们有机会走出课堂，直接面对真实的工作环境和挑战。这种直接的互动和交流使学生能够更加深入地了解社会的运作机制、企业的运营模式以及行业的发展趋势。当学生通过实践机会与社会各界进行交流和合作时，他们不仅可以学到书本上没有的知识和技能，更可以培养人际交往能力、团队合作精神和解决实际问题的能力。这些都是应用型高校教育的核心目标，也是社会和企业对毕业生的基本要求。而这些能力和素养很难通过单纯的课堂教学来培养，需要学生在实践中不断锻炼和提高。

（三）校内仿真实训活动的开展情况

仿真实训活动是一种模拟真实工作环境和场景的教学方法，旨在帮助学生在相对安全、可控的环境中进行实践操作，从而提高他们的实践能力和创新能力。校内仿真实训活动为学生提供了一个真实、综合的学习环境。与传统的课堂教学相比，仿真实训活动更加注重学生的主体性和实践性。在这种环境中，学生不再是被动的知识接受者，而是成为主动的知识创造者和应用者。他们可以根据自己的兴趣和需要，选择不同的仿真项目进行实践操作。这种学习方式不仅可以提高学生的学习兴趣和学习动机，还可以帮助他们更加深入地理解和掌握所学的知识和技能。以计算机科学与技术专业为例，教师可以将学生分成若干小组，每个小组扮演一个企业的 IT 部门。在这个模拟环境中，学生需要面对各种真实的网络安全挑战，如 DDOS（分布式拒绝服务攻击）、勒索软件、内部数据泄露等。学生需要根据这些挑战，制定相应的网络安全策略，部署防火墙、入侵检测系统、数据加密等安全措施，并进行实时的网络监控和管理。通过这个课程，学生不仅可以学到很多网络安全的专业知识，还能真正体验到真实工作环境的挑战和压力，这对于他们将来进入职场，成为网络安全专家有着非常重要的意义。

（四）教师实践能力和专业水平

教师不仅是知识的传递者，更是实践教学的组织者和引导者。在实践教学体系中，教师的实践能力和专业水平直接影响学生的学习效果和实践能力的培养。因此，教师的实践能力和专业水平成为影响应用型高校实践教学体系的重要因素。

教师的专业水平和实践经验在应用型高校的实践教学中起到了至关重要的作用。这些经验不仅为他们提供了深入的行业洞察，还为他们提供了教学方法和策略的灵感。具备丰富实践经验的教师通常对行业的实际需求和挑战有更为深入的了解，这使得他们在教学中更加注重实际应用和实践能力的培养。例如，情境教学是一种将学生置于特定情境中，让他们通过模拟真实的工作任务来学习和应用知识的方法。通过这种方法，学生不仅可以深化对理论知识的理解，还可以培养实际操作能力和解决问题的能力。又如，项目导向学习是一种以项目为中心、让学生通过完成具体的项目任务来学习和应用知识的方法。这种方法强调团队合作、跨学科学习和创新思维。具备丰富实践经验的教师更有可能采用这种方法，因为他们知道，在真实的工作环境中，团队合作和创新思维非常重要。通过这种方法，学生不仅可以学习到知识，还可以培养团队合作精神、沟通协调能力和创新思维。

教师的实践经验和行业背景在应用型高校实际教学中尤为重要，因为这些经验和背景为他们提供了与行业紧密联系的视角和理解。这种深入的行业理解使他们能够洞察未来的行业趋势，了解各种职业角色的需求和挑战，从而为学生提供更为实际和具体的职业建议。当学生面临毕业和选择职业道路的关键时刻，他们往往对未来的职业前景和发展方向感到迷茫。这时，教师的实践经验和行业背景就显得尤为宝贵。他们可以为学生提供真实的行业案例，分享自己的工作经验，帮助学生了解各种职业的实际工作内容、工作环境和职业发展路径。这种真实的分享可以帮助学生更加清晰地了解自己的兴趣和优势，更加明确自己的职业目标。另外，教师还可以根据行业的发展趋势，为学生提供有关未来职业市场的预测和建议。例如，他们可以告诉学生哪些技能和知识在未来将会变得尤为重要、哪些职业领域有更大的发展潜力、哪些行业可能面临挑战和变革。这些有针对性的建议可以帮助学生提前做好准备，为未来的职业生涯做出明智的选择。

三、学生因素

学生是应用型高校实践教学的教育对象，是影响应用型高校实践教学体系运行效果的决定因素。学生因素主要包括以下几方面，如图 3-6 所示。

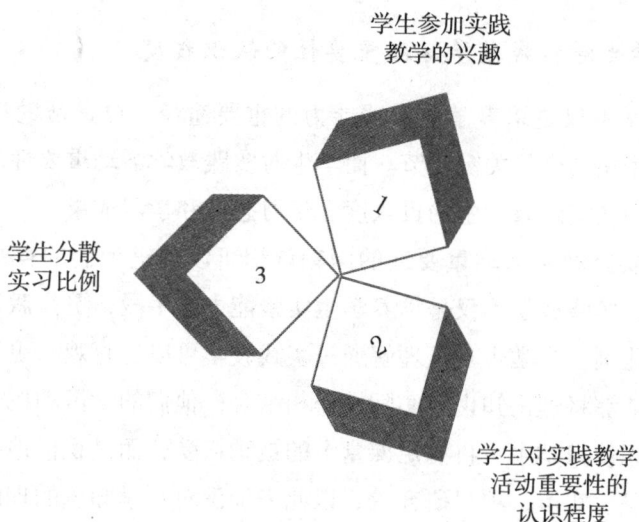

图 3-6　影响应用型高校实践教学体系的学生因素

（一）学生参加实践教学的兴趣

实践教学的主要目的之一在于培养学生的实践能力和创新能力，而学生的兴趣是实现这一目的的关键因素。只有当学生对实践教学产生浓厚的兴趣时，他们才会投入更多的时间和精力，更加主动地参与实践活动，从而更好地提高实践能力和创新能力。

首先，学生的兴趣可以激发他们的学习动机。当学生对某一实践活动产生兴趣时，会更加积极地参与，更加认真地完成每一个任务。这种积极的学习态度有助于学生更深入地理解和掌握实践教学的内容，更好地将理论知识与实际操作相结合。其次，学生的兴趣可以促进其创新思维的形成。当学生对实践教学产生浓厚的兴趣时，会更加愿意尝试新的方法和策略，更加愿意探索未知领域。这种探索精神和创新思维是应用型高校培养学生的重要目标。通过实践教学，学生可以在实际操作中不断尝试和创新，从而培养出色的创新能力。最

75

后，学生的兴趣还可以促进他们与教师和同学之间的交流和合作。当学生对实践教学产生浓厚的兴趣时，会更加愿意与他人分享自己的想法和经验，更加愿意与他人合作完成任务。这不仅可以帮助学生更好地理解和掌握实践教学的内容，还可以培养他们的团队合作精神和沟通协调能力。

（二）学生对实践教学活动重要性的认识程度

实践教学不仅是培养学生实践能力的重要途径，更是帮助学生将理论知识与实际应用相结合的关键环节。而学生对实践教学活动重要性的深刻认识将直接影响他们在实践教学中的投入度、学习态度和学习成果。

学生对实践教学活动重要性的深刻认识可以促进他们的自主学习。在应用型高校中，实践教学不仅是培养学生实践能力的手段，更是激发学生自主学习欲望的催化剂。当学生真正理解通过实践教学可以更直观、更深入地掌握专业知识，更能够将理论知识与实际操作相结合，他们的学习动机会得到极大提高。这种认识使得学生不再满足课堂上的被动接受，而是积极地寻找各种实践机会，如实验、实习、项目研究等，以此来加深对所学知识的理解。他们会主动与教师沟通，寻求更多的实践机会，甚至自己创造实践机会，如自主开展小型研究项目、参与各种学术竞赛等。此外，自主学习的精神还会促使学生主动寻找学习资源，如参考书、网络资源、专家讲座等，以此来丰富自己的知识体系。他们会主动与同学、教师、行业专家等进行交流和讨论，以获取更多的知识和信息。

学生对实践教学活动重要性的深刻认识可以促进他们与教师和同学之间的交流和合作。在应用型高校中，实践教学往往需要学生进行团队合作，完成各种实践任务。这种团队合作的过程无疑是对学生团队合作精神和沟通协调能力的一次锻炼。当学生真正认识到实践教学的重要性时，他们会更加珍惜每一次团队合作的机会。他们会主动与团队成员沟通，分享自己的知识和经验，听取他人的意见和建议，共同探讨和解决问题。这种主动沟通和分享不仅可以帮助团队更快地完成实践任务，还可以促进团队成员之间的相互理解和信任。另外，当学生意识到实践教学活动的重要性时，会主动向教师请教，寻求教师的指导和帮助，确保自己的实践活动能够达到预期的效果。同时，教师也会更加愿意为学生提供支持和帮助，确保学生能够在实践中真正学到知识，真正培养实践能力。

（三）学生分散实习比例

在应用型高校中，实践教学是培养学生实践能力和创新能力的重要手段。其中，学生分散实习作为一种特殊的实习模式，与传统的集中实习有着本质的区别。分散实习不是由学校统一安排，而是由学生根据自己的兴趣、爱好和职业规划，自主选择实习单位。这种实习模式的灵活性和自主性使得学生分散实习比例成为影响应用型高校实践教学体系的一个关键因素。

一方面，学生分散实习比例的高低直接决定了学生的实践机会和实践经验的丰富程度。一个高的分散实习比例意味着更多学生有机会根据自己的需要和兴趣选择最适合自己的实习单位。这种自主选择的过程不仅可以帮助学生更好地理解和掌握所学的理论知识，还可以培养他们的自主学习能力和创新思维。与此同时，由于分散实习的自主性和灵活性，学生在实习过程中更容易遇到与自己兴趣和专业相关的实际问题，从而更好地将理论知识与实际应用相结合。另一方面，学生分散实习比例的高低关乎学生的职业规划和发展。通过分散实习，学生可以深入了解不同的行业和职业，为自己的未来职业发展做出明智的选择。一个高的分散实习比例意味着更多学生有机会了解到更多的行业和职业，从而更好地规划自己的职业发展路径。与此同时，分散实习也为学生提供了一个与社会、企业、行业进行深入交流和合作的平台，帮助他们建立起宝贵的人脉资源。但是，学生分散实习比例的高低也带来了一些挑战。例如，一个过高的分散实习比例可能导致学校难以对学生的实习活动进行有效的管理和指导，影响实习的效果。同时，过高的分散实习比例也可能导致学生的学习负担增加，影响他们的学业进度。

第三节 应用型高校实践教学体系的构建原则

实践教学体系的高效运行必须充分考虑多种要素的综合作用。因此，在构建过程中要遵循一些原则，如图 3-7 所示。这些原则是在综合了实践教学体系的特点和功能等的基础上提炼出来的，它们概述了构建应用型实践教学体系的要求和目的，是应用型高校建构实践教学体系需要遵守的一般性原则。

以学生为中心原则

系统性原则

宽口径与专门化
教育相结合的
原则

开放性原则

协调性原则

前瞻性原则

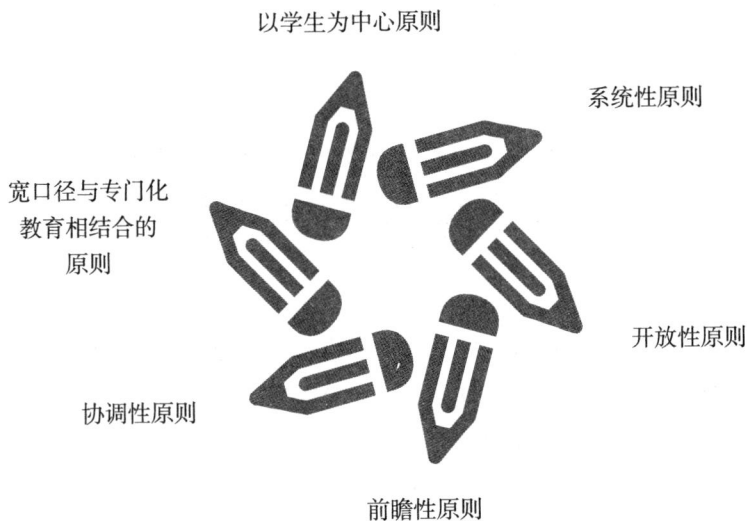

图 3-7　应用型高校实践教学体系的构建原则

一、以学生为中心原则

应用型高校实践教学体系的构建原则中，以学生为中心的原则强调在教学体系的构建过程中，始终将学生的需求、兴趣和发展放在首位。为了更好地体现这一原则，可以从以学生需要为中心、以学生能力拓展为中心、以学生知识结构为中心这三方面进行论述。

（一）以学生需要为中心

应用型高校的主要目标之一在于培养学生的实践能力和应用技能，为他们的未来职业生涯做好准备。为了实现这一目标，学校的教学体系必须紧密围绕学生的实际需求进行构建。学生的需求是教育的出发点和归宿。教育的本质是为了满足学生的学习和发展需求，帮助他们获得知识、技能和素质，为未来的生活和工作做好准备。因此，任何教学体系的构建都应该以学生为中心，确保教学内容和方法与学生的需求相匹配。应用型高校实践教学体系也不例外。另外，学生的需求是多样化的。每个学生都有自己的兴趣、特长和职业规划，因此他们的学习需求也各不相同。为了满足这些多样化的需求，学校需要提供多种多样的课程和活动，确保每个学生都能够找到适合自己的学习路径。

（二）以学生能力拓展为中心

在应用型高校实践教学中，学生能力的拓展被视为至关重要的任务。为了实现这一目标，学校不仅要培养学生的实践能力，还要激发他们的创新思维。实践和创新是学生能力拓展的两大支柱。为了确保学生能够在这两方面得到充分锻炼，教育者应该为学生提供各种实践机会，让他们在真实环境中应用所学的知识和技能。这可以通过组织各种实践活动、项目和比赛来实现。这些活动不仅可以帮助学生巩固和应用知识，还可以培养他们的团队合作和创新能力。除了提供实践机会，教育者还应该鼓励学生发挥自己的创意和才华，挑战传统的思维和方法。这可以通过组织创新比赛、研讨会和工作坊来实现。这些活动可以帮助学生开阔视野，激发他们的创新思维和创意。为了确保每个学生都能够得到充分的支持和指导，教育者还应该提供个性化的教学方法和资源。这意味着教育者需要根据每个学生的特点和需求来进行教学，确保他们都能够得到适合自己的培训和发展。

（三）以学生知识结构为中心

知识结构是指个体在学习过程中形成的知识元素之间的关系和组织方式，它决定了学生的学习效果和能力发展。因此，应用型高校实践教学体系的构建应该以学生的知识结构为出发点，确保教学内容和方法与学生的知识结构相匹配。

一方面，学生的知识结构是他们学习的基础。每个学生都有自己独特的知识结构，这决定了他们对新知识的接受和理解方式。如果教学内容和方法与学生的知识结构不匹配，学生可能感到困惑和挫败，学习效果也会受到影响。因此，教育者需要深入了解学生的知识结构，然后根据这些信息来设计实践教学内容和方法。另一方面，学生的知识结构是他们思维和创新的基础。知识结构不仅决定了学生的学习效果，还决定了他们的思维方式和创新能力。一个系统、完整的知识结构可以帮助学生更好地理解和应用知识，更加主动地探索和创新。因此，教育者需要帮助学生构建一个系统、完整的知识结构，确保他们能够在学习过程中发挥自己的优势。

二、系统性原则

系统性原则是指以整体优化的思想来构建实践教学体系。

一是实践教学体系功能的全面性。实践教学体系在应用型高校中起到了至关重要的作用，其功能的全面性是确保学生能够适应社会多元化发展需求的关键。为了满足广大人群的需求，实践教学体系不仅要注重培养学生的职业能力，还要确保他们具备全面的职业素质。这意味着除了专业技能和知识，学生还需要具备良好的职业道德、团队精神、奉献精神、质量意识和创新意识。这些职业素质既是学生未来在职场上取得成功的基石，也是他们为社会做出贡献的保证。因此，实践教学体系的构建不能仅仅停留在技能和知识的传授上，还要确保学生在实践中培养出全面的职业素质。为了实现这一目标，教育者需要设计出富有挑战性的实践活动和项目，让学生在实践中不断地锻炼和成长。同时，教育者还需要为学生提供充分的指导和支持，确保他们在实践中能够得到真正的学习和成长。因此，应用型高校实践教学体系的构建必须确保其功能得到最大化的发挥，确保学生能够得到全面的教育和培训。

二是实践教学体系结构的整体性。实践教学体系不仅是一系列独立的模块或活动，还是一个完整的、相互关联的系统。这个系统主要由目标体系、内容体系、途径体系、保障体系、管理体系和评价与反馈体系组成。每一个子体系都扮演着关键的角色，确保实践教学能够顺利进行。例如，目标体系为实践教学提供了方向和目标，确保所有的活动和项目都是为了实现这些目标而进行的；内容体系则确定了实践教学的主要内容和重点，确保学生能够获得必要的知识和技能；途径体系提供了实践教学的具体方法和手段，如实验、实习和项目；保障体系则为实践教学提供了必要的资源和支持，如设备、资金和人员。管理体系确保实践教学的顺利进行，如时间安排、任务分配和进度控制；评价与反馈体系则为实践教学提供了反馈和建议，确保教学效果的持续改进。在构建实践教学体系时，既需要考虑这些子体系之间的相互关系和相互影响，还需要考虑实践教学与理论教学的关系，确保两者之间的有机结合，真正发挥实践教学体系的作用。

三是实践教学实施策略的渐进性。在实践教学中，不能期望学生一开始就能够掌握所有的知识和技能，而是需要通过一个有步骤的、循序渐进的过程来帮助学生逐步建立自己的知识体系和技能库。从内容的角度来看，实践教学应该从基础和简单的内容开始，然后逐渐深入更复杂、更高级的内容。从方法的角度来看，实践教学应该从基本的技能训练开始，然后逐渐过渡到专业能力训练和综合能力训练。这样的策略不仅可以确保学生在每一个阶段都能够得到充分的训练和支持，还可以帮助他们逐步建立自己的知识体系和技能库，为未来的学习和工作打下坚实基础。

三、开放性原则

构建应用型高校实践教学体系的开放性主要表现在以下几方面：第一，办学定位的开放性。应用型高校实践教学不仅要立足国内的实际情况，还要具有国际视野，面向全球。特别是在我国提出的"一带一路"倡议背景下，高等教育更需要与国际接轨，参与到全球的竞争和合作中来，积极采取"走出去、请进来"的策略，即鼓励学生到国外学习和实习，同时邀请国外的专家和学者来我国进行交流和合作，充分考虑国际的因素，确保我国的高等教育能够在国际舞台上占有一席之地。第二，教学内容的开放性。教学内容不仅要与学术理论相结合，还要紧密关注行业和社会的实际需求。为了确保教学内容的实用性和前沿性，高等教育机构需要与工商企业建立深入的合作关系。通过建立实践教学基地，学校可以直接与企业进行互动，及时了解和吸收行业内的最新技术和成果。这些先进的技术和成果不仅可以丰富教学内容，还可以作为培养学生综合能力的重要依据。第三，教学形式的开放性。传统的学习方式往往局限于课堂，但现代的实践教学鼓励学生走出课堂，与实际工作环境相结合，实现产教融合的人才培养模式。这种模式不仅可以帮助学生更好地理解理论知识，还可以让他们在实际操作中锻炼自己的能力。第四，教学评价的开放性。传统的教学评价往往只关注学生的理论知识，而现代的实践教学评价则更加注重学生的实际操作能力和创新思维。为了实现这一目标，学校需要将企业和社会的评价标准纳入教学评价体系中，确保学生的学习成果能够满足实际工作的需求。

四、前瞻性原则

前瞻性原则强调应用型高校实践教学体系在培养应用型人才时必须具备前瞻性和先进性。随着科技的快速进步和社会需求的不断变化，人才培养的标准和要求也在持续更新。为了确保培养出的人才能够满足未来的社会和经济发展需求，应用型高校必须对实践教学的各个方面进行持续的创新和完善。这意味着应用型高校不仅要更新课程内容，还要改进教学方法和训练项目，确保学生能够掌握最新的知识和技能。只有这样，学生才能够为未来的社会和经济发展做出贡献，成为真正的应用型人才。除此之外，应用型高校还需要与当地的经济和行业发展保持紧密的联系。这可以通过与行业企业建立合作关系，了解行业的最新动态和技术，从而确保教学内容和方法能够与实际工作环境相结合。同时，高校还可以聘请企业的高级管理人员和专家作为兼职教师，为学生提供最为实用和前沿的指导。

五、协调性原则

协调性原则强调在构建实践教学体系时，高校应确保各个要素之间的和谐与平衡。首先，教师的引导与学生的主动参与应相互补充，形成有效的教与学互动。其次，课堂内的教学与课堂外的实践活动应相互融合，为学生提供更为丰富的学习体验。最后，评价体系应不仅重视学生的学习成果，还要关注学习过程，确保对学生的全面评价。

教与学的关系在现代教育中呈现出一种新的动态，其中教师主导与学生主体的平衡至关重要。教师不再是单一的知识传递者，而是成为启发者和引导者，他们的角色任务是激发学生的学习兴趣和积极性。而学生，作为教育活动的中心，不再是被动的接受者，他们积极参与、探索和实践。他们的知识获取不再仅仅依赖教师和教室，课堂外的资源和网络都成为他们的学习工具。在这个过程中，学生不只是简单地"学会"知识，更为关键的是学会"如何学习"。

在学生的整体学习生涯中，课外时间占据了绝大部分，这为学生提供了广阔的学习和发展空间。随着社会经济的快速进步，学生通过各种渠道，尤其互联网，获取的信息和技能往往超越了传统的课堂教学。这种现象提醒我们，单纯依赖课堂教学已经不能满足学生的全面发展需求。课堂教学往往注重整体和集体，而忽视了学生的个性和特长。而课外学习和实践则为学生提供了一个展现自我、锻炼能力的平台。它不仅可以帮助学生拓展知识视野，更可以帮助他们发掘自己的兴趣和潜能。通过参与各种课外活动和社会实践，学生可以更好地了解自己，发现自己的特长和兴趣，同时能学会与他人合作，增强自己的社会适应能力。因此，处理好课内与课外的关系，确保两者相辅相成，对于培养学生的创新能力和个性发展至关重要。

实践教学考核是高等教育中一个关键的环节，它涉及如何准确评估学生的学习成果和社会实践能力。结果考核主要依赖学生实践活动的最终产出，如调查报告、服务总结或论文等来评定学生的成绩。这种考核方式的明显优势在于其简明扼要，具有明确的评价标准，能够直观地展现学生的实践能力。然而，它也存在明显缺陷，即可能无法全面反映学生在实践教学中的真实表现，有时甚至可能导致评价偏颇。与此相对的是过程考核，它更注重对学生实践活动全程的观察和评估。这包括学生在实践前的准备、实践中的态度和行为以及实践的最终成果。这种考核方式更能够揭示学生在实践中的真实表现，而不仅仅是依赖一个最终的报告或论文。但它也存在一定问题，如考过程可能较为烦琐，评价标准可能不够明确，如果操作不当，也可能导致评价的不公正。因此，为了更准确、更公正地评估学生的实践教学成果，学校应该将结果考核和过程考核相结合。这意味着在评估学生的实践成果时，既要考虑他们的最终产出，也要考虑他们在实践过程中的表现。这样的考核方式既能确保评价的准确性，也能确保评价的公正性。

六、宽口径与专门化教育相结合的原则

所谓宽口径，是指在教育过程中，学生不仅要学习专业知识，还要接触与专业相关的多方面知识。这样的教育模式有助于培养学生的综合素质，使他们在未来的职业生涯中能够更好地适应不同的工作环境，应对各种挑战。例如，一个学习机械工程的学生除了要掌握机械设计、制造等专业知识外，还需要了解材料科学、电子技术、管理学等与机械工程相关的知识。这样，当他进入工作岗位后，不仅可以从事机械设计、制造等专业工作，还可以涉足材料研发、产品管理等多个领域。专门化教育是指在学生掌握了宽口径的基础知识后，进一步深入学习某一专业领域的知识和技能。这样的教育模式有助于培养学生的专业能力，使他们在未来的职业生涯中能够在某一领域达到专家水平。继续上面的例子，机械工程学生在掌握了宽口径的基础知识后，可以选择深入学习某一方向，如机械设计、智能制造等，成为该领域的专家。

宽口径与专门化教育相结合的原则实际上是为了培养既具有广泛知识面，

又具有深厚专业能力的应用型人才。这样的人才不仅可以适应社会的多元化发展需求，还可以在某一领域达到专家水平，为社会经济的发展做出更大贡献。此外，这一原则还有助于激发学生的学习兴趣和积极性。当学生在学习过程中接触到多方面的知识，他们可以更好地发现自己的兴趣所在，从而更加积极地投入学习中。而当他们选择了自己感兴趣的专业方向后，可以更加深入地学习，达到更高的学术水平。

第四节　应用型高校实践教学体系的构建重点

一、确立实践教学的主体地位

确立实践教学的主体地位是应用型高校实践教学体系构建的核心。在当前的教育背景下，实践教学已经不再是简单的课外活动或教学的附属部分，而是成为培养学生实际应用能力的关键环节。因此，重视实践教学不应该只是停留在口号阶段，更多的是要在具体行动上体现出来。首先，从理论教学与实践教学的学时安排中体现实践教学的主体地位。传统的教学模式往往偏重理论教学，而忽视了实践教学的重要性。但在应用型高校中，实践教学应该占据更多学时，这样才能确保学生有足够的时间将所学的理论知识应用到实际中，从而更好地培养他们的实际操作能力。其次，在教学计划中突出实践教学环节的核心地位。实践教学不仅是一个单独的环节，而且与理论教学相辅相成。因此，在制订教学计划时，应该充分考虑到实践教学的重要性，确保它在整个教学过程中占据核心地位。再次，构建符合实践教学高标准的高质量师资队伍是关键。实践教学的质量在很大程度上取决于教师的教学能力。因此，高校应该加强对教师的培训，确保他们不仅具备扎实的理论知识，还有丰富的实践经验，这样才能确保实践教学的质量。最后，完善实习实训基地建设是提高实践教学质量的关键。实践教学往往需要学生走出课堂，进入实际的工作环境中进行学习。因此，高校应该与企业建立长期的合作关系，为学生提供高质量的实习实训基地，确保他们可以在实际的工作环境中进行学习。另外，创造条件开放实验室是提高实践教学质量的关键。实验室是学生进行实践教学的重要场所，高校应该加大对实验室的投入，确保它们具备先进的设备和完善的管理制度，为学生提供一个高质量的学习环境。

二、教学内容与社会需求紧密结合

因为大学生的最终目标是为国家服务，为社会做出贡献。为了实现这一目标，实践教学的培养目标应该是为国家提供建设性人才，为社会提供有能力、有创新思维的专业人才。实践教学的内容必须与社会需求紧密结合，这意味着教学内容不仅要满足学科的学术要求，更要满足社会的实际需求。这样，学生在学习过程中不仅能够掌握理论知识，还能够培养实际应用能力，为未来的工作和生活做好准备。为了实现这一目标，高校应该强化大学生实践能力的培养。这意味着学生不仅要在课堂上学习理论知识，还要走出课堂、走出学校，参与实习实训，培养解决实际问题的能力。这样，学生在实践中不仅能够掌握专业知识，还能够培养实际操作能力，为未来的工作做好准备。高校还应该鼓励大学生参与综合设计性实验、自主探究性实验，提升工程应用能力和工程设计能力。这样，学生不仅能够掌握专业知识，还能够培养创新思维和实际操作能力，为未来的工作做好准备。另外，高校应该鼓励学生在陌生的环境中解决各类实践问题，与社会真正需要的人才靠近。这意味着学生不仅要在学校内部进行实践，还要走出学校，参与社会实践，与各种实际问题打交道，培养实际操作能力和创新思维。

三、注重学生自主学习能力的培养

在当今的信息化社会，学生的学习不再局限于课堂，而是需要在多种场合、多种方式中进行。自主学习能力是学生终身学习的基石，是他们适应社会、适应职业、适应未来的关键能力。自主学习能力的培养是学生适应社会的必要条件。在快速发展的社会中，知识和技能的更新速度越来越快，学生所学的知识可能很快就会过时。如果学生没有自主学习的能力，便很难适应社会的发展。而具备了自主学习的能力，学生可以随时获取新的知识和技能，更好地适应社会的发展。自主学习能力的培养是学生适应职业的关键。在职业生涯中，学生可能遇到各种各样的问题和挑战，需要不断地学习和进修来解决。如果学生没有自主学习的能力，便很难胜任工作。而具备了自主学习的能力，学生可以随时获取新的知识和技能，更好地完成工作任务。自主学习能力的培养是学生适应未来的基础。未来的社会可能有很多未知的挑战和机会，学生需要有足够的能力来应对。自主学习能力可以帮助学生更好地适应未来的挑战和机会，实现自己的人生价值。

为了培养学生的自主学习能力，高校应该改变传统的教育理念，构建以人为本的核心育人理念。教师的工作重点应该从传授知识转向培养学生的学习能力。在教学过程中，教师应该更多地使用启发式教学方法，激发学生的学习兴趣和动机，帮助学生发现和解决问题。教师还应该为学生提供更多的实践机会，让学生在实践中学习、在实践中成长。此外，高校还应该利用现代信息技术，为学生提供更加丰富和多样的学习资源。例如，可以建立在线学习平台，提供各种在线课程和学习材料，帮助学生自主学习；还可以建立学习社群，让学生在社群中交流和分享，互相学习和帮助。

四、加强产学研合作机制

在当前的社会经济背景下，产学研合作已经成为高等教育发展的必然趋势。这种合作模式不仅可以促进学校和企业之间的资源共享，还可以为学生提供更加实际和前沿的实践教学环境。

第一，将学校的重点实验室、工程训练中心、大学生科研中心等与外界企业相结合，可以实现学校科研成果的直接转化。这种模式可以减少中间环节，提高科研成果的转化效率。对于企业来说，可以直接获得学校的先进技术和研究成果，从而提高自己的竞争力。对于学校来说，可以获得企业的实际需求，为学生提供更加贴近实际的实践教学环境。第二，企业为大学生提供优质的实习环境，可以为学生提供更加实际和前沿的实践经验。学生在实习过程中可以了解企业的实际工作环境和需求，为自己未来的职业生涯做好准备。同时，企业也可以从中发现和培养优秀的人才，为自己的发展提供有力的人才支持。第三，学校可以通过与企业的合作，面对面了解企业的用人需求。这样，学校可以根据企业的实际需求，动态调整实践教学的相关环节，确保学生的实践教学与企业的实际需求相匹配。这种模式不仅可以提高学生的就业率，还可以为企业提供更加合适的人才。第四，学校可以为企业提供优质的研究成果，补充企业研发中心的缺乏。在当前的社会经济背景下，研发创新已经成为企业发展的关键。学校可以为企业提供先进的技术和研究成果，帮助企业提高自己的竞争力。第五，学生毕业后可以直接进入合作企业工作，这样可以节省人才培养的时间和人力。对于企业来说，可以直接获得经过严格培训的优秀人才，提高自己的竞争力；对于学生来说，可以直接进入自己熟悉的工作环境，为自己的职业生涯打下坚实基础。

第四章　应用型高校实践教学体系的构建对策

第一节　实践教学目标体系的调整

一、应用型高校实践教学目标的功能

应用型高校实践教学目标不只是局限于简单的技能传授，其更注重培养学生的实践能力、创新思维和解决实际问题的能力。应用型高校实践教学目标的功能主要体现在以下几方面，如图4-1所示。

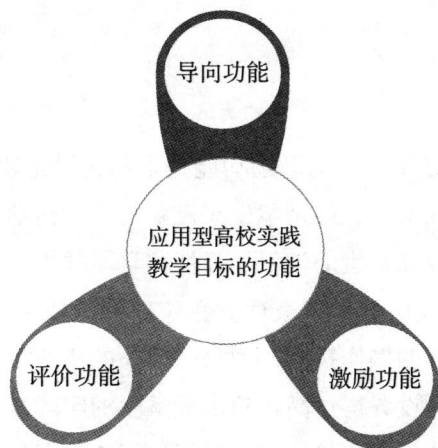

图4-1　应用型高校实践教学目标的功能

（一）导向功能

应用型高校教学实践中，教学目标为学生提供了明确的学习方向和目标，为教师提供了明确的教学方向和目标，从而确保了教学活动的高效进行和教学效果的最大化。未来，随着应用型高校的进一步发展，实践教学目标的导向功能将会得到更加广泛和深入的应用，为我国高等教育培养出更多实用型人才。应用型高校实践教学目标的导向功能主要体现在以下几方面：

第一，为学生提供明确的学习方向。在应用型高校中，学生不仅要学习理论知识，更要学会如何将这些知识应用于实际工作中。实践教学目标的导向功能就是为学生指明了这一方向，告诉学生需要掌握哪些实际技能、需要达到哪些实际应用水平。第二，为学生提供明确的学习目标。在实践教学中，学生不仅要完成一些具体的操作和实验，还要达到一些预定的能力标准。这些能力标准就是学生的学习目标。有了明确的学习目标，学生就可以更加有针对性地进行学习，更加明确地知道自己需要达到什么水平、需要做什么，不会盲目地进行实践活动。第三，有助于提高教学效果。有了明确的方向和目标，教师可以更加有针对性地进行教学设计，更加明确地知道自己需要教给学生什么、需要让学生达到什么水平。学生也可以更加有针对性地进行学习，更加明确地知道自己需要学什么、需要达到什么水平。这样，教学活动就可以更加高效，教学效果也会事半功倍。

（二）激励功能

应用型高校实践教学目标的激励功能是指通过设定明确的实践教学目标，激发学生的学习兴趣和动力，鼓励学生积极参与教学活动，努力达到或超越这些目标和期望，从而提高学生的学习积极性和学习效果。

教学目标过高，挫伤学生积极性。在应用型高校中，学生往往希望能够通过实践教学掌握实际的操作技能，为自己未来的职业生涯打下坚实基础。然而，如果实践教学目标设置得过高，超出了学生的实际能力范围，学生可能会感到压力过大，难以达到这些目标。长时间的高压状态可能导致学生对实践教学失去兴趣，甚至对整个学习过程产生厌倦和反感。在这种情况下，实践教学目标的激励功能就会大打折扣，甚至可能适得其反。

教学目标太低，难以激励学生。如果实践教学目标设置得过于简单，学生可能会觉得没有挑战性，缺乏学习的动力。在这种情况下，学生可能对实践教学产生轻视和忽视的态度，认为这只是一个形式，没有实际意义。这样，实践教学目标的激励功能就会大大降低，学生的学习效果也会受到影响。

教学目标细致具体，激发学生的学习愿望。一个明确、具体的实践教学目标可以为学生提供一个清晰的学习方向，告诉学生他们需要掌握哪些技能、需要达到哪些标准。这种明确性可以激发学生的学习兴趣，鼓励学生积极参与实践教学，努力提高实际操作能力。此外，一个细致具体的实践教学目标还可以为学生提供一个明确的评价标准，使学生清楚地知道自己的学习成果如何、哪些地方做得好、哪些地方需要改进。这种明确的反馈可以进一步激励学生，鼓励他们不断努力，追求更高的学习成果。

（三）评价功能

在教育过程中，评价不仅是对学生学习成果的衡量，更是对教学活动的反思和调整。而教学评价要以教学目标为依据，这是因为教学目标明确了教育的方向和期望结果，是进行科学的测试、确定客观评价标准的基础。在应用型高校中，实践教学目标往往与职业技能和实际应用能力紧密相关。这些目标为学生提供了明确的学习方向，告诉他们需要掌握哪些技能、达到哪些标准。因此，当进行教学评价时，这些目标就成为评价的依据，它们为评价提供了明确的标准和参照。

一方面，教学目标是进行科学测试的基础。在教学过程中，教师需要对学生的学习成果进行测试，以了解他们的学习情况。而这些测试要有科学性，要能真实、准确地反映学生的学习情况。教学目标为这些测试提供了明确的参照，使测试更加具有针对性和科学性。例如，实践教学目标是让学生掌握某种操作技能，那么测试就应该围绕这一技能进行，而不是其他与之无关的内容。另一方面，教学目标是确定客观评价标准的基础。在教学评价中，客观性非常重要。只有客观的评价才能真实反映学生的学习情况，才能为教学活动提供真实反馈。而教学目标为确定客观评价标准提供了依据。它们明确了教育的期望结果，为评价提供了明确的标准。只有与教学目标相一致的评价标准才是客观的、科学的。

二、制定应用型高校实践教学目标的依据

（一）党和国家的方针政策

教育是国家发展的关键，是提高国民素质、推动科技进步、促进经济社会发展的基础。因此，党和国家在制定方针政策时会充分考虑教育的地位和作用，确保教育政策与国家的整体发展战略相一致。在应用型高校中，实践教学是培养学生实际应用能力的关键环节。而党和国家的方针政策为实践教学提供了明确指导。

首先，党和国家的方针政策明确了对于人才培养的需求和方向。如《国家中长期教育改革和发展规划纲要（2010—2020年）》中指出："努力培养造就数以亿计的高素质劳动者、数以千万计的专门人才和一大批拔尖创新人才。"基于这一方针政策的指导，应用型高校实践教学目标的设置应充分体现高素质、创新型人才等要素，这样一来，所培养的学生不仅能够满足社会的实际需求，还能够为国家的发展做出贡献。

其次，党和国家的方针政策为实践教学提供了具体的内容和形式。方针政策中会明确国家对于教育的要求和标准，这为应用型高校制定实践教学目标提供了明确依据。如《关于进一步加强高校实践育人工作的若干意见》中提出："发挥学生在实践育人中的自我教育、自我管理、自我服务作用。"基于这一方针政策的指导，应用型高校的实践教学应注重培养学生的自我教育、自我管理以及自我服务的能力，确保学生在实践学习中能够充分发挥主体性、主动性，从而改善实践教学效果。

最后，党和国家的方针政策为实践教学提供了强有力的支持。方针政策中会明确国家对于教育的投入和支持，这为应用型高校的实践教学提供了充足的资源和条件。如《关于进一步加强高等学校本科教学工作的若干意见》中提出："大力加强实践教学，切实提高大学生的实践能力。"基于这一政策要求的指导，应用型高校有机会申请更多的资金和资源，为学生提供更好的实践教学条件，确保实践教学的质量和效果。

（二）社会发展需要

随着科技的快速发展和经济的全球化，社会发展的需求也在不断变化，这种变化体现在政治、技术、文化、环境等多个方面。因此，应用型高校在制定实践教学目标时，必须紧密结合社会的实际需求，以确保学生毕业后能够适应社会的发展，满足社会的需求。

从政治和文化角度来看，随着社会的进步，公民的权利和责任也在不断增加，学生需要具备良好的公民素养和社会责任感。与此同时，在全球化背景下，学生不仅需要掌握专业技能和知识，还需要具备跨文化交往的能力和全球视野。因此，应用型高校的实践教学目标必须充分考虑这些因素，注重培养学生的跨文化交往能力、全球视野、公民素养和社会责任感。从技术角度来看，随着新技术的不断涌现，许多传统的技能和知识已经变得过时。而新的技术和知识则需要学生具备更高的学习能力和创新能力。因此，应用型高校的实践教学目标必须与时俱进，注重培养学生的学习能力和创新能力，确保学生能够掌握最新的技术和知识，满足社会发展的技术和经济需求。从环境角度来看，随着环境问题日益严重，社会对于环境保护的意识也在不断增强。学生需要具备环境保护的意识和能力，能够在实际工作中为环境保护做出贡献。因此，应用型高校的实践教学目标必须注重培养学生的环境保护意识和能力，确保学生能够为社会的可持续发展做出贡献。

（三）学生身心发展规律

1.智力发展特点

智力的发展不仅影响学生的学习能力，还直接关系到他们对实践教学的接受程度和实践能力的培养。因此，深入了解学生的智力发展特点，并将其与实践教学目标紧密结合是确保实践教学效果的关键。应用型高校的学生大多处于 18~22 岁，这一阶段的智力发展已经进入成熟期，其思维逻辑、抽象思考能力和问题解决能力都达到了一个新的高度，为实践教学目标的实现奠定了有利基础。例如，当实践教学目标要求学生解决一个实际问题或进行一个项目设计时，学生可以运用他们成熟的思维能力，进行深入的分析和探索，从而达到预期的教学效果。

2.生理发展特点

大学生身体正处于生理发展的重要时期，其体力和耐力都达到了一个相对高峰。这意味着他们能够承受更长时间的实践活动，无论是实验、实地考察还是实习。当实践教学目标要求学生进行长时间的操作或者连续的实践活动时，他们的生理条件允许他们更好地完成这些任务，不会因为体力不支而影响学习效果。而且大学生的手眼协调能力、动手能力相对较强，这对于很多需要精细操作的实践教学活动，如实验室实验、技能操作等，都非常有利。实践教学目标中很多技能的掌握和能力的培养都需要学生具备良好的生理基础。例如，某些实践教学目标要求学生能够熟练操作某种设备或工具，这就需要学生有稳定的手部操作能力和足够的体力来完成。

3.认知发展特点

认知作为人们获取、处理和应用知识的过程，直接影响学生的学习效果和实践能力。因此，深入了解学生的认知发展特点，并将其与实践教学目标紧密结合是确保实践教学效果的关键。应用型高校学生的认知发展已经进入一个相对成熟的阶段，已经具备较为完善的知识结构和较强的信息处理能力，他们能够对复杂的问题进行深入的思考，能够从多个角度进行分析，并且能够进行有效的知识整合。这为实践教学目标的实现提供了有利基础。学生的认知发展特点意味着他们能够更好地理解和掌握复杂的知识和技能。在实践教学中，很多任务需要学生具备一定的前置知识和技能。例如，实践教学目标是培养学生的项目管理能力，那么学生首先需要掌握项目管理的基本理论和方法。这一时期的学生由于其认知发展特点，能够更快地理解和掌握这些知识，为后续的实践活动打下坚实基础。

三、应用型高校实践教学目标体系的构建原则

为保证应用型高校实践教学目标体系的科学性，这一体系的构建需要遵循一些原则，如图4-2所示。

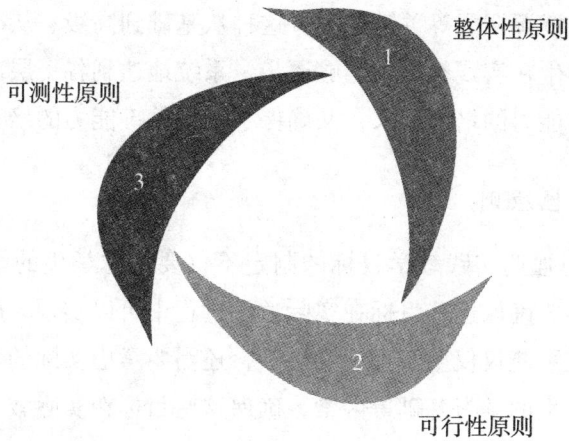

图4-2　应用型高校实践教学目标体系的构建原则

（一）整体性原则

整体性原则强调应用型高校实践教学目标体系的完整性、连贯性和系统性，确保实践教学目标不是孤立的、零散的，而是形成一个有机的整体。一方面，整体性原则要求实践教学目标体系与学校的整体教育目标和培养目标相一致。学校的整体教育目标和培养目标是学校教育活动的方向和目的，反映了学校对学生的期望和社会对毕业生的需求。而实践教学作为教育活动的重要组成部分，其目标的设置必须与学校的这些总体目标保持一致。应用型高校注重培养学生的实际应用能力，这一培养目标要求学生不仅掌握理论知识，更要能够将这些知识应用于实际。因此，实践教学目标体系的构建必须围绕这一核心目标，确保学生在实践中能够得到真正的锻炼和提高。只有这样，学生才能真正达到学校的培养目标，满足社会的需求。另一方面，整体性原则强调实践教学目标体系的层次性。在应用型高校的实践教学中，学生需要掌握的不仅是基本的操作技能，更重要的是一系列关键能力。基本能力是学生入门的起点，包括学生在实践教学中最基础的操作技能和知识。这是学生进行更高层次实践活动的基础。例如，在实验室实践中，学生首先需要掌握基本的实验操作技能，如使用实验器材进行基本的实验操作等。关键能力是学生在实践教学中需要进一步培养的。这些能力往往涉及更高层次的认知活动，如分析、评价、创新等。例如，学生在项目实践中，不仅需要掌握项目的基本操作，还需要具备项目管理、团队合作、资源调配等关键能力。这种从基础到高级、从简单到复杂的层次结构确保了学生在实践教学中能够逐步、系统地达到各个层次的目标。它既满足了学生基本能力的培养需求，又确保了学生关键能力的培养。

（二）可行性原则

可行性原则强调实践教学目标的制定不仅要考虑学生的学习需求和社会的发展趋势，还要确保这些目标在实际教学过程中可以实现。应用型高校实践教学目标的制定不能仅仅基于理论和愿景，还需要考虑实际的教学资源、教师的教学能力、学生的学习基础等因素，确保这些目标在实际教学中可以实现。

第一，实践教学目标的制定需要考虑学校的教学资源。不同的学校，其教学资源的丰富程度不同。有的学校可能拥有先进的实验室和实训基地，可以为学生提供丰富的实践机会；而有的学校则可能在这方面存在一定不足。因此，实践教学目标的制定必须基于学校实际的教学资源，确保这些目标可以通过现有的资源来实现。第二，实践教学目标的制定需要考虑教师的教学能力。不同的教师，其教学经验和教学方法不同。有的教师可能擅长理论教学，而不太擅长实践教学；而有的教师则可能在实践教学方面有着丰富的经验。因此，实践教学目标的制定必须考虑教师的实际教学能力，确保这些目标可以通过教师的教学来实现。第三，实践教学目标的制定需要考虑学生的学习基础。不同的学生，其学习基础和学习能力不同。有的学生可能已经具备了一定的实践经验，可以直接进行高级的实践活动；而有的学生则可能在这方面存在一定不足。因此，实践教学目标的制定必须考虑学生的实际学习基础，确保这些目标可以通过学生的学习来实现。

（三）可测性原则

应用型高校实践教学目标的设定不仅是为教学提供方向，还是对学生的学习效果进行有效评估提供可参考依据。如果一个目标不能被检测或评价，那么它就失去了存在的意义，因为无法判断学生是否真正达到了这个目标，也无法对教学效果进行调整和改进。检测目标的方法有很多种，但最基本的是要确保检测的方法与目标的性质相匹配。例如，目标是学生能够掌握某种技能，那么检测的方法就应该是观察学生是否真正掌握了这种技能，而不仅仅是通过笔试来评价学生的理论知识。同样，如果目标是学生能够理解某个概念，那么检测的方法就应该是让学生用自己的话来解释这个概念，看看他们是否真正理解了。除了总结性的检测，环节性的检测也非常重要。环节性检测是指在教学过程中对学生的学习进行持续评估，而不是等到教学结束后再进行评估。这样可以及时发现学生的问题，为教学提供及时的反馈，帮助教师调整教学策略，确保学生能够达到教学目标。

四、应用型高校实践教学目标体系的调整策略

实践教学目标体系在实践教学体系中占据核心地位，在整个实践教学体系中起引领驱动作用。对于应用型高校来说，调整和完善实践教学目标至关重要，特别是要确保目标与毕业生的实际就业情况紧密相连。这不仅涉及学生的专业能力，还包括他们的通识能力、创新能力、职业能力。为了实现这些目标，高校需要制订合理的实践教学计划，确保实践课程的内容既系统，又实用。只有这样，高校才能培养出既具备深厚的理论知识，又有较强的创新精神和实践能力的应用型人才。

（一）强化通识能力

通识能力即通识教育，指的是在不同学科领域、不同行业和职业中均需具备的基本能力。通识能力包括语言表达能力、自学能力、适应能力、道德关怀能力、沟通协调能力、创新创意能力、理论到实践的能力等。随着时代的发展，单纯依赖传统的通识教育，如数学、计算机和外语等，已经不能满足学生在当前就业市场上的竞争需求。应用型高校作为培养实践型人才的重要基地，更应该认识到这一点。为了更好地满足学生的就业需求，应用型高校应该更加重视通识教育中的实践课程，确保学生不仅能够掌握基础知识，还能够将这些知识应用于实际工作中。此外，通识教育不仅是为了提高学生的就业竞争力，更重要的是培养学生成为一个全面发展、具有跨学科知识和能力的"健全人"。这样的人不仅能够在专业领域中发挥出色，还能够在各种不同的环境和领域中展现自己的才华。因此，应用型高校在制定实践教学目标时，应该充分考虑到通识教育的重要性，确保学生能够在学校获得全面、均衡的教育。

（二）加强专业能力

专业能力是在具备了通识能力的基础上，在深入学习本专业的学科基本理论、基本知识，并运用到对应的专业基础及专业实验、实训、课程设计、认知实习、专业实习等课程中。实践教学的重要目标之一就是培养学生的专业能力，使其能够在真实的工作环境中发挥所学，展现专业素养。为了更有效地培养学生的专业能力，教育者应该充分利用专业实践课程的优势，特别是那些具有较多学时的课程。这些课程为学生提供了大量的实践机会，使其能够在实际操作中掌握和运用所学的专业知识。与此同时，将教学内容与实际工作紧密结合可以使学生更好地理解和应用知识，提高其专业能力的培养效果。专业能力的培养不仅是为了满足当前的学习需求，更重要的是为学生未来的职业生涯和继续学习打下坚实基础。只有当学生具备了扎实的专业能力，他们才能够在未来的学习和工作中表现出色，成为真正的专业人才。因此，应用型高校在制定实践教学目标时，应该重视专业能力的培养，确保学生毕业后能够在各个领域中展现自己的才华。

（三）提升创新能力

创新能力是通识能力和专业能力培养的一种提升，学生通过参加专业实验、毕业实习、毕业设计（论文）及各类竞赛活动，不断激发其创新精神和创新能力。当前的用人单位对于人才的需求已经从单纯的技能掌握转向了创新能力的培养。他们更加看重那些具有创新思维和能力的人才，因为这些人才更能够为企业带来新的机会和价值。而高校作为培养这类人才的主要场所，其实践教学的重要性不言而喻。实践教学不仅是为了满足学生的学术需求，更是为了培养他们的创新能力，使其能够在未来的工作中表现出色。为了更好地培养学生的创新能力，高校应该不断地改革和完善其人才培养方式。这包括出台更加具有前瞻性的教育政策，鼓励教师、行政人员和学生共同参与，形成一个全员参与的教育格局。因此，应用型高校实践教学目标体系的构建要充分考虑创新能力这一要素，致力于学生创新能力的提升。

（四）重视职业能力

随着社会的快速发展，人才需求和岗位要求也在持续演变。每一位毕业生在进入职场前，都需要经历一个对岗位的认知和实践过程。为了确保学生能够迅速适应这些变化并满足岗位需求，提高他们的就业竞争力，学校必须加强对学生职业能力的培养。这不仅是为了提高毕业生的就业率，更是为了确保他们在未来的职业生涯中能够持续发展和进步。学校应该在学生的整个学习生涯中，从入学前到学习结束，都为他们提供就业指导和职业规划的课程。这样，学生可以在不同的学习阶段获得不同层次的职业指导和培训。例如，入学前可以为学生提供基础的职业规划课程，帮助他们了解不同的职业领域和岗位要求；入学后可以为他们提供更深入的职业指导和实践机会，帮助他们确定自己的职业方向和发展目标；而在学习结束前，学校可以为学生提供更多实践锻炼的机会，帮助他们提高自己的职业能力和就业竞争力。这样，学生在毕业时不仅具备了丰富的知识和技能，还具备了强大的职业能力和就业竞争力。

由于职业能力是多种能力的综合，因此，通常把职业能力分为一般职业能力、专业能力和职业综合能力。

1. 一般职业能力

一般职业能力主要是指一般的学习能力、文字和语言运用能力、数学运用能力、空间判断能力、形体知觉能力、颜色分辨能力、手的灵巧度、手眼协调能力等。除了这些技能，人际交往能力、团队协作能力、对环境的适应能力，以及遇到挫折时良好的心理承受能力等也是不可或缺的，因为无论是哪个职业岗位工作，都必须与人打交道。

2. 专业能力

专业能力主要是指从事某一职业的专业能力。用人单位在招聘过程中对求职者进行评估时，往往首先关注候选人是否具备完成工作任务的专业技能。以教育行业为例，当学校招聘教师时，首要考虑的是应聘者是否拥有扎实的教学技巧和方法，因为这直接关系他们在课堂上的表现和学生的学习效果。简而言之，专业能力是求职者是否能胜任某一岗位的关键标准。

3. 职业综合能力

职业综合能力是指从事某种职业必须具备的并在该职业活动中表现出来

的多种能力的综合，是个体将所学的知识、技能和态度在特定的职业活动或情境中进行类化迁移与整合所形成的能完成一定职业任务的能力。职业综合能力主要包括以下四个方面：

（1）跨职业的专业能力

跨职业的专业能力是指一个人在不同职业领域都能展现出的核心技能。这主要体现在三个方面：一是运用数学和测量方法的能力；二是计算机应用能力；三是运用外语解决技术问题和进行交流的能力。

（2）方法能力

方法能力指的是一个人在工作中的策略和决策能力。该能力主要包括以下三方面能力：一是信息收集和筛选能力；二是掌握制订工作计划、独立决策和实施的能力；三是具备准确的自我评价能力和接受他人评价的承受力，并且能够从成败经历中有效地吸取经验教训。

（3）社会能力

社会能力主要是指一个人的团队协作能力、人际交往和善于沟通的能力。社会能力良好的人能够与团队成员协同工作，与他人建立良好的关系，善于沟通；对待同事公正、宽容，并具备出色的判断力和自律能力。

（4）个人能力

个人能力强调的是一个人的职业道德和人格特质。随着中国经济和法制的发展，社会对个人的责任感和诚信度给予了更高期望。那些具有高尚职业道德、对工作充满热情、注重细节、负责任的人将受到社会的高度尊重和赞誉。

应用型本科院校可以学生通识能力、专业能力、创新能力、职业能力的培养为目标，与人才培养计划紧密结合，构建一个健全的实践教学目标体系。"重理论，轻实践"教育思想不利于学生实践能力的培养，应用型高校必须充分认识到实践教学的重要性，并在课程中增加实践教学的比重，确保学生获得更全面的教育体验，从而使实践教学目标得到有效地的落实和实现。

第二节　实践教学内容体系的优化

一、应用型高校实践教学内容的特点

应用型高校实践教学内容主要具有以下几大特点，如图 4-3 所示。

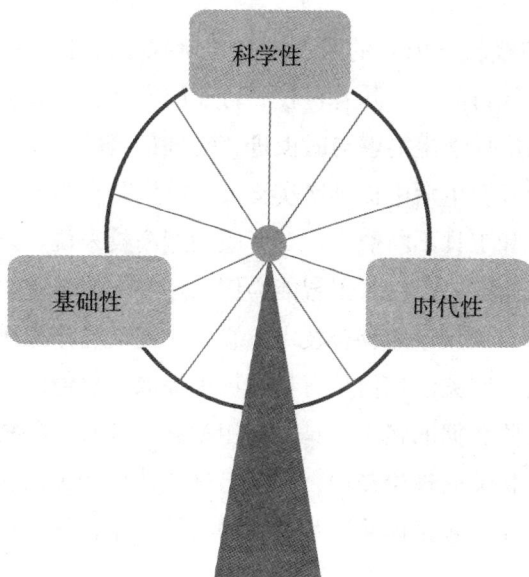

图 4-3　应用型高校实践教学内容的特点

（一）科学性

应用型高校实践教学内容具有科学性特点，以确保学生所学的知识和技能能够适应岗位需求。这一特点主要体现在以下两方面：一方面，应用型高校的实践教学内容是基于行业和社会的实际需求来设计的。实践教学内容不是脱离实际的纯理论教学，而是紧密结合行业的发展趋势和社会需求，为学生提供了一个模拟的真实的工作环境。这样的教学内容不仅可以帮助学生更好地理解理论知识，还可以培养他们的实践能力和创新思维。另一方面，实践教学内容将理论知识与实际操作相结合，这种结合方式不仅仅局限于简单的操作或实验。在应用型高校的教学过程中，学生不仅要学习理论知识，还要将这些知识应用到实际的工作环境中。这意味着学生在学习过程中不仅要掌握理论知识，还要学会如何将这些知识应用到实际工作中。理论知识与实际操作相结合的实践教学内容有助于加深学生对理论知识的理解，这样他们在面对实际工作中的问题时，可以迅速找到解决方法，有效地将所学知识应用到实际工作中。

（二）时代性

应用型高校实践教学内容的时代性特点确保了教学内容与时俱进，与社会发展和行业需求保持同步。随着科技和行业的发展，实践教学内容也在不断地更新和完善，以确保学生能够与时俱进，掌握最新的知识和技能，为他们在未来的职业生涯和日常生活中提供坚实支撑。特别是在当前这个技术飞速发展的时代，新的技术和工具不断涌现，对于应用型高校来说，及时调整和更新实践教学内容变得尤为重要。以人工智能为例，这是一个涉及机器学习、深度学习和神经网络等多个子领域的综合技术，它的应用已经渗透医疗、金融、制造等多个行业。大数据则关注如何从海量数据中提取有价值的信息，而云计算提供了存储和处理这些数据的强大工具。应用型高校针对这些技术的发展，可以在相关课程中增加相关的理论知识，以及与这些技术相关的实践项目，并提供机会让学生亲手操作，真正体验这些技术的实际应用，从而更好地掌握它们。

（三）基础性

应用型高校实践教学内容的特点中的基础性指的是精心选择基础知识、基本技能为主要教学内容。在应用型高校的教学体系中，基础性的实践教学内容通常涵盖一系列基础的理论知识和技能训练，这些知识和技能是学生在后续的学习和实践中必须掌握的，它们为学生提供了一个坚实的学习基础。例如，对于工程技术类的专业，学生在进行深入的专业学习之前，首先需要掌握一些基础的数学、物理和化学知识，这些知识为他们后续的学习打下了坚实基础。此外，基础性的实践教学内容还包括一些基础的实验和实践活动。这些实验和实践活动旨在帮助学生将所学的理论知识应用到实际中，从而培养他们的实践能力。通过这些实验和实践活动，学生可以更好地理解和掌握所学的知识，为他们后续的学习和实践打下坚实基础。

二、实践教学内容体系与理论教学体系的关系

（一）理论教学体系

在人才培养过程中，应用型高校理论教学的改革与实施显得尤为关键，也是一大挑战。如果仍然沿用传统的理论教学体系，而不进行必要的改革和建设，那么应用型高校的实践教学质量将难以得到保证，实践教学体系也将难以稳固。因此，为了确保实践教学的质量和效果，理论教学的改革必须与实践教学齐头并进。在构建新的理论教学体系时，应遵循"实际、实用、实践"的原则，着眼学生实践能力、社会适应能力和竞争能力等综合能力的培养。从宏观上看，应用型高校的理论教学内容可以被概括为三大模块：基础理论、专业理论和专业技术（综合理论），如图 4-4 所示。

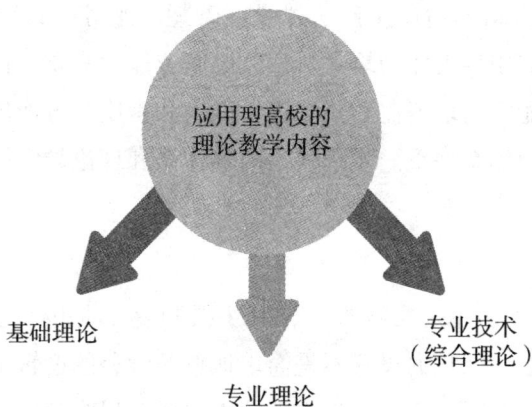

应用型高校的
理论教学内容

基础理论　　　　专业技术
（综合理论）

专业理论

图 4-4　应用型高校的理论教学内容

（1）基础理论模块为学生提供了胜任各种职业岗位所需的关键能力和基本能力的基石，其内涵是普遍的客观规律，既包括自然科学的知识，也包括社会科学的内容，如政治、法律、应用文写作、高等数学、大学物理、大学英语、计算机应用基础等公共课。

（2）专业理论专注为学生提供胜任特定职业岗位所需的专业知识，沿核心专业技术的实际应用方向进行发展，强调知识的综合性、实用性。

（3）专业技术（综合理论）是胜任职业岗位（群）的职业能力所必需的综合知识。要求围绕职业能力，在职业领域范围内实行多学科的综合。

基础理论为专业理论打下了坚实基础，其涵盖范围广泛，不仅确保了主要学科的完整性，而且强调与专业的紧密结合，实现了专业大类的有针对性的教学。专业理论为专业技术提供了必要的理论支撑，它不仅是某一专业的核心，也往往是多个相近专业的共同基础。这些理论知识可以进一步细分为多个关键单元，与专业实训中的关键技能相匹配。在教学过程中，目标是确保学生能够将所学应用于实际，教学内容旨在满足实际需求，强调清晰的概念理解和应用能力的培养。而专业技术知识则与学生未来的具体工作紧密相关，是他们在实际工作中经常需要应用的知识。这种知识直接反映了当前职业市场的需求，充分展现了高职教育的实用性和针对性。

（二）实践教学内容体系与理论教学体系的关系

应用型高校以培养适应生产、建设、管理、服务一线需要的、德智体美全面发展的高级应用型人才为培养目标，以职业能力为重点构建课程体系和教学内容，而职业能力的培养需要从知识、能力和素质三方面进行考虑，理论教学体系和实践教学体系并重。实践教学内容体系和理论教学体系有如下关系：

1. 目标一致

无论是理论教学还是实践教学，其主要目标都是围绕专业人才的培养，以职业能力为中心。课程的设置不是简单地按照学科的逻辑来进行，而是真正反映出职业岗位的实际需求。理论教学的内容要确保为学生提供必要的文化知识和专业理论支持，帮助他们在未来的职业生涯中展现出强大的社会适应能力和竞争力。实践教学并非是对理论知识的应用和验证，而是通过实践活动培养学生的技能和技术应用能力。这两个体系在人才培养的目标上具有一致性。

2. 相互交融（横向）

从横向角度来看，理论教学体系与实践教学体系在以下两方面相互交融：

一是课程知识内容与技能、技术培养相互融合。在应用型高校中，学生不仅要掌握相关的理论知识，更要能够将这些知识应用到实际工作中。因此，课程的设置和内容都要注重知识与技能的结合，使学生在学习理论知识的同时，也能够掌握相关的实践技能。例如，在学习某一专业课程时，学生不仅要了解相关的理论知识，还要进行实验、实践，掌握相关的操作技能。这样学生在完成学业后，不仅掌握了扎实的理论知识，还具备了一定的实践能力，能够更好地适应社会的需求。二是理论和实践教学场所相互融合。在应用型高校中，理论教学和实践教学往往紧密结合，它们不再是分开进行的两个环节，而是相互渗透、相互补充。例如，学生在课堂上学习了某一理论知识后，可以直接到实验室、实训中心等地进行实践操作，将所学的理论知识应用到实际中。反之，学生在实践操作中遇到问题也可以直接回到课堂上进行讨论和解决。这种理论与实践相结合的教学模式使学生能够更加深入地理解和掌握知识，从而提高教学效果。

3. 相互交叉（纵向）

从纵向角度来看，理论教学体系与实践教学体系相互交叉，主要体现在以下两方面：一是功能的相互交叉。从功能角度来看，无论是理论教学体系还是实践教学体系，都包括跨学科学习、解决实际问题、创新意识培养等。二是知识、技术和技能培养的落脚点相互交叉。当学生在理论课中学习了某一专业知识后，他们可能在随后的实践课中应用这些知识，进行实际操作或实验。反之，当学生在实践中遇到问题或困难时，他们可能回到理论中去寻找答案或解决方案。这种纵向的交叉关系使得学生在学习过程中能够不断地在理论与实践之间进行切换，加深对知识的理解和掌握。

4. 相互平行（具有相对的独立性）

尽管理论教学与实践教学的人才培养总体目标一致，但在实现这一目标的过程中，它们所承担的任务和侧重点有所不同。理论教学主要为学生提供了必要的文化知识和专业理论基础，旨在培养学生的独立思考、分析和解决问题的能力。通过深入的理论学习，学生可以更好地理解和掌握各种专业知识，为将来的实践活动打下坚实基础。而实践教学则更加注重学生的实际操作能力，它强调学生应用所学的专业知识和技术来解决实际问题。这种教学方式可以帮助学生将理论知识与实际应用相结合，更好地培养他们的实践能力。尽管两套体系在培养目标上一致，但在具体的教学计划、教学环节和考试方式上，它们都保持了相对的独立性。这种独立性确保每个体系都能够根据自己的特点和需求进行教学活动，而不受另一个体系的限制。

三、应用型高校实践教学内容体系的构建原则

应用型高校实践教学内容体系的构建需要依循一些基本原则，如图 4-5 所示，确保其既能满足学科的完整性和连续性，又能与产业实际相结合。

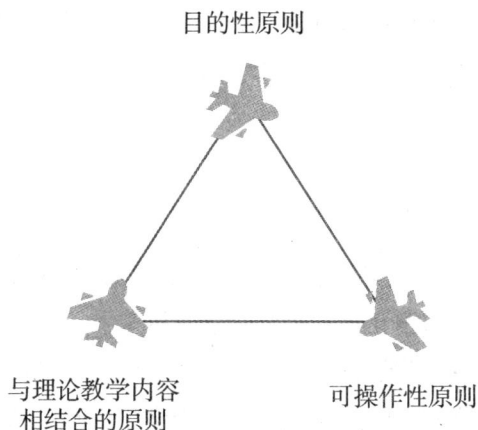

图 4-5　应用型高校实践教学内容体系的构建原则

（一）目的性原则

目的性原则强调应用型高校实践教学内容应该围绕一个明确的目标进行，即培养学生的实践能力，使他们能够在未来的职业生涯中独立地、有效地应用所学的知识和技能。与培养目标不符的内容会导致学生的注意力分散，浪费宝贵的教学时间和资源。例如，目标是培养学生在某个特定领域的应用技能，那么与该领域无关的内容不仅不会帮助学生达到目标，反而可能使他们感到困惑和沮丧。此外，目的性原则确保了实践教学内容的实用性和针对性。只有与培

养目标紧密相关的内容才能确保学生在实践中真正掌握所需的技能和知识。这不仅有助于提高学生的学习兴趣和动力，还能确保他们在未来的工作中能够运用所学，达到应用型高校培养高级应用型人才的目标。

（二）可操作性原则

可操作性原则强调，实践教学的内容和方法都应该是学生可以直接操作和实施的，确保学生能够通过实际操作来掌握所学的知识和技能，从而更好地培养他们的实践能力。具体和明确的教学内容使学生更容易理解和掌握。与抽象的理论知识相比，具体的操作步骤和方法更容能够易为学生所接受。学生可以直观地看到每一个操作的效果，从而更好地理解其背后的原理和意义。可操作性原则确保了实践教学的实用性。只有当学生能够真正地操作，他们才能真正地掌握技能。例如，学习某种技术的应用不仅是了解其原理，更重要的是能够真正地使用它。只有当学生真正操作过，他们才能真正理解这种技术的价值和意义。

（三）与理论教学内容相结合的原则

与理论教学内容相结合的原则不仅确保了教学内容的连贯性和完整性，还为学生提供了一个从理论到实践的平滑过渡，使他们能够更好地理解和掌握所学知识。一方面，理论教学为实践教学提供了必要的知识基础。只有当学生对某一领域的理论知识有了深入的了解，他们才能在实践中更好地应用这些知识。例如，一个学生在学习电路设计理论时，没有对相关的物理和数学知识有深入的了解，那么他在后续的实践教学中很难设计出有效的电路。因此，理论教学是实践教学的基石，为后者提供了坚实的支撑。另一方面，实践教学可以帮助学生更好地理解和掌握理论知识。当学生在实践中遇到问题时，他们会回到理论中去寻找答案。这种反复的过程使学生能够更加深入地理解理论知识，也使他们能够更好地将理论知识应用到实际中。此外，实践教学还可以为学生提供一个真实的环境，使他们能够在实际操作中体验到理论知识的价值和意义。

四、应用型高校实践教学内容体系的优化策略

实践教学内容体系是依据专业对学生实践能力目标总体要求而建立起来的一系列从理论到实践的实践活动。实践教学内容体系的优化旨在更好地培养学生的实践能力，具体体系框架如图4-6所示。

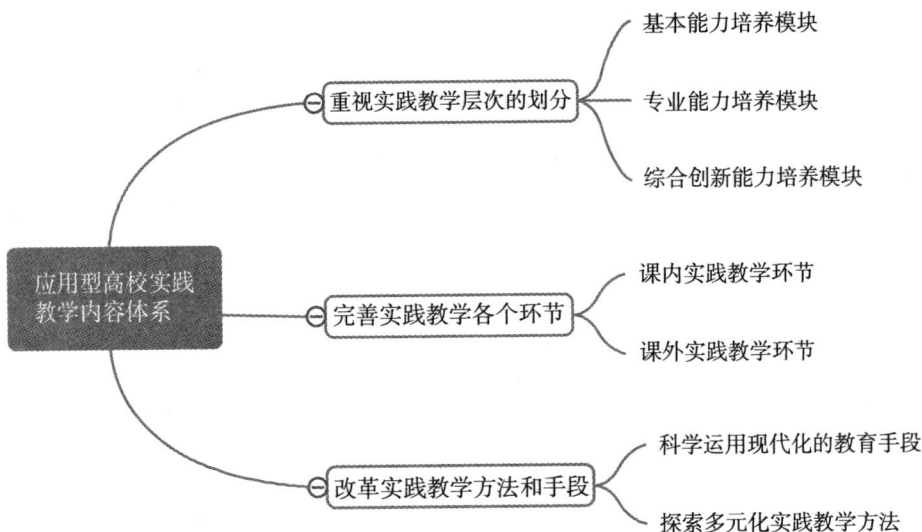

图4-6 应用型高校实践教学内容体系框架

（一）重视实践教学层次的划分

实践教学内容的优化应该侧重层次化、模块化的划分。根据实践教学的目标，内容可被划分为三大模块：基本能力培养模块、应用能力培养模块和综合创新能力培养模块。每个模块都有明确的实践能力目标。其中，基本能力模块旨在为学生打下坚实基础；应用能力培养模块则让学生将所学知识应用于实际情境；而综合创新能力培养模块则鼓励学生跨界思考，进行创新实践。这种模块化的划分确保了学生从基础到高级，逐步深化实践能力的培养，每个阶段都有针对性的实践教学环节来支撑。

1.基本能力培养模块

基本能力培养模块着重学生通识能力和专业基础能力的塑造。通识能力

的培养主要是指素质教育实践课程，包括思想政治理论的实践教学、职业规划指导、公益活动参与，以及参与各种学术、科技和社会实践活动。这些活动旨在培养学生的综合素质，使其在思维、沟通和团队合作等方面得到锻炼。专业基础能力的培养集中在学科基础课程上，如实验课、专业实践课等。这些课程为学生提供了一个实际操作和应用理论知识的平台，使其在专业领域内得到深入训练。通过这两方面的培养，学生不仅能够掌握知识，还能够培养解决问题、自我发展和适应社会的基本能力。

2. 专业能力培养模块

专业能力培养模块着重对学生在学科专业基础上进行深化训练。在掌握基础知识和技能后，学生将遵循"实践—学习—再学习—实践"指导思想，进一步深化其专业技能。在这一过程中，学生将参与专业相关的实验、实习和毕业设计或论文，确保他们在实际环境中应用所学知识和技能。此外，参与各种专业竞赛和社会实践活动也为学生提供了展现和锻炼自己专业能力的机会。这种全方位、递进式的培养方式旨在确保学生在完成学业时不仅具备扎实的专业知识，还拥有实际操作和解决问题的综合能力。

3. 综合创新能力培养模块

综合创新能力培养模块是基本能力、专业能力培养模块的一个提升，重点发展其创新思维和职业技能。这一模块的主要任务在于确保学生在毕业前具备在职场上所需的综合能力，如创新能力、职业能力。为完成这一任务，该模块强调创新实践和社会实践的结合，例如，通过学科技能竞赛，可以锻炼学生技术和解决问题的能力；创业实践可以帮助学生理解和体验创业的全过程；暑假社会实践为学生提供了与社会接触、了解社会需求的机会。这些活动共同培育学生的综合创新能力，为他们未来的职业生涯打下坚实基础。

（二）完善实践教学的各个环节

实践教学各层次模块对应不同的实践教学课程，虽然这些课程相对独立，但它们之间存在紧密的联系，形成一个有机的整体。为确保实践教学与社会发展需求保持同步，高校必须定期审视和调整实践教学各个环节课程，确保其持续的相关性和前瞻性。只有这样，实践教学的各个环节之间才能真正实现联动，从而提高整体的教学效果。此外，应用型高校还应平衡课内和课外实践教学的重要性，优化整体教学结构，确保学生在理论与实践中都能获得全面培养。

1. 课内实践教学环节

（1）实验教学环节

应用型高校的实验课程旨在培养学生的综合运用知识能力、分析解决问题的能力和创新思维。特别是对于理工类专业，除了增加实验课程的学时，更重要的是丰富和拓展实验内容。基于传统的演示和验证实验，应加入更多探索性的实验，激发学生的好奇心和探索欲望。为了突破实验教学的时间和空间的局限性，高校可以考虑引入虚拟仿真实验，这种方法不仅可以模拟真实情境，还能增强实验的交互性和真实感。通过将真实案例整合到实验教学中，学生能更直观地理解和应用理论知识，进一步锻炼其创新和实践能力。这种教学方法不仅能提高实验的效果，还能为学生提供一个更加贴近实际、更具挑战性的学习环境。

（2）实习实训环节

应用型高校的实习实训课程旨在帮助学生将所学的专业学科知识与实际工作环境结合到一起，从而提高其专业和创新实践能力。为了克服实习实训时间有限、资金不足和形式化等一系列问题，高校需要改变传统的"封闭式"教学方式，使企业和行业专家参与实习实训课程设计的过程中，这不仅可以确保课程和教材的实践性和前沿性，还可以为学生提供更真实的工作环境体验。通过与企业和行业专家的合作，学校可以更灵活安排学生的实习实训时间，使其更加符合实际工作需求。这种教学方法不仅可以帮助学生深入了解未来的职业领域，还可以提高他们适应职场的能力，为他们未来的职业生涯打下坚实基础。

（3）课程设计环节

课程设计是学生综合运用主干专业课和所学知识的关键环节，它对于人才培养目标的视线起着至关重要的作用。为了更好地培养学生的实际应用能力，课程设计的题目应当侧重以问题为中心，并结合学生的兴趣点进行设计，这不仅能激发学生的学习兴趣，还能帮助他们更好地理解和应用所学知识。此外，专业指导教师的全程参与也是确保课程设计质量的关键。他们可以为学生提供专业的指导和建议，帮助他们更好地完成设计任务，在评价学生的课程设计成果时，不能仅仅依赖设计报告和结果，还应该综合考虑学生的知识掌握程度、实际操作能力、团队合作精神和职业素养，确保评价结果更加公正和全面。

（4）毕业设计（论文）环节

毕业设计（论文）是对学生综合能力的全面检验，它不仅考查学生的专业能力，还涉及非专业能力和其他拓展能力。为了确保毕业设计（论文）的质量，高校应根据专业的人才培养目标，推出更多样化的撰写方式，为学生提供更丰富的实际锻炼机会。例如，对于理工科学生，可以侧重采用设计、项目成果以及方案规划等形式，题目的选择应与实际生产项目紧密结合起来，确保其实用性和针对性。同时，结合校内外教师共同指导和评估，可以确保毕业设计（论文）的实践性和真实性，从而更加客观、真实地反映出学生的实际能力和水平。

2. 课外实践教学环节

课外实践教学，也称为第二课堂，已经逐渐成为高等教育中不可或缺的一部分，它为课内实践教学提供了有力的支持和扩展。这种教学方式的主要目的在于将学生从传统的课堂教学中引导到真实的生产和劳动环境中，从而通过实际锻炼来增强他们的创新思维和知识应用能力，进而提高他们的就业竞争力。课外实践教学主要包括两个部分：创新实践环节和社会实践环节。

（1）创新实践环节

创新实践环节以各种竞赛和创新创业项目为主，鼓励学生在指导教师的引导和帮助下自主完成一系列相关项目的任务，如方案设计、数据处理和分析、独立撰写相关的实验报告。这种"以赛促学"的方式不仅有助于培养学生的竞争精神和团队合作精神，还可以对学生的全面素质进行全方位检验。应用型高校在管理创新实践环节时，应充分挖掘和整合校内外资源，确保实践教学的连续性和效果。通过建立科学合理的长效机制，确保学生在实践中得到真正的锻炼，从而更好地为未来职业生涯做好准备。

（2）社会实践环节

在当前我国就业压力巨大的背景下，社会实践活动对学生的意义越发凸显。参与这些活动使学生有机会深入了解社会，同时锻炼他们的专业知识和沟通能力，为未来的职业生涯打下坚实基础。然而，尽管许多高校的社会实践已取得了初步成果，但仍面临一些挑战，如实践活动的科学性不足、缺乏创新内容，以及过于注重形式。为了解决这些问题，应用型高校应当推出更为多样化的实践教学活动。例如，学校可以引导学生关注社会热点，通过校园投票方式，选出既符合学生兴趣，又满足社会需求的实践项目。此外，高校还应加强与学生、接收单位等主体的沟通，及时掌握学生在实践中的情况，为他们提供必要的支持和帮助，确保社会实践活动的质量和效果。只有这样，社会实践才能真正成为培养学生综合能力的有效途径，帮助他们更好地适应和服务社会。

（三）改革实践教学方法和手段

教学方法和手段是推动教学内容持续优化，实现高校人才培养目标与效果达成度的关键所在。与传统的信息性、概念性的理论教学不同，实践教学更强调学生的亲身体验和实际操作。为了提升实践教学的效果，必须进行教学方法的创新。这就需要基于实践教学的实际需求来调整和完善课程设置，同时应积极引入现代信息技术和资源。将这些现代技术与传统的教学方法结合起来，可以为学生创造更加丰富、互动和真实的学习环境。这样的教学模式不仅能够更好地激发学生的学习兴趣，还能帮助他们更加深入地理解和掌握知识，从而大大提高实践教学的质量和效果。

1.科学运用现代化的教育手段

随着现代教育技术的飞速进步，传统以教师、课堂和教材为核心的教学模式已经不能再满足现代教育的需求。教师的角色正在经历一个从知识的传授者到学生学习的指导者和引路人的转变，而学生则逐渐成为教学活动的中心。为了更好地调动学生的学习积极性，教育者需要跳出传统的时间和空间框架，探索新的现代化教学手段。例如，微课、慕课和翻转课堂等，为学生提供了更为灵活的学习环境，使之可以在任何时间、任何地点通过在线平台进行视频学习、练习和讨论。在这种模式下，教师不再是单纯的讲授者，而是成为学生学习过程中的引导者。在课前阶段，教师可以通过在线平台了解学生的学习进度和存在的问题，然后根据这些信息进行有针对性的备课。在课堂上，教师可以组织各种互动活动，如小组讨论、角色扮演和现场辩论等，以此来激发学生的主动学习意识和参与热情。这种教学模式不仅能够更好地满足学生的学习需求，还能有效提高学习效果和效率，为学生未来的职业生涯打下坚实基础。

2. 探索多元化实践教学方法

在当前全面深化实践教学改革中，应用型高校面临着如何确保实践教学与职业和岗位的实际需求相匹配这一挑战。为了有效应对这一挑战，高校应当摒弃传统的单一实践教学方法，探索多样化的教学方法，这就需要在实践教学中，不仅注重教和学，还要强调做的重要性，积极践行"教、学、做"相统一的理念。为此，教育者需要根据各个专业的特点和需求，选择最合适的实践教学方法，确保学生在实践中能够真正地将所学知识与实际工作相结合，从而更好地为未来的职业生涯做好准备。

（1）情景教学法

情景教学法是一种模拟真实环境的教学方法，旨在为学生创造一个真实、互动的学习氛围。这种方法结合了信息技术和智能技术，与实验实践教学深度整合，为学生提供了一个在线操作的平台，使他们能够在模拟的真实场景中探索和学习。这不仅能帮助学生更直观地理解抽象的理论知识，还能弥补他们在理论学习和实际操作之间可能存在的差距。例如，通过虚拟仿真实验，学生可以在没有实际设备或材料的情况下进行各种实验操作，这不仅节省了资源，还能确保学生的安全。

（2）问题教学法

问题教学法是一种以问题为核心的教学方法，教师需要根据教学内容的关键和难点设计具有启发性的问题。这种方法鼓励学生主动提问，促进师生之间的互动交流。通过这种互动，学生可以将所学的理论知识与实际情境结合起来，纠正自己的误解或不清晰的观点。这种方法不仅能帮助学生更深入地理解知识，还能培养他们的批判性思维和问题解决能力，使他们更加敏锐地发现和应对问题。

（3）任务驱动教学法

任务驱动教学法基于建构主义学习理论，强调学生在真实或模拟的任务中的主动学习和实践。通过将实际的项目任务细化并分配给学生，这种方法确保学生始终处于积极的学习状态。面对具体的任务或问题，学生不仅要运用已有的知识，还要结合自己的独特经验来提出解决方案。这种教学法不仅能帮助学生加深对理论知识的理解，还能锻炼他们的实际操作能力和问题解决能力。通过真实的任务驱动，学生能够更好地将理论与实践相结合，从而更有效地提高其专业能力。

（4）理实一体化教学方法

理实一体化教学法是一种将理论与实践紧密结合的教学方法，旨在消除传统的理论课与实验课之间的界限。在这种教学中，学生在实验室或实训车间中同时进行理论学习和实践操作，这种交替进行的学习方式确保学生在掌握理论知识的同时，能够立即将其应用于实际操作中。通过师生之间的实时互动和"边学边做"的方式，学生的学习兴趣和积极性能得到极大激发。这种教学方法不仅能加深学生对专业知识的理解，还能有效提高他们的实际操作能力和专业技能，为他们未来的职业生涯打下坚实基础。

第三节　实践教学管理体系的健全

一、实践教学管理的内涵与特征

（一）实践教学管理的内涵

实践教学管理是教育领域中的一个重要概念，不同的学者对其有着不同的理解和定义。有学者认为实践教学管理是一种特殊的管理形式，其核心是将理论知识通过适当的课程形式转化为实际行动，确保教学过程的顺利进行。[①] 这种观点强调了实践教学管理的功能性和实用性，即如何将抽象的理论知识

---

① 林溪.高校实践教学管理模式改革及创新分析 [J].科技风，2022（22）：94-96.

转化为具体的实践操作。也有学者从教学目标的实现角度来看待实践教学管理，认为实践教学管理是一种以学生为中心的管理过程，在这个过程中，教育者不仅要培养学生的理论知识，还要引导他们在实际生活中应用这些知识，从而达到教学目标。[①] 这种观点更加强调学生的主体性和实践教学的重要性。还有学者认为，实践教学管理是对各个实践教学环节的综合管理，包括对学生的实习、实验、毕业设计等各个环节的管理和指导，旨在培养学生的实践能力和动手能力。[②] 这种观点更加具体，强调实践教学管理的系统性和全面性。这些观点既为定义和理解实践教学管理提供了有力参考，也为教育实践提供了有益指导。

对于实践教学管理的定义，从宏观角度来看，实践教学管理属于一种管理活动，是指教育管理者在实践教学组织中，高效地利用各种教育资源，包括人力、财务、物资和信息等，来达到预定的实践教学目标。这不仅需要对实践教学的组织有深入的了解，还需要对各种实践教学资源有充分的掌握，并且能够根据实际情况制定出合适的实践教学目标。具体来说，实践教学管理更多的是关于如何在学校这个组织内，对人才培养、专业建设、实践资源配置、师资队伍建设和教学质量等关键领域进行综合分析和管理。这要求学校组织者不仅有清晰的教育目标，还能够根据实践教学的规律和原则，运用现代化的管理技术和方法，如计划、组织、协调和控制等，来确保实践教学的顺利进行。除此之外，实践教学管理还涉及如何明确实践教学的目标，如何建立有效的组织结构，如何协调人与人、人与组织之间的关系，以及如何建立和完善组织的评估和监控系统。这些都是为了确保实践教学管理能够达到最佳效果，从而提高教育的整体效益。

（二）实践教学管理的特征

对于应用型高校实践教学而言，有效的管理是确保其顺利进行和取得预期效果的关键。实践教学管理主要具有以下几大特征，如图 4-7 所示。

[①] 赵宇艳.高校实践教学管理的优化途径探讨[J].冶金管理，2021（5）：174-175.

[②] 胡小春.高等职业教育实践教学管理与研究[J].湖北开放职业学院学报,2020,33（21）：33-34.

图 4-7　实践教学管理的特征

1. 人本性

实践教学管理的核心特征是人本性，这一特征强调人在教学管理中的中心地位，将人视为管理资源的核心和精髓。"以人为本"不仅是教学管理的基本原则，而且是现代管理的核心动力，它要求管理者充分调动人的积极性，以实现教学管理的目标。在繁杂的管理活动中，明确任务、要求和标准是关键，但更为重要的是如何调动学生和教师这两大主体的积极性，使他们朝着正确的目标和方向努力。因此，真正有效的实践教学管理不仅是制定规则和流程，更关键的是如何做好与人相关的工作，确保每个人都能在教学过程中发挥出最大潜能。这种以人为核心的管理理念不仅符合科学发展观的要求，还是确保实践教学管理高效运行的关键。

2. 系统性

实践教学管理不是孤立或零散的，而是一个开放和动态的有机体系。它包括多个因素、层次和环节，每个部分都有其特定的内涵和指标体系。这种系统性为实践教学提供了一个全面和有序的管理框架，确保了教学活动的有序进行。管理者在这样的系统中需要具备全局观念，不仅要关注每一个局部，还要确保整体的协调和高效运行。当面对问题时，管理者需要正确定位当前系统与更大系统之间的关系，确保实践教学管理系统的合理运行。这种系统性思维确保了实践教学管理既具有细致入微的操作性，又不失宏观的全局观念，从而使得实践教学更加高效和有序。

3.效益性

管理的主要目的在于通过科学的策略和方法来最大化效益。因此，实践教学管理具有效益性的特征，这一特征能确保高校培养出符合社会需求的应用型人才。通过加强实践教学的管理和协调，可以更好地突出其在教育体系中的重要地位，从而解决高等教育发展中的关键问题。这不仅有助于大学生获得更强的生存和适应能力，而且也为地方经济发展提供了实际效益。

4.动态性

实践教学管理的策略、方法和手段不是固定不变的，而是需要随着外部和内部环境的变化而进行调整。管理者必须具备前瞻性的思维，能够及时捕捉变化的趋势，并做出相应的策略调整。这要求管理者不仅要维持现有的管理平衡，还要勇于创新，打破旧有的模式，建立新的管理机制，确保实践教学管理始终处于最佳状态，从而达到既定的教学目标。

实践教学与实践教学管理是应用型高校教学与管理的重要组成部分，两者在地方高校向应用型方向的转型发展中起到了至关重要的作用。尽管二者在内涵上有所不同，但它们之间存在着紧密的联系。实践教学主要关注教与学的过程，强调通过教导来促进学生的学习，其中学是核心，教是辅助。而实践教学管理则更侧重于管与理，它强调对实践教学的规范和优化，其中理是前提，管是手段。但是，两者并不是孤立存在的，而是密不可分的。实践教学为学生提供了一个将知识和技能从理论到实践再到理论的快速通道，它是知识融合和有效应用的桥梁。而如果缺乏有效的实践教学管理，实践教学的目标将难以实现。反之，实践教学管理也不能脱离实践教学而独立存在，它需要依托实践教学来加强其管理功能。实践教学管理的主要目的在于为实践教学创造一个有利环境。通过管理，确保实践教学的流程和内容达到预期效果。而实践教学则为管理提供了内容和方向，使得管理更加有目的性和针对性。

二、应用型高校实践教学管理的现实意义

实践教学管理在地方性高校的转型发展中扮演着关键角色，不仅可以助力高校突破传统的办学思维和教学模式，更为高等教育改革指明了方向。通过实践教学管理，高校能够更加精准地满足社会的人才需求，从而提高教育的质量和竞争力。简而言之，实践教学管理是地方性高校提升自身教育水平，培养更多高素质应用型人才的有效途径。

（一）实践教学管理是应用型高校转型发展摆脱困境的现实路径

对于那些办学历史较短、起始点较低、社会影响力有限的地方高校，选择应用型道路并进行转型发展已成为其发展的必然选择。这种转型不仅是提高地方高校应用型人才培养质量的关键，更是其在全国众多本科高校中获得一席之地的重要手段。为了实现这一目标，高校必须重视人才培养，而人才培养的核心则是教学质量的提高。实践教学管理作为提高教学质量的有效手段，能够帮助高校真正提升其教学和服务能力。在当前高等教育竞争日益激烈的环境下，加强实践教学管理，注重实践育人，促进应用型人才的培养，调整高等教育结构已经成为应用型高校走向成功，突破自身限制的关键途径。简而言之，实践教学管理不仅是提高教学质量的手段，更是应用型高校转型发展的现实路径。

（二）实践教学管理是推动国家改革人才培养的中坚力量

《关于引导部分地方普通本科高校向应用型转变的指导意见》提出："确立应用型的类型定位和培养应用型技术技能型人才的职责使命。"《关于进一步深化本科教学改革全面提高教学质量的若干意见》指出："高度重视实践环节，提高学生实践能力。"《国家中长期教育改革与发展规划纲要（2010—2020）》明确指出："支持学生参与科学研究，强化实践教学环节。"这些教育改革的关键文件不仅代表了国家对教育管理体制改革的深化方向，也明确了加强实践教学管理在国家人才培养改革中的核心地位。实践教学管理不仅是响应国家政策和满足地方高校自身发展需求的关键，更是在整个国家人才培养体系中起到连接、推动和实施的中坚力量，为我国的教育改革和人才培养提供了坚实支撑。

（三）实践教学管理是帮助高等教育实现服务地方的主要手段

虽然高等教育旨在培养各种类型的人才，包括学术型、研究型和技术型，但"学术型、研究型"人才往往是高等教育精英化的体现。而当前高等教育不仅要致力于提高国家的国际竞争力和综合实力，还要着眼提升全民族的整体素质。仅仅依靠精英化教育难以实现这一目标。为了更好地服务地方经济发展，需要培养那些能够适应地方需求、愿意为地方付出、有实际操作能力和坚韧不拔精神的人才。这就需要高等教育向更广泛的群体开放，而地方应用型高校正是这一趋势的先锋。实践教学管理作为推动教育大众化的关键手段，能够确保高等教育真正为地方服务，为地方经济发展培养出真正有用的人才。因此，重视并加强实践教学管理不仅是地方应用型本科高校的需要，更是高等教育服务地方、为国家培养更多高质量人才的关键。

三、应用型高校实践教学管理体系的构建原则

为了确保应用型高校实践教学的质量和效果，建立一个科学、系统且高效的管理体系至关重要。而这一体系的构建需要遵循以下几点原则，如图4-8所示。

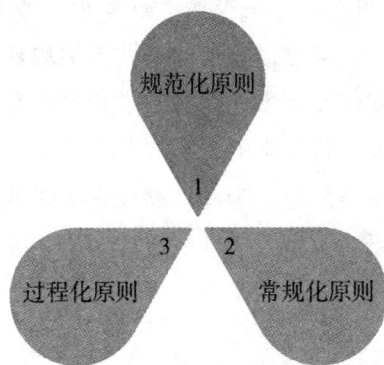

图4-8　应用型高校实践教学管理体系的构建原则

（一）规范化原则

规范化原则强调为实践教学提供一个明确、统一且具有操作性的管理框

架，确保实践教学的流程和内容都能够达到预期的标准和效果。在高等教育领域，尤其在实践教学中，没有明确的标准和规范往往会导致教学目标的偏离，影响学生的学习效果和教育质量。明确的标准和规范可以为教师和学生提供一个清晰的教学方向和目标。在实践教学中，教师和学生都需要知道自己应该做什么、如何做以及为什么这样做。只有当他们对这些问题有了明确的答案，才能确保实践教学的流程和内容都能够按照预定的方向进行，避免出现偏离教学目标的情况。统一的标准和规范可以确保实践教学的质量和效果。在实践教学中，不同的教师和学生可能有不同的教学方法和理解，如果没有统一的标准和规范，很容易出现教学内容和方法的混乱，影响学生的学习效果。而统一的标准和规范可以为教师和学生提供一个共同的参考，确保他们在实践教学中都能够达到预期的标准和效果。

（二）常规化原则

常规化原则确保了实践教学的持续性、稳定性、有序性、规范性、适应性和实效性，为学生提供了一个有序、高效的实践教学环境，能为社会培养出高质量的应用型人才。首先，常规化原则强调实践教学管理的持续性。这就意味着应用型高校在实践教学管理中，不仅要确保每一次实践教学的顺利进行，还要确保实践教学在长期内的稳定发展。这要求高校在实践教学管理中，既注重短期的实践教学效果，又考虑长期的实践教学规划，确保实践教学的持续性和稳定性。其次，常规化原则强调实践教学管理的有序性。即应用型高校在实践教学管理中，要确保实践教学的各个环节都能够按照既定的顺序和步骤进行，避免出现混乱和失序的情况。为此，高校在实践教学管理中，既要注重实践教学的整体规划，又要注重实践教学的具体实施，确保实践教学的有序性。

（三）过程化原则

过程化原则强调实践教学管理不仅是一个结果的产出，更是一个连续、动态的过程。它关注的是从实践教学的开始到结束的整个流程，确保每一个环节都能够得到有效的管理和指导，从而达到最终的教学目标。一方面，实践教学管理要注重每一个环节的连续性和协同性。这要求管理者不仅关注实践教学的每一个具体环节，如实验、实习、课程设计等，还要确保这些环节之间的衔接和协同，确保实践教学的整体性和连续性。这样，学生在实践教学中不仅能够获得具体的知识和技能，还能够体验一个完整的学习过程，从而更好地理解和掌握所学的内容。另一方面，过程化原则强调实践教学管理的动态性。这意味着管理者在实践教学管理中，要根据实践教学的实际情况和学生的实际需求，不断调整和优化管理策略和方法，确保实践教学的高效性和针对性。这要求管理者有敏锐的观察力和判断力，能够及时发现实践教学中的问题和不足，及时进行调整和改进，确保实践教学的顺利进行。

四、应用型高校实践教学管理体系的健全策略

在整个应用型高校实践教学体系中，实践教学管理体系是非常关键的一个环节。面对新的社会环境和挑战，这一管理体系必须进行创新和调整，以适应时代的变迁。对于应用型高校而言，结合其独特的办学特色和实践教学的需求，构建一个适应性强、便于操作的实践教学管理体系至关重要。只有这样，才能确保实践教学的质量和效果，满足应用型人才培养的目标，为高校的可持续发展提供坚实支撑。要达到此目标，可以从以下几个方面来加强建设：

（一）树立应用型的发展理念

应用型高校要树立应用型的发展理念，做好科学的定位，采取多元化的发展策略，以更好地满足社会需求，为长远的发展奠定坚实基础。具体可以从以下两方面入手：

一是改革学科专业结构与布局，以"接地气"的专业设置迎合地方经济发展。高校不仅要对现有的学科和专业进行全面的梳理和评估，还要根据地方经济的发展趋势和产业结构的变化，积极探索和开设一些与地方经济紧密相连的"接地气"的新专业。这样的专业设置不仅能够更好地满足地方经济的人才需求，还能为学校自身的长远发展提供有力支撑。为了确保学科和专业的调整能够真正契合地方经济的需求，高校需要采取一种更加开放和合作的态度，与地方政府、产业界和企事业单位建立紧密的合作关系。通过广泛的调研和深入的交流，高校可以更加准确地了解到地方经济的实际需求和发展趋势，从而在学科和专业的设置上做出更加科学和合理的决策。同时，高校还需要在学科和专业的建设中，不断调整和优化培养目标和培养模式，确保学科和专业的建设

能够真正地服务地方经济的发展。这不仅要求高校在学科和专业的设置上有所创新，还要求高校在教育教学的过程中，能够真正地培养出既有理论知识，又有实践能力，并且能够适应地方经济发展需求的复合型人才。这样，高校不仅能够为地方经济的发展提供有力的人才支撑，还能为自身的长远发展创造更加有利的条件。

二是主动出击，加强改革，以"应用型"品牌特色强校。地方性的办学定位是应用型高校的重要优势。这意味着高校不仅要为地方经济发展培养和输送所需的人才，更要成为地方经济发展的智慧后盾，为地方政府提供决策建议和策略支持。在这个过程中，政府的统筹和政策引导起到至关重要的作用。高校可以通过与政府的深度合作，利用特色专业如省级服务产业中的特色专业和省级创新创业教育改革试点专业来进一步提升学校的品牌影响力。同时，高校还需要充分发挥自身的主观能动性，为地方的行业和产业提供有针对性的服务。这不仅可以帮助高校更好地了解地方经济的实际需求，还可以为高校自身的发展创造更多机会。基于对地方经济社会发展的深入了解，高校可以着手打造一系列与地方经济紧密相连的优势特色专业群。这些专业群不仅可以为高校带来显著的经济效益，还可以帮助高校在全省的高校中树立起鲜明的品牌形象。

（二）完善实践教学计划管理

实践教学计划的顺利实施对于整个实践教学管理体系的高效运作至关重要。过去，高校在制订教学计划时往往过于偏重理论教学，而对实践教学的计划相对忽视。然而，随着国家教育教学改革的深入推进，实践教学的地位逐渐被提升，国家对其重视程度也日益加深。在这样的背景下，高校应当及时调整教学策略，更加重视实践教学的计划和管理。为了更好地适应这一发展趋势，高校应当根据应用型人才培养的目标，明确实践教学的方向和重点，确保其与专业特色紧密结合，帮助学生更好地将理论知识与实际操作相结合，从而提高教学质量，培养出更加适应社会需求的应用型人才。

1.建立健全实践教学管理规章制度

应用型高校要想实现教学质量的全面提升，必须注重完善其规章制度。随着高等教育的持续发展和变革，实践教学质量管理中各种各样的问题也逐渐浮现。为了应对这些问题，学校需要不断修订和完善实践教学的管理规章制度，主要包括教学过程管理、教学监督与评价、实践教学各个环节课程管理等，力争逐步建立起一个规范化、流程化的实践教学管理制度体系。这样的体系不仅可以确保实践教学的各个环节都有明确的指导和依据，还能确保教学工作的连贯性和效率，从而真正达到提高教学质量的目标。

2. 加强校企合作管理制度建设

为了更好地推进实践教学体系，应用型高校必须充分利用校企合作这一有效手段。因此，应用型高校需要加强校企合作管理制度的建设。首先，学校需要明确制定校企合作的细则，确保双方在合作过程中有明确的指导和依据，为师生创造一个更加完善的实践教学服务平台。其次，学校应积极邀请企业中的技术专家和行业领袖参与实践教学相关制度的制定工作中，确保教学内容与实际产业需求更加贴近，为学生提供更加实用的知识和技能。同时，为了更好地了解学生的实习动态和需求，学校还应加强与企业的沟通和交流，可以通过组织座谈会、发放问卷调查等方式，及时掌握学生在实习过程中的情况，为他们提供更好的支持和帮助。

（三）加强实践教学过程管理

应用型高校的实践教学管理是一个将抽象管理理论与具体管理实践有机结合的过程，它不仅是对理论的学习，更多的是对实践的应用。与理论教学相比，实践教学的管理更为复杂，因为它涉及各种实际操作和应用，每个阶段的管理重点都有所不同。因此，对于应用型高校来说，要想提高实践教学的效果，首先需要明确各个环节的责任和权利，确保每个环节都能得到有效管理。同时，还需要加强制度的落实，确保每一项管理措施都能真正地执行到位。只有这样，应用型高校的实践教学才能真正发挥其应有的效果，为学生提供更加完善和高效的教学体验。

1. 完善校院两级教学管理

在高等教育体系中，实践教学管理是由学校和学院两个主体共同承担的。学校层面主要负责实践教学的整体规划、资源配置以及对教学过程的监督和改进，旨在提升教师的教学能力和水平。而学院层面则更加关注实践教学的具体实施、安排和质量控制，确保教学活动的规范性和有效性。在现实中，容易出现高校在实践教学管理上职责不明确和管理流程混乱等问题，不仅会影响实践教学的效果，也会给教师和学生带来困扰。为了解决这些问题，高校应该明确实践教学管理的责任部门和其职责范围，确保每一环节都有明确的管理者和管理流程。只有这样，实践教学管理才能真正发挥作用，为学生提供高质量的教学体验。

（1）学校层面权责

随着实践教学内容的不断丰富与扩展，管理责任和职能在多个部门之间分散，如教务处主导的项目经常需要其他部门的协同参与。这种"多头管理"模式可能引发职责不明确、管理重叠和工作推诿等问题。为了解决这一问题，高校应制定明确的管理制度，对于涉及多部门协同的实践教学项目，应明确各部门的主要职责和协调职能。这样不仅可以确保每个部门都明确自己的角色和职责，还可以避免因为管理不当导致的工作延误和推诿。通过制度化的管理，可以确保实践教学项目的有序推进，提高教学效果和管理效率。

（2）学院层面权责

在实践教学管理中，学院扮演着至关重要的角色，作为决策的执行者，它不仅要确保实践教学课程的顺利进行，还要组织学生参与各种竞赛活动。为了确保实践教学的有序进行，学院需要根据其独特的专业特点，精心制定并执行实践教学的具体实施规则，在确保教学质量的同时，为学生提供更加丰富和具有针对性的实践机会。此外，学院还需要与学校的教学管理部门保持紧密的沟通，及时分享实践教学的进展和质量反馈，从而确保整个实践教学管理体系的高效和顺畅运行。这种双向的沟通和合作不仅有助于提高实践教学的质量，还能确保教学管理的持续优化和改进。

2. 强化实践教学管理制度落实

实践教学管理制度覆的盖内容十分广泛，涵盖了从教学管理相关制度到各专业的实践教学计划，再到课程标准和各种各样的实验、实习报告等多方面内容。但由于实践教学的工作内容繁重，学院在制度执行上往往面临挑战。为了确保实践教学管理制度在应用型高校中得到有效的执行和落实，可以从以下几方面入手：

（1）加大制度宣传教育力度

学院是组织实践教学活动的主体，处于人才培养和实践教学管理的一线地位。一项新制度出台后，学院难免会对其感到茫然，不知如何开始实施。针对这种情况，学校的教学管理部门必须采取积极措施，强化对新制度的普及和解读，通过多样化的途径做好实践教学管理制度的宣传工作，如教学例会、校园网络、教学简报，系统地向学院传达新制度的核心内容和执行要点。更为关键的是，教学管理部门应该为学院提供具体的操作指南，明确制度的适用范围、目标受众等关键信息。这种双向沟通和交流不仅有助于学院更好地理解和执行新制度，还能为整个实践教学管理制度的顺利实施提供坚实基础。

（2）利用典型推动制度有效运作

制度执行中出现偏差往往源于制定部门与执行部门之间的沟通不畅。在同一所学校甚至同一个学院内，由于不同教研室对制度的理解和执行方式的差异，可能导致制度实施的结果大相径庭。为了统一和规范实践教学管理的执行，学校的教学管理部门必须深入实际，亲自了解和跟踪制度在各个层面的执行情况。在这一过程中，无论发现的典型执行案例是正面的还是反面的，都应被重视并作为示范，以指导和纠正其他部门的实践。通过这种方式，不仅可以确保制度得到正确和高效的执行，还可以促进学院内部各个部门之间的沟通和协作，从而推动实践教学管理向更加规范化的方向发展。

（四）推进实践教学信息化建设

在应用型高校中，实践教学管理涉及的内容繁多且复杂。为了确保实践教学的高效和高质量进行，必须采用先进的信息化管理工具，构建一体化的实践课程服务平台，实现对实践教学全流程的实时跟踪和管理。通过科技手段，可以更系统、更精确地对实践教学进行规划、执行和评估，确保教学活动的质量和效率得到最大化提升。

1. 加大信息化宣传和培训力度

为确保实践教学管理的效率和质量，应用型高校必须加强信息化的宣传和培训。教务处负责实践教学人员和学院实践教学管理人员是这一过程的重要主体，他们不仅需要掌握教学管理的基本知识，还要熟练运用信息技术来优化工作流程。因此，高校应强调信息技术在教学管理中的重要地位，鼓励管理人员深入探索技术与管理融合的可能性。通过定期组织信息化交流、研讨和培训活动，帮助管理人员及时更新知识、拓展视野，并转变传统的管理观念。这样，他们不仅能更好地理解和应用信息化工具，还能更高效地完成实践教学管理任务，确保教学活动的质量和效益。

2.搭建实践教学综合管理平台

在高等教育迅速发展的今天，应用型高校面临着实践教学管理的巨大挑战，这些挑战涉及实验开放、实验训练、实习、毕业设计和各种竞赛等多个方面。为了更好地应对这些挑战，高校应建立一个完善的实践教学综合管理平台。这个平台应该包括一体化或个性化的实践课程项目模块，从计划的制订到任务的下达，再到过程的监控和成绩的管理，每一个环节都应该形成一个完整、流程化的管理模式。这不仅可以确保实践教学的连贯性和高效性，还可以实现相关数据的电子化和无纸化存储，大大提高管理效率。更重要的是，这种管理模式可以实现学校、学院、教师和学生之间实践教学信息资源的共享。在传统的管理模式下，各个部门和个体往往形成"信息孤岛"，导致资源的浪费和管理的低效。而在这个综合管理平台下，所有信息都可以被共享和利用，从而避免了这种情况的发生。

第四节　实践教学评价体系的强化

一、实践教学评价体系的理论基础

（一）实践教学评价的概念和特点

实践教学评价是一种对实践教学活动进行系统分析的方法，旨在客观地评估实践教学的质量和效果。实践教学评价主要有以下特点。

第一，多维度性。实践教学评价不仅涉及教学设计和组织、教学方法和手段，还包括学生的表现和成果。这种评价方法不仅关注学生的知识掌握，还重视学生在实际操作、解决问题和创新等多个维度的表现。这种全面性确保了评价结果能够全方位地反映实践教学活动的效果。第二，客观性。在实践教学评价中，客观性强调基于客观数据和信息对实践教学活动进行分析，避免主观偏见或片面的评价。评价指标应具备可量化和可观察的特点，确保评价结果具有可验证性和可论证性。评价方法和工具多种多样，如观察、问卷调查、实地考察等，能够帮助教师获取全面和多角度的信息。

实践教学评价的重要性在于其能够为教师提供反馈，帮助教师了解教学方法的有效性，以及学生在实践环境中的表现，从而教师可以改进教学计划和方法、提高教学质量和效果。同时，实践教学评价为学生提供了反思和自我评估的机会，使学生能够更清楚地认识到自己在实践技能和知识掌握方面的进步和不足。

（二）实践教学评价的发展历程

应用型高校实践教学评价需要经过以下几个阶段，如图 4-9 所示。

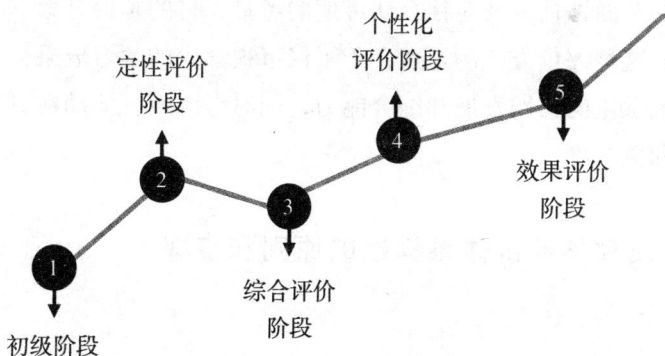

个性化
评价阶段

定性评价
阶段

⑤

④

②

③

效果评价
阶段

①

综合评价
阶段

初级阶段

图 4-9 应用型高校实践教学评价的发展历程

实践教学评价的初级阶段主要侧重于对学生基本知识的掌握程度进行评估。这种评价方式较为单一，主要依赖于书面考试和理论测试，因此往往忽略了学生的综合能力和实际操作能力。这种局限性教师导致无法全面评估学生在实际操作中的表现。因此，初级阶段的评价需要引入更多实践性评价手段，如小组讨论、实验报告等，以促进学生综合素质的培养。

为了克服传统评价方法的不足，定性评价阶段出现。在这一阶段，评价方法从定量转向定性，更加注重通过观察、访谈和案例分析等方式对学生的实际操作能力和综合素质进行评估。定性评价强调学生的实践能力和创新能力，但同时存在着主观性较强和难以量化的问题，这两方面的问题限制了其应用范围。

综合评价阶段的重点在于尝试将定性评价和定量评价相结合，构建一个更全面的评价体系。综合评价阶段考虑学生的知识、能力、态度等多个方面，采用多种评价方法和工具，如学习档案、综合测评等，旨在提供更全面、客观和准确的评价结果。

随着教育个性化的发展需求进一步扩大，实践教学评价开始关注学生的个体差异和个性特点。在个性化评价阶段，评价方法和指标更加多样化，充分考虑到每个学生的兴趣、动机、发展需求，以实现个性化评价和教育的目标。这种评价方式有助于激发学生的学习兴趣和潜能，促进学生全面发展。

效果评价阶段：这一阶段的评价不仅衡量学生在知识和技能方面的成就，还重视教学过程对学生的综合影响和实际教学成果。评价的方法和指标扩展到对教学质量的全面评估以及对社会认可度的考量，目的是提升教学改革的具体性和实效性。这种评价方式的重点在于不仅审视学生的学习成果，还关注教学活动如何影响学生的长期发展和综合能力，同时考虑教育活动在更广泛社会环境中的效果和接受度。

二、实践教学评价体系构建的原则和步骤

（一）实践教学评价体系构建的原则

为保证应用型高校实践教学评价体系的科学性，在构建这一体系的过程中需要遵循以下几大原则，如图4-10所示。

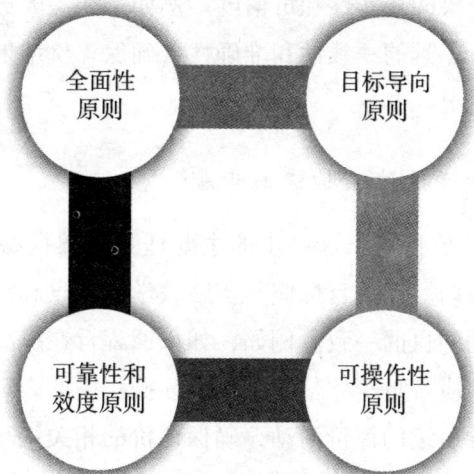

图 4-10　应用型高校实践教学评价体系构建的原则

第一，全面性原则。实践教学评价的全面性原则要求评价指标和方法能够覆盖实践教学的各个方面，包括教学设计与组织、教学方法与手段、学生的表现与成果等，从而确保评价结果能够全方位地反映实践教学的质量和效果。例如，除了考量学生的理论知识掌握，实践教学评价还应评估学生的实际操作技能、团队协作能力、创新能力等。全面性原则强调评价不应局限于单一维度，而应综合考量多种因素。

第二，目标导向原则。目标导向原则强调实践教学评价体系应有明确具体的评价目标和标准，而且目标和标准应与课程目标和教学要求相一致，以确保评价的有效性和针对性。评价活动应围绕教学目标展开，确保评价内容与教学内容高度相关，同时指导学生朝着既定的学习目标努力。

第三，可操作性原则。这一原则强调实践教学评价的指标和方法应能被教师和学生理解、接受，并且能够在实际教学中轻松操作和应用。可操作性原则要求评价过程简单、清晰、易于实施，评价指标明确、具体，评价方法简便、易于理解，从而使所有参与者都能够有效参与评价过程。

第四，可靠性和效度原则。这一原则强调实践教学评价的指标和方法应具备良好的可靠性和效度。可靠性是指评价结果的稳定性和一致性，效度是指评价结果的准确性和相关性。这意味着评价指标和方法需要经过科学的验证和论证，以确保评价结果的真实性和可信度。例如，相关人员可通过试点测试和反复实施来检验评价工具的一致性和准确性，确保评价结果可靠且能有效地反映教学活动的实际情况。

（二）实践教学评价体系构建的步骤

第一步，确定评价目标。这一步的主要任务是根据课程目标和教学要求确定评价的重点和方向。评价目标应与实践教学的特点和需求紧密相连，确保评价活动与教学活动的目的一致。例如，如果课程旨在提高学生的实际操作能力，那么评价目标就应着重于评估学生在实际操作中的表现和技能水平。明确评价目标有助于指导后续的评价活动，确保评价的相关性和有效性。

第二步，选择评价指标。评价指标的选择应基于相关理论、模型和前期研究成果，同时需要考虑实践教学的具体情况。评价指标应具有科学性和客观性，能够准确反映学生在实践任务中的表现水平。例如，评价指标可以包括学生的知识掌握程度、技能应用能力、团队合作能力和创新思维等。这些指标应当具备可测量性和可观察性，确保评价结果的准确性和可靠性。

第三步，设计评价方法和工具。这一步骤是指根据评价目标和指标，设计评价方法和工具，评价方法和工具应能够全面、准确地收集评价所需的信息，从而为评价结果的分析和解释提供坚实的数据基础。评价方法可以多样化，包括观察、问卷调查、实地考察、作品展示等。评价工具包括评分表、评价表、自我评估表等，应能有效地收集和记录学生的信息和数据。例如，观察法可以用于评估学生的实际操作过程，问卷调查法可以收集学生对实践教学的反馈和感受。

第四步，收集评价数据。这一步骤主要是根据所选的评价方法和工具来获取学生的表现数据。数据来源多样，包括观察记录、实验报告、作品展示等。对学生表现进行准确和全面的记录是非常重要的，在收集数据时，教师应确保评价过程的客观性和公正性，避免偏见和误解，并且应使用合适的数据收集工具，如调查问卷、观察表、评分表等。这些收集到的数据能够为后续的分析提供重要依据，有助于教师全面评估学生的能力和素养。

第五步，分析评价数据。在这一步骤中，教师可采用统计分析、比较分析、质性分析等多种方法来处理和解读收集到的数据。这个分析过程应该科学严谨，教师应根据评价目标和指标来解读数据，以确保得出的结论是准确和可靠的。通过对数据的深入分析，教师可以获得关于教学效果、学生学习进展以及教学方法有效性的重要见解。

第六步，反馈评价结果。及时的反馈不仅能够帮助教师和学生理解自身在实践教学中的表现，还能为他们提供改进建议和指导。在反馈过程中，沟通和交流至关重要，清晰和准确传递的信息能够帮助教师和学生从评价结果中发现问题，并制定改进措施。有效的反馈应当是具体的、建设性的，旨在激励学生进步并指导教师优化教学策略。

三、实践教学评价体系在应用型高校中应用的重点

（一）实践教学评价体系在课程改革中应用的重点

实践教学评价体系在课程改革中的应用不仅能帮助教师评估学生的学习成果，还能指导教师持续改进课程。有效应用实践教学评价体系的重点在于以下几个方面。

首先，明确课程目标和期望达成的能力要求。这一步骤要求评价活动与课程目标紧密对齐，为评价提供清晰的指导和依据。例如，如果课程目标是提升学生团队协作和解决问题的能力，评价体系就应专注于这些领域。其次，选择与课程目标和特点相匹配的实践教学评价方法。这些方法可以是多样化的，如实验报告、项目展示、实际操作演练、团队合作等，旨在全面评估学生在实际操作中的表现和能力发展。多元化的评价方法有助于教师全面分析学生的实践能力和综合素质，并结合分析结果对课程进行改进。再次，制定明确、具体的评价标准和指标。这些标准和指标应与课程目标一致，并能客观地反映学生在实践过程中的能力和素养发展。例如，评价标准可以包括学生的操作技能、创新思维、团队协作能力等。最后，基于评价结果为学生提供具体的反馈和指导。这一步骤不仅能帮助学生认识到自身的优势和不足，还能引导学生进一步提升实践能力。通过这样的评价反馈，学生能够更清晰地了解自己的学习进展，从而实践教学评价体系能够激励学生在未来的学习中不断进步。

（二）实践教学评价体系在教师培训中应用的重点

实践教学评价体系在教师培训中的应用对于提高教师的教学质量和能力具有重要意义，能够帮助教师更深入地理解和掌握实践教学的核心理念和方法，从而增强教师对实践教学的认同感和信心。实践教学评价体系在教师培训中应用的重点在于以下几个方面。

首先，在教师培训中，理论与实践的结合尤为重要。通过理论培训，教师可以掌握实践教学评价的相关理念、原则和方法；通过实际操作，教师能够亲自体验评价过程，熟悉并掌握各类评价工具和指标的使用。其次，培训中的持续反馈和跟进支持对教师的成长至关重要。通过评价和反馈，教师可以明确自己在实践教学评价方面的优势和不足，从而在培训过程中进行必要的改进、获得更多支持。最后，实践教学评价体系还能激发教师的学习动力和主动性，通过参与实践活动和接受评价，教师能够不断提高自己的实践能力。这种参与和反馈的过程能够增强教师对自身学习和成长的需求感，从而为教师的职业发展开辟了新的道路。

（三）实践教学评价体系在学生评价中应用的重点

实践教学评价体系在学生评价中的应用为教师提供了一个全面、多维度的评价框架，有助于教师更有效地指导学生的实践学习，促进学生能力全面发展；能够帮助学生更好地评估自己的表现，从而学生能够更加积极地进行各方面的学习和实践。实践教学评价体系在学生评价中应用的重点在于以下几个方面。

首先，实践教学评价体系可以通过多种评价方法来收集学生的表现数据，如实际操作考核、实验报告、项目成果展示等，不仅使教师能够全面掌握学生在实践中的表现和能力发展，还让学生有机会真实地进行实践操作，展示学生的实际应用能力。其次，实践教学评价体系特别强调多元化的评价方式，包括传统的笔试和实验报告，以及案例分析、项目展示、口头答辩等。这种多元化的评价方式有利于教师更全面地评估学生的综合能力，不仅仅评估学生对书本知识的掌握，更重视评估学生的实际应用能力和解决问题的能力。最后，实践教学评价体系还注重学生参与度的评价，这意味着学生需要积极参与课程设计、实践任务的制定和实施过程，从而他们的实践能力和创新思维都能提升。

通过这种参与式的评价方法，学生不仅能够获得关于自己实践能力的具体反馈，还能够明确自己在实践中的优势和不足，从而有针对性地提升自己的实践技能。

四、实践教学评价体系的效果评估与改进

（一）评估实践教学评价体系效果的方法

第一，学生成绩评估。通过分析学生在实践教学环节中完成的任务和获得的成绩，教师可以衡量学生的表现和知识掌握程度。例如，教师可以评估学生在实验操作、项目实施和案例分析中的成果，从而了解学生对实践知识和技能的掌握情况。此外，通过比较不同学生或不同批次学生的成绩变化，教师可以有效评估实践教学评价体系对学生学习成果的影响，从而调整和优化教学方法和评价标准。第二，学生反馈调查。通过问卷调查或面谈的方式，教师可以收集学生对实践教学评价体系的看法和建议。这种反馈可以涵盖学生对评价标准的认可度、评价过程的公平性、评价结果的适用性等方面。学生的反馈有助于教师了解学生对实践教学评价体系的接受程度，以及实践教学评价体系对学生学习态度和学习效果的影响，进而进行必要的调整和改进。

（二）实践教学评价体系的改进策略

首先，完善评价指标。针对实践教学的特点和目标，需要制定更具体、可操作性的评价指标。这些指标应专注于评估学生的实际应用能力、解决问题的能力以及创新能力。为了确保评价指标与实践教学目标的紧密对应，教育者需要综合考虑课程内容、学生的学习需求和市场的实际需求。这样的评价指标不仅能够更好地反映学生的实际表现，还能够引导学生向着关键技能的发展努力。

其次，多元化评价方式。除了传统的笔试和书面报告，教师还应该引入更多形式的评价方式，如案例分析、项目展示、口头答辩等。这样的多元化的评价方式能够从不同角度和层面评估学生的综合能力，同时激发学生主动参与和深度思考的积极性。案例分析强调了应用理论知识解决实际问题的能力。通过分析具体案例，学生不仅能够加深对理论知识的理解，还能够锻炼批判性思

维和问题解决能力。项目展示要求学生将所学知识应用到具体项目中，并将结果呈现给他人。这不仅考验了学生的实际操作能力，还考验了他们将复杂信息以清晰、有逻辑的方式呈现出来的能力。口头答辩要求学生在公开场合阐述自己的观点和理解，这是一种较好的练习沟通技巧和增强自信的方式。

最后，加强教师培训。教师作为评价实施的主体，需要充分了解实践教学评价体系的理念和方法，并熟练掌握各类评价工具和技巧。因此，相关部门和学校提供有针对性的教师培训至关重要。培训内容应包括评价理念的普及、评价工具的使用、评价方法的实践操作等。同时，建立教师间的交流平台，促进他们之间的经验分享和互相学习，是提升评价质量的有效途径。这样的对教师培训的支持不仅能够提升教师的评价能力，还能够促进教师在实践教学中的专业成长。

第五章　实践教学保障条件的建设与管理

第一节　实验室的建设与管理

一、实验室建设与管理的重要性

实验室作为学术研究和技术创新的前沿阵地，不仅是实验研究的场所，更是知识与技能相结合的实践平台。实验室建设与管理的重要性主要体现在以下几方面，如图 5-1 所示。

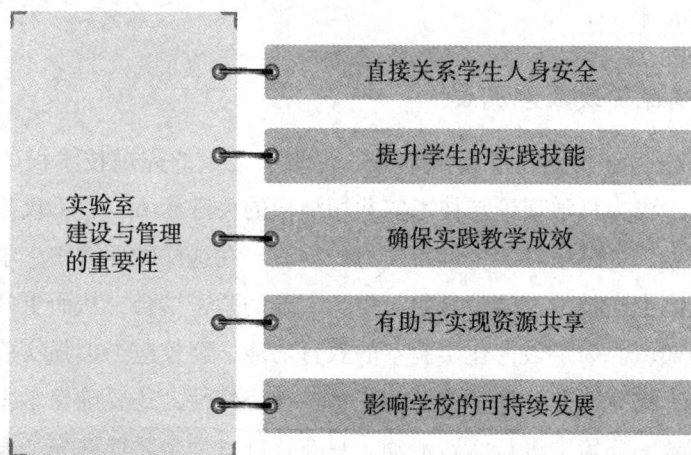

実験室
建设与管理
的重要性

- 直接关系学生人身安全
- 提升学生的实践技能
- 确保实践教学成效
- 有助于实现资源共享
- 影响学校的可持续发展

图 5-1　实验室建设与管理的重要性

（一）直接关系学生的人身安全

高校实验室是教学和科研的重要场所，其种类繁多、规模庞大，同时伴随着各种安全隐患。学生是教育的中心，实验课程对于培养他们的实践和动手能力至关重要。然而，实验通常需要较长时间，如果实验室的安全管理不到位，那么危险化学品、辐射、生物危害、机械伤害、特种设备和易燃易爆物质等可能对学生的人身安全构成威胁。因此，对实验室的严格安全管理不仅是保障学生身体健康的前提，也是确保教学和科研工作顺利进行的关键。

（二）提升学生的实践技能

通过实验和实训课程，学生不仅能够增强动手能力，更能够在实践中将所学的理论知识与实际操作相结合，从而更加深入地理解和掌握知识。此外，实验实训课程还能够激发学生的创新思维，培养他们的综合素质，使他们在面对问题时，不仅能够准确地分析问题，还能够有效地解决问题。另外，实验实训课程的开展还有助于培养学生的专业技能。在实验室中，学生可以接触各种先进的实验方法和专业操作技巧，这不仅能够提高他们的科学实验水平，还能够帮助他们养成严谨的科学态度。这种态度在未来的学术研究和职业生涯中非常宝贵，具备这些实践技能和科学态度的学生无疑会成为各个领域中不可或缺的专业技能人才。

（三）确保实践教学成效

实验室作为学校的重要组成部分，汇聚了大量的先进技术设备和前沿实践教育资源，成为科学理论与技术实践相结合的关键场所。它不仅是理论与实践之间的桥梁，更是培养学生创新能力的摇篮。在这样的环境中，学生可以直接接触最新的生产技术，体验科研与生产实践的紧密结合，从而更好地理解和掌握所学的知识。为了最大化实验室的教育功能，高校应当加强实验室的现代化管理。这不仅意味着要保证设备的先进性和完好性，还要确保学生能够在一个安全、高效的环境中进行实践活动。只有这样，学生才能够充分发挥自己的潜能，真正实现理论与实践的完美结合，从而提高实践教学的成效，为未来的职业生涯打下坚实基础。

（四）有助于实现资源共享

随着高校的蓬勃发展，面临的挑战也日益增多。院校专业的扩张和学生人数的增长导致教学资源的紧张。许多学校面临着教学资源不足、管理人员和实验员短缺、场地和资金有限的问题。在资源有限的情况下，提高实验室的使用效率和实现教学资源的共享变得尤为重要。这不仅可以最大化实验室的使用价值，还能避免资源浪费。例如，通过合理的时间安排和设备共享，可以确保实验室设备的高效利用。同时，通过跨专业、跨学科的合作，可以实现教学资源的共享，从而提高整体的教学效果。

（五）影响学校的可持续发展

实验室在高校中占据着至关重要的地位，它不仅是推动核心技术突破的前沿阵地，更是衡量学校科技创新能力的重要标志。学校的科研实力直接影响其长远发展。因此，为了在激烈的学术竞争中占据有利地位，学校必须加大对科研的投入，确保其持续、稳定地发展。只有拥有先进、高效的实验室，学校才能确保其科研项目的质量和效率，从而提高其在学术界的影响力。同时，学校的科研和教学成果不仅关乎学术声誉，更直接反映在社会的认知和评价中。因此，实验室的现代化管理不仅是提升学校科研能力的手段，更是确保学校在学术和社会中稳固地位的关键。

二、应用型高校实验室安全管理

（一）健全多元协同的共治格局

1. 强化政府监管协调职能

随着科技的进步和社会的变迁，应用型高校面临着实验室安全管理的新挑战。仅依赖学校自身的资源和能力，很难全面应对这些挑战。作为国家和政府主导的教育机构，应用型高校在发展过程中必然受到政府教育行政部门的监管。这些部门不仅是政策的制定者，还是实验室安全管理的关键监管者，负责为高校提供关于实验室安全的制度指导和监督。社会的发展带来了政府职能的转型。在当前的社会背景下，政府不再是唯一的监管实体。多元化的社会监管力量逐渐壮大，形成了一个协同共治的格局。在这种格局中，政府的角色逐渐从直接的管理者转变为引导者和协调者。它需要与各方力量合作，确保实验室的安全管理既高效，又有序。这种转变意味着应用型高校在实验室安全管理上不仅要与政府教育行政部门紧密合作，还要与其他社会力量建立合作关系，共同维护实验室的安全。校外实验室安全治理体系是一个多元化的结构，涵盖了政府、各相关部门以及媒体等多个实体。在这一体系中，各实体共同参与监管，确保实验室的安全运行。政府在这一治理体系中扮演着至关重要的角色，主要负责协调各管理主体，确保监管行为的统一和高效。通过利用其综合监管职能，政府能够对各管理主体的行为进行统筹规划，从而提高整体的监管效率。为了避免重复的检查和监管，政府需要确保各管理主体之间的工作能够无缝对接。这不仅可以减少不必要的重复劳动，还能确保实验室安全检查的全面性和连续性。

另外，政府应该创新实验室安全监管形式。随着学校数量的增多和政府教育行政部门人员的相对不足，传统的人力监管方式在实验室安全管理中显得力不从心。为了提高监管效率，政府需要创新监管形式，从而适应时代的发展。利用学校的视频监控系统，政府可以尝试实施网上定期抽查的模式。这种智慧监管方式不仅可以实时、远程地对实验室进行监控，还能大大减少人力和物力的消耗。

2. 强化高校内部治理协调能力

为确保实验室的安全运营，高校作为校内实验室安全治理体系的主导者，应成立实验室安全委员会，由校长这一学校的安全第一责任人直接领导，确保对全校实验室安全的统一管理和监督。这一治理体系涵盖了学校、教师和学生三大主体，形成了一个完整的协同治理结构。在这个结构中，学校不仅要对校内实验室进行严格管理，还要与校外实验室安全治理体系中的各方进行合作，确保实验室的全面安全。同时，学校还要组织教师和学生参与实验室的日常管理，确保实验室的安全运营。实验室安全委员会在这一治理体系中起到了至关重要的作用，其作为一个高度权威的机构，主要负责组织和协调各部门和二级学院的工作，确保实验室安全管理的高效和有序。通过实验室安全委员会的统一指挥，各部门和二级学院可以充分发挥自己的能动性，形成一个长效、高效的协同治理机制。

3.引导师生广泛参与

在高校实验室安全协同治理中，师生既是治理的对象，也是参与者。他们每天直接与实验室互动，因此对实验室的安全状况有着直观的了解。为了确保实验室的安全，高校应确保师生能够充分了解实验室安全管理的各项措施和进展，这不仅可以提高师生的安全意识，还可以让他们更加积极地参与到实验室的安全管理中来。为此，高校应采用各种线上和线下的方式，加强实验室安全管理的宣传和普及。这可以包括举办安全培训课程、发布安全公告和指南，以及通过社交媒体和学校网站分享安全信息等。为了确保师生的声音能够得到充分的关注，高校应建立完善的监督和举报机制。这包括设置举报热线、微信公众号、邮箱等线上举报途径，确保师生可以方便、安全地提出自己的意见和建议。在此过程中，保护举报人的隐私和信息安全至关重要。

高校需要转变传统的治理观念，更加重视学生在实验室安全管理中的积极作用。学生是实验室的主要使用者，他们对实验室的日常运作和潜在风险有着直观的了解。因此，他们在实验室安全治理中的参与至关重要。学生干部和学生组织具有天然的传播优势。信息在学生群体中传播迅速，为实验室安全提供了一个高效的宣传和教育渠道。通过学生干部和学生组织，高校可以更好地实现学生的自治管理，弥补实验室安全管理人员的不足。此外，当代学生具有出色的适应能力和创新思维，能够迅速融入实验室安全治理工作，为相关制度和措施提供宝贵的意见和建议。

（二）建立健全实验室安全培训体系

1.定期开展实验室安全知识培训

高校的实验操作人员基数大、流动性强，在这种背景下，实验室的共享现象变得尤为普遍。因此，简单依赖一个标准化的实验室安全培训课程很难有效确保实验室的安全。为了更有针对性地满足不同实验室的安全需求，需要对实验室进行细致的划分，并将安全培训课程分解为若干模块。每个实验室可以根据其特定的需求和环境，选择合适的学习模块，从而构建一个量身定制的实验室安全准入机制。这种培训方式结合线上和线下的教学模式，使得培训更为灵活和实用。特别是线下授课部分，可以模拟实验室中常见的安全隐患和违规行为，让学生亲身体验并找出其中的问题。这种互动式的教学方法不仅能够提高学生的学习兴趣，还能加深他们对实验室安全的认识。此外，学生在课后对可能的安全后果进行书面总结和反思能进一步加强他们的安全意识。

2. 丰富实验室安全培训形式

为了提高实验室的安全性，高校应当定期邀请相关领域的专家和学者为师生开设系列专题讲座。这类讲座不仅能为师生提供与专业人士直接交流的难得机会，更是一个深入了解实验室安全的平台。在日常的学术和教学环境中，师生可能很少有机会与这些领域内的权威人士直接接触，而这样的讲座正好弥补了这一空缺。为了使讲座内容更为生动和实用，可以采用案例分析的方式，深入探讨实验室安全中的各种问题。通过对本校或其他高校发生的实验室事故和未遂事件的深入剖析，师生可以更加直观地认识到安全操作的重要性。这种案例分析不仅能够帮助师生了解事故的成因，还能让他们反思自己在实验室中可能存在的安全隐患。为了进一步增强讲座的互动性和实用性，可以融入角色扮演和小剧场的元素。例如，利用 3D 立体投影技术，模拟实验室中可能发生的安全事故场景，让师生在真实的心理压力下，应用所学的安全知识，进行紧急处理。这种模拟实战的方式不仅能够检验师生的实际操作能力，还能够提高他们在面对真实事故时的应变能力和自信心。

"安全文化"不是一个单一定义的概念，而是涉及一系列复杂的行为因素，这些因素共同驱使学生对实验室安全承担起责任。仅仅通过几次讲座，很难培养出学生积极的安全态度。因此，讲座的核心目标不应仅局限于传授实验室的安全操作和最佳实践，更重要的是让学生深刻理解他们在构建和维护"实验室安全文化"中的关键角色。为了实现这一目标，讲座内容应强调团队合作和协同努力的重要性。通过这种方式，学生不仅能够掌握实验室的安全操作技巧，还能够深入了解自己在推动和维护安全文化中不可替代的作用。

3.搭建实验室安全知识考核系统

为确保实验室的安全操作和管理，利用信息化技术构建实验室安全知识考核系统尤为重要。这一系统涵盖了实验室安全的各个方面，包括通识教育、化学安全、生物安全、辐射安全以及特种设备的使用等。在正式考试之前，师生可以在系统内的题库中进行模拟考试和练习，以确保对相关知识有充分的掌握。完成实验室安全培训课程后，师生可以进入考核系统进行正式考试。考试分为两个部分：通识安全考试和专业安全考试，确保师生对实验室的基本操作和特定领域的安全知识有深入的了解。更为关键的是考核系统与实验室的门禁系统直接对接，只有通过考试并获得实验室准入资格的人员，才能进入实验室进行实验操作。这种机制能确保每位进入实验室的人员都具备必要的安全知识和技能，从而大大降低潜在的安全风险。

（三）构建科学合理的制度体系

实验室安全管理的高效运作依赖多层次的管理。其中，相关的标准和制度起到重要作用。标准明确了实验室安全操作的基线要求，为每项活动设定了明确的安全界限。而制度则为实验室的日常安全管理提供了结构化的框架和指导，确保每一步操作都符合既定的安全准则。两者共同构成了实验室安全管理的基石，确保了实验室环境的稳定性和安全性。

1.构建事故双重预防制度

实验室安全是一项复杂的系统工程，涉及多方面的风险和隐患。如果实验项目的风险没有得到有效地控制，就可能导致安全隐患，而如果这些隐患不能及时发现和整改，很可能酿成严重事故。为了确保实验室的安全，建立事故双重预防制度至关重要。首先，实验室的各级安全管理人员需要根据相关规定，如《生产过程危险和有害因素分类与代码》，定期进行危险和有害因素的识别。这不仅要求他们对实验室的各种操作有深入的了解，还需要他们能够运用专业的安全评价方法，对风险进行评估和分级。一旦识别出潜在的风险，就需要制定相应的防范措施，并加强对这些措施的监管，确保它们能够有效地执行。其次，对于那些缺乏实验操作经验的人员，实验室安全自查表是一个非常有用的工具。这些自查表可以帮助他们识别出由于风险控制措施失效而产生的安全隐患，并为这些隐患制定和实施解决方案。为了确保这些方案的有效性，还需要组织专业人员对治理的成果进行评估。

2. 健全实验室安全准入制度

实验室安全准入制度涵盖了实验操作的安全意识、专业操作流程的认知，以及对突发事故的应急响应能力等领域。通过在实验的前期确保每位参与者都具备必要的综合素养，该制度旨在从源头上控制实验风险，从而显著降低事故的可能性。为了实现高校的可持续发展，面对新的挑战和形势，有必要构建一个完善、人性化、规范化且科学的实验室安全准入制度。这不仅要确保制度的正常运行，还需要克服当前的形式主义倾向，真正提升实验室的安全管理效果。从长远来看，为我国高校实验室打造一个更为稳固、持久的安全环境至关重要，而这正是实验室安全准入制度所追求的重要目标。

3. 明晰奖励激励制度和绩效评定制度

实验室安全绩效评定的主要目的在于识别问题、确保目标达成、促进双方共赢和推动整体发展。为了确保实验室的安全和高效运作，高校应当建立并执行严格的实验室安全绩效评定制度。每年学校应对实验室的安全管理和标准化运行进行全面评估。基于这些评估结果，各学院应调整和完善其安全管理目标、标准、规章制度和操作流程。为了确保这一制度的有效性，实验室的安全绩效应被纳入学院的工作考核和评价标准中。此外，有机结合奖励激励制度和安全检查制度可以进一步强化实验室的安全文化。具体来说，安全检查的结果应与学生的荣誉评定、教师的绩效工资以及课题组的项目继续资格直接关联。采用扣分制度，当个人或课题组在一年内累积达到一定扣分时，应采取相应的惩罚措施，如扣减绩效工资、取消评优资格或暂停实验室活动，直至相关问题得到整改并满足安全标准。相反，对于那些在整年中没有任何安全扣分的课题组或个人，应给予物质奖励以示鼓励。这种综合的评定和激励机制旨在确保实验室的安全和高效运行，同时鼓励所有成员积极参与。

三、应用型高校实验室信息化建设与管理

（一）应用型高校实验室信息化建设的意义

随着科技的快速进步，信息化已逐渐成为各行各业发展的重要驱动力。对于应用型高校而言，实验室是学术研究、技术创新和学生实践的核心场所。基于此背景，应用型高校实验室的信息化建设不再是一种选择，而是一种必然。应用型高校实验室信息化建设的意义主要体现在以下几方面，如图5-2所示。

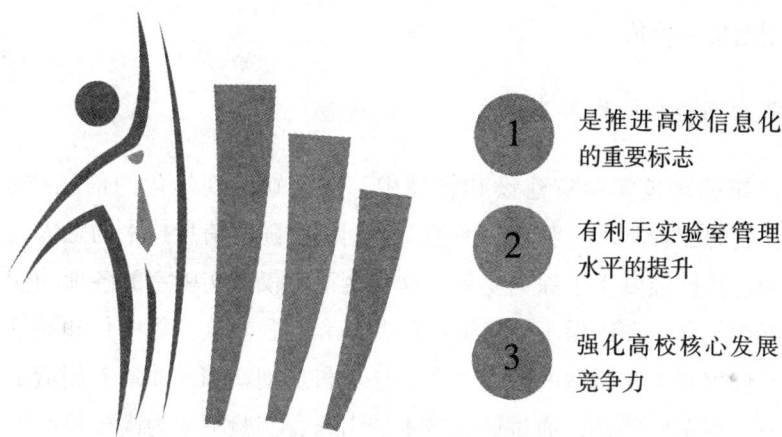

图5-2　应用型高校实验室信息化建设的意义

1.是推进高校信息化的重要标志

随着信息化社会的快速发展，互联网时代为我国高等教育带来了前所未有的机遇和挑战。现代教学不再局限于传统的课堂模式，而是越来越依赖先进的技术和数字化工具。这种转变不仅促进了教学方法的创新，还推动了教育体系内部的深化和改革。为了适应这一变革，许多国家已经将高等教育的信息化建设纳入国家战略布局，视其为提高国家竞争力的关键因素。"科教兴国"不仅是一个激励人心的口号，更代表了一个国家对知识和创新的重视。高校不仅肩负着培养未来人才的重任，更是支撑社会经济持续发展的基石。因此，加强信息化建设，整合现代技术与教育不仅是教育发展的必然趋势，也是国家和社

143

会进步的重要标志。

2. 有利于实验室管理水平的提升

在当今时代，高校实验室信息化建设已经成为提高管理效率的必要手段。传统的实验室管理模式存在诸多局限性，而信息化建设为高校提供了突破这些局限的可能性。通过实验室的信息化管理，可以更加精确地追踪设备使用情况，更高效地分配资源，确保实验室的运行更加流畅和有序。此外，这种自动化的管理方式还可以大大提高资源的利用率，确保每一项资源都得到最大化利用。因此，深入思考并推进实验室的信息化建设不仅可以提高管理效率，还能为高校创造更多价值。

3. 强化高校核心发展竞争力

在传统的高校实验室建设和管理中，由于缺乏现代化的信息技术手段，往往存在资源配置不均、管理效率低下等问题。随着信息技术的融入，实验室的管理和运作已经发生了深刻变革。这种变革不仅使实验室的各项功能和业务得到了高效整合，还确保了信息资源的共享和互联。这种集中化和共享化的管理模式不仅提高了实验室的运行效率，还为科技创新和人才培养创造了更为有利的环境。更重要的是，通过信息技术的引入，实验室成为高校核心发展的重要支撑，从而增强了高校在科研和教育领域的竞争力。

（二）应用型高校实验室信息化建设与管理的措施

1. 以信息技术为支撑，建设与完善数字信息化实验室

高校实验室信息化建设的核心内容是借助信息技术，加强现代化新型信息化实验室的建设与管理。例如，仿真实验室和虚拟实验室的建设使得学生可以在任何时间、任何地点进行实验，不再受到物理空间的限制。这不仅丰富了实验教学内容，还为学生提供了一个更加真实、更加深入的实验环境。在这样的虚拟实验环境中，学生可以更加深入地理解和掌握实验原理，体验真实的实验场景。这种教学方式不仅能提高实验教学的质量，还能实现教育资源的优化配置。当前，随着信息化技术的普及和应用，越来越多的高校开始尝试建设

信息化实验室。这种新型的实验室能为师生提供更加便捷、更加高效的实验环境，确保教学和实验的顺利进行。

实验室信息化管理主要体现在以下几个核心点：第一，通过校园网和物联网技术的融合，构建完善的实验室管理系统。这样的系统不仅可以实时更新和完善实验室的各种数据，还为实验室的日常管理和运营提供了强大的技术支持。无论是实验室的设备预约、资源分配还是数据分析，都可以通过这个系统轻松完成。第二，为了保障实验室高效顺利运用，管理者可以通过对各种仪器设备和耗材的全程监控，实时掌握设备的使用情况，特别是对于那些大型、高价值的设备，这种监控更必不可少。这不仅可以确保设备的高效利用，还可以避免资源的浪费和设备的长时间闲置。

2. 融合校园网和物联网技术，建设实验室开放共享平台

在当下的教育环境中，很多高校依托校园网为实验室建设开放共享平台，为师生提供了一个查询实验室信息数据的入口。然而，目前的平台功能还有待进一步完善，尤其在数据互联和资源共享方面。为了更好地满足实验室的管理和使用需求，高校可以考虑进一步融合校园网和物联网技术。这样不仅可以实现对实验室的所有信息数据进行实时查询、调阅和分享，还可以对整个实验过程进行细致的监督和管理。例如，可以通过物联网技术对实验室内的各种设备进行实时监控，确保设备的正常运行和高效利用。此外，这种融合技术的平台还可以为实验室提供自动化管理功能。无论是实验预约、资源分配还是数据分析，都可以通过平台自动完成，大大提高实验室的管理效率。

3. 优化和完善大型贵重实验设备资源共享平台

实验室资源的合理利用是提升高校教学和科研质量的关键。特别是对于大型贵重的实验设备来说，由于其购置成本高、数量有限，往往只为教师的科研服务，学生很少有机会接触。为了最大化这些设备的利用率，避免长时间闲置，高校可以对其资源共享平台进行优化。首先，完善和加强大型贵重实验设备的资源共享平台至关重要。这不仅可以确保设备的高效运行，还可以为更多师生提供使用机会。通过平台，可以实时监控设备的使用状态，一旦发现问题，可以及时进行处理，确保设备的正常运行。其次，为了确保设备的正确使

用，可以为师生提供视频操作培训和远程服务指导。这样即使是初次使用的师生，也可以根据操作指南正确使用设备，避免因操作不当而造成设备损坏。

四、关于提高应用型高校实验室建设和管理水平的几点思考

（一）规范实验室申报、招标、验收过程

实验室的设备申报和建设规划应围绕实验教学和科学研究两大主题展开。为了更好地培养应用型人才，实验室的建设必须与学校的发展规划、学科特色以及地区的经济产业和人才需求相结合。这样不仅可以确保实验室的建设更加科学、合理，还可以为学生提供更加贴近实际的实验环境。

规范实验室招标流程。在招标过程中，应对供应商的资质进行严格审查，确保其具备合格的投标条件。同时，招标过程还应遵循国家相关的招投标制度，确保整个流程的公开、公平和公正。此外，采购合同中应明确实验设备的质保期和范围，确保所有设备具备完善的质量保障。

实验室建设的各个阶段都应有明确的建设目标，并由监管部门进行严格的监督和管理。监管部门应明确各阶段的建设目标，并将监管责任落实到具体的人员，确保实验室建设的各个阶段都能够按照计划顺利完成。建设完成后，还应邀请校内外的专家对实验室的建设成果进行评估和论证，确保实验室的建设达到预期标准。

新建成的实验室在通过项目验收后，应进行为期一年的试运行。在这一阶段，重点是对实验室和设备的实际使用进行观察和评估，发现可能存在的问题或不足，并及时做出补救或改进。

（二）加强实验设备的维护和保养

实验设备的维护和保养是一个系统性的工作，需要实验教师和设备供应商共同参与。对于常见的小型、简单的故障，实验教师应具备基本的维修技能，能够及时处理，确保实验教学和科研的正常进行。而对于大型或复杂的设备故障，应由专业的设备供应商负责维修。这样的合作模式既可以确保设备的正常运行，又可以减少因设备故障导致的实验教学和科研的中断。为了提高实验设备的使用和维护水平，学校应加强对实验教师的培训和激励。通过定期的

技术培训，使实验教师熟练掌握设备的使用方法和特性。同时，学校还应为实验教师提供一系列的政策和绩效激励，鼓励他们积极参与设备的维护和保养工作。此外，学校在招标和采购实验设备时，应充分考虑设备的后期维护和保养问题。在招标文件和合同中，应明确规定供应商对设备的后期服务和保养责任。为了确保供应商履行合同中的服务承诺，学校可以采取分期付款的方式，将部分款项作为保证金，直到供应商完成所有服务承诺后，再进行尾款支付。

（三）加强实验室管理队伍建设

在我国高校"双一流"建设的背景下，应用型人才培养显得尤为关键。实验室作为应用型人才培养过程中的重要环节，其管理和运营离不开专职实验教师的支持。为了确保实验室的高效运行和应用型人才的高质量培养，必须建立一支既有深厚理论基础，又具备出色实践技能的实验教师队伍。为此，首先要确保制度上的保障，为实验教师提供与专任教师相同的待遇和权益。这意味着在职称评聘、工作考核和职业发展等方面，实验教师应与理论课教师享有同等权利。为了激发实验教师的工作积极性，应提供合理的激励机制，优化职称晋升条件，明确其工作职责，确保其可以专注实验室建设、实验教学和科研工作。除此之外，为了确保实验教师的工作效率，应减轻其在实验室和办公室的事务性工作负担，让他们能够更好地投入核心工作中。只有确保实验教师的权益和工作环境，才能确保实验室的高效运行和应用型人才的高质量培养。

第二节　实训基地的建设与管理

一、校内实训基地的建设与管理

（一）校内实训基地的分类

校内实训基地是培养学生实践能力的重要场所，它不仅要为学生提供日常的教学实习和仿真训练，还要确保有先进的设备、完善的管理和专业的指导教师。同时，为了满足教学计划中对能力训练的需求，实训基地必须具备高质量的教材和教学资源。根据功能和性质，实训基地可以分为生产性的实训基地和非生产性的实训基地两大类。

1. 生产性的实训基地

高校的校内生产性实训基地指的是高校通过与政府、行业和企业的合作，在校园内建立了具有实际生产功能的实训基地，旨在通过生产技术研发和为社会提供服务等方式，从而实现经济效益。这种模式的显著优势在于，它为学生提供了一个真实的职业环境，使他们能够在实际的生产过程中培养实践技能，从而提高其综合职业能力。这种实训模式不仅为学生提供了宝贵的实践机会，还为高校带来了经济效益。而这些经济效益可以被再次投资，用于购买更先进的设备、改进教学条件和加强技术研发。这样一来，实训基地不再仅仅是一个消耗资源的地方，而是变成了一个能够创造经济效益的生产单位。

2. 非生产性的实训基地

非生产性实训基地，也被称为模拟仿真实训基地，是专为学生实习和实训设计的场所，而不涉及实际的产品生产活动。这种基地的出现是由于各种原因的限制导致学校无法在校内建立生产性实训基地，通常包括以下几类，如图5-3所示。

图5-3　非生产性的实训基地的类别

（1）受法律法规限制

部分专业因其所面向岗位的独特性和法律法规的限制，使得学生难以在真实环境中进行大规模的实践教学。例如，金融、保险和法律等领域，由于其业务的复杂性和专业性，难以在校内创建具有实际生产功能的实训基地。为了解决这一问题，高校通常选择通过虚拟技术和教学软件来为学生提供实践机会。例如，金融专业可以通过建立财务、证券投资和税务模拟实训室，让学生在模拟的环境中体验真实的金融业务操作。同样，保险专业可以通过建立保险业务模拟实训室，为学生提供一个模拟真实保险业务的环境。而法律专业则可以通过建立法庭模拟实训室，让学生体验真实的法庭程序。这种模拟仿真的方式不仅为学生提供了一个接近真实的学习环境，还避免了真实业务操作中可能出现的风险，确保了学生的学习效果和安全。

（2）受资源投入限制

部分专业，如航运、电子电路、医学护理和土木工程，由于其实训内容的特殊性和高昂的建设及运营成本，难以在校内建立具有真实生产功能的实训基地。这些专业的实践教学需要大量的资源投入，包括高昂的设备费用、技术支持、专业人才和足够的土地空间。但受到学校资金、技术、人力和空间的限制，真实的生产性实训基地的建设变得尤为困难。为了解决这一问题，学校通常选择使用计算机软件进行仿真模拟或利用设备实物和物理模型来模拟真实的生产环境。这种方式既能为学生提供一个相对真实的实践环境，又能大大降低建设和运营的成本。

（3）实训内容的特殊性

学生实训的特殊性往往使得学校在校内难以构建真实的生产性实训基地。例如，国际贸易的复杂业务流程、企业的市场营销策略、电子商务的交易流程、会计的审计程序以及导游的实际操作等，这些活动在实际场景中涉及多方面因素，难以在学校环境中完整复制。为了确保学生能够获得充分的实践经验，学校往往选择模拟仿真的方式来进行实训。

（二）校内实训基地的建设模式

在激烈的社会竞争中，高校实训基地的品牌建设显得尤为关键。观察西方国家的职业教育历程，如德国的"双元制"、美国的"合作教育"，都强调理论与实践的紧密结合。这种教育模式的优势之处在于为学生提供了优质的实验和实训环境,为他们未来的职业生涯打下了坚实基础。这也是这些国家的毕业生在就业市场上备受欢迎的主要原因。因此,高校实训基地不仅是学生实践技能的场所,更是他们未来职业成功的保障。高校实训基地的建设和品牌形象直接影响学校是否能够满足社会的人才需求,以及是否能够培养出既具备高素质技能,又具有创新思维的毕业生。只有打造出有特色、与时俱进的实训基地,高校才能在人才培养方面取得显著成果。校内实训基地的建设模式主要有以下几种:

1.政府、企业与社会、学校多方投资共建型

政府、企业与社会、学校多方投资共建型是指高校的校内实训基地是由政府、企业、社会、学校多方共同投资兴办的,旨在通过多方的合作与共建,实现资源的最大化利用,为学生提供更为丰富和实际的实训环境。具体的建设项目和各方的投资比例并不是固定的,而是根据实际情况和需求由各方进行协商确定。

在建设主体上,属多方共建型,即学校可以与多家企业、行业协会或政府部门同时开展合作,共同投资建设校内实训基地。这种合作不仅是金钱上的投入,更多的是技术、经验和资源的共享。合作方式非常灵活。学校可以根据自己的需求和特点,选择与哪些企业或机构进行合作。这种合作既可以是学校主导,也可以是企业或行业协会主导,关键是双方都能够从中受益,实现共赢。在运行管理上,也有多种模式。例如,共同经营型是学校和企业共同出资建设和经营实训基地,这种基地往往以企业的名字命名,如学校内的某个餐饮专业实训基地可能就是一个真实运营的餐厅;任务驱动型是教师主动与企业合作,将企业的实际需求带入课堂,让学生进行实际的产品设计和研发。学生的设计作品有可能被企业采纳,甚至被买断并进行批量生产。

政府、企业与社会、学校多方投资共建型实训基地的优势在于能够整合各方的资源和优势。通过与行业部门和企业的合作,学校可以获得先进的技术、资金支持和专业知识,从而提高实训基地的教学和生产水平。而且这种模式的合作形式非常灵活,可以根据各方的需求进行调整,使得合作更为高效和有针对性。这种模式也存在一些缺点。由于涉及多方合作,合作的效果在很大

程度上取决于各方的积极性和合作意愿，这增加了合作的不确定性和风险。此外，由于合作基础不够稳固，可能出现合作中断或合作效果不佳的情况。

2. 校企合作共建型

校企合作共建型是指学校与企业双方相互合作，通过多种形式在学校内合力建设实训基地，致力于培养不同专业学生的相关技能。这种模式的特点如下：一是校企一体化的投入和管理。学校和企业共同出资，共同参与实训基地的建设和运营，使其具有明确的生产目标和实际的经济效益。在这种合作关系中，企业主要承担生产和实训的任务，利用其在行业中的经验和技术优势，为学生提供真实的工作环境和实践机会，而学校则主要负责提供理论教学和管理支持，确保实训活动的顺利进行。二是引企入校的运行方式。当学校具备一定的硬件设施，但由于运营成本高或缺乏专业的指导教师，很难独立开展实训活动时，学校会选择与企业合作。在这种模式下，学校提供场地和管理，而企业则提供必要的设备、原材料和技术人员。这种合作不仅可以降低学校的运营成本，还可以为学生提供更加专业和实际的实训环境。

校企合作共建型实训基地具体有两种形式：一种是校企共同体，即学校与企业紧密合作，共同组建一个以企业命名的二级学院。企业不仅提供必要的设备和技术支持，还会选派经验丰富的技术人员到学校，与学校的教师共同组织生产和实训活动。而学校则主要负责学生的理论教学，并为实训活动提供场地和管理支持。另一种是股份制实训基地，即与传统的合作模式不同，这种模式更加注重实训基地的经济效益和自我发展能力。学校和企业按照现代企业的运作模式，共同出资，按照各自投入的生产要素、资本和智力等因素分配股份，共同建立和运营实训基地。

校企合作共建型的优缺点如下。优点：经营管理更趋向企业化，明确的产权关系使得学校能够以相对较小的投入获取企业的丰富资源。企业的资金、先进设备和专业指导都为实训基地的建设和运营提供了有力保障。缺点：首先，学生的实训可能受到企业生产任务的干扰，导致实训内容和时间的不确定性。其次，由于企业和学校的目标和利益可能存在差异，管理和协调变得尤为复杂。最后，企业在合作中可能更多地考虑经济效益，这可能导致实训内容过于注重实际生产，而忽视了学生的学习需求，使得实习内容流于形式，不能真正达到教育的目的。

3. 政府与高校共同出资建设型

政府与高校共同出资建设型实训基地是一种结合政府财政投资和高校自筹资金的合作模式。在这种模式下，中央财政的资金主要起着扶持、引导和示范作用，旨在激励地方政府增加对实训基地建设的资金支持，从而加速基础设施的建设，优化学校的教学环境。这样的合作不仅能够改进学校的办学条件，还能为社会经济的持续发展培养出高素质人才。

4. 学校投资主导型

学校投资主导型实训基地建设模式主要依赖高校的资金投入，同时辅以政府的补贴和企业的资金支持。这种模式通常基于学院的专业师资、技术专利或者校办企业来进行，主要目的在于利用学校的资源和能力，吸引社会各方面的投资，从而建设出有市场前景的实训基地。这样的基地不仅能够满足学生的实训需求，还能够为社会和产业提供有价值的服务和技能培训。

5. 学校独资建设型

在高等教育机构中，尤其企业办的高校和部分民办高校，学校独立投资建设的实训基地较为常见。由于资金限制，这些由学校单独出资的实训基地往往主要采用模拟仿真的方式进行实训，而生产性的实训基地则较为少见。这样的基地通常规模较小，但仍然能够满足学生的基本实训需求，为他们提供一个模拟真实工作环境的学习平台。

（三）校内实训基地的建设与管理

1. 校内实训基地建设原则

在高校实训基地的建设中，应遵循一系列基本原则，确保其科学、合理且高效，具体如图 5-4 所示。

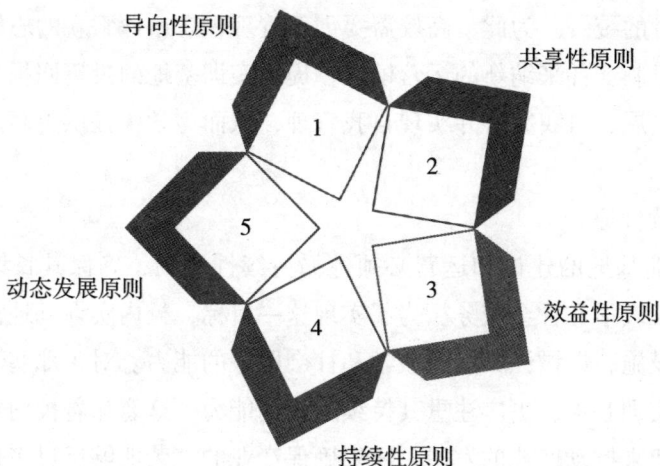

图 5-4　校内实训基地建设原则

（1）导向性原则

实训基地的建设应紧密结合导向性原则，确保其在教育和培训中起到关键的指导作用。高校不仅要充分利用高质量的教育资源，还要与行业企业的实际生产活动进行深度融合。通过项目化的方式，更有针对性地完善学院的核心专业实训基地，确保学生在一个真实或高度仿真的职业环境中接受培训。这样的培训应当与实际职业岗位的需求紧密对接，涵盖各种必要的职业技能和素质培养。

（2）共享性原则

在确定实训基地的建设目标时，应确保其定位准确，并充分利用现有资源。通过资源的共享和优化配置，扩大实训基地的影响力，使其不仅服务学校，还能辐射到周边地区。一方面，实训基地应具备开放性和社会服务功能，这样它不仅可以成为培养技能型紧缺人才的重要场所，还可以为农村劳动力转移提供培训课程；另一方面，实训基地是学校与企业合作的重要载体，它为产学研结合提供了一个实践的平台，确保学生能在实际环境中获得真实的学习体验。

（3）效益性原则

基地的建设和运营应与学院的人才培养规模以及市场对技能型专门人才的需求相一致，不仅要关注实训基地所带来的社会效益，还要确保其经济效益，追求两者的统一。为此，高校需要创新管理理念，探索新的思维方式，实施新的管理机制，并采纳新的运营模式，提高实训基地的投资回报率，确保基地能够自主发展、自我完善并实现自我管理，从而为学生提供更高质量的实训环境。

（4）持续性原则

校内实训基地的建设和运营必须遵循持续性原则，确保其长期有效地为学生提供实践教学和社会服务。为了实现这一目标，校内实训基地需要不断提升其软硬件设施，以增强其实践教学和社会服务的能力。对于那些具有重点和特色的专业实训基地，更应注重其持续运行的能力。这意味着校内实训基地不仅要依靠专业来推动产业的发展，还要确保产业的繁荣能够反过来促进专业的进步。在满足实践教学需求的同时，校内实训基地还需要创新其管理体制和运行机制，采取专业化的生产经营和企业化的服务管理方式，形成一个集教学、培训、生产和科研为一体的多功能教育实体，确保其长期稳定地为学生提供高质量的实践教学环境，从而实现校内实训基地的可持续发展。

（5）动态发展原则

实训基地的建设和发展必须遵循动态发展原则，确保其始终与时俱进，满足教育和市场的变化需求。学院应根据专业和师资队伍的特点，对那些运营规范、效益显著、具有示范作用和广阔发展前景的实训基地给予重点支持，帮助其进一步提升水平和扩大规模。特别是那些具有专业性和生产性特点的实训基地，学院应努力将其打造成区域性的重点基地。同时，学院还应积极参与省级和国家级的示范基地创建和申报工作，以获得更多的支持和资源。但在发展的同时，学院也要有所取舍，对那些不再适应市场需求、共享和辐射作用不明显、缺乏持续发展能力的基地进行适时的淘汰，确保实训基地始终保持活力，实现真正的动态发展。

2.明确实训目标和任务

在高校各专业建设实训基地的过程中，首要任务是明确学生在该专业中应掌握的核心能力，确保投资的精准性，使得每一分钱都能够花在刀刃上。为了确保实训基地的设备和技术与时俱进，学校在建设初期应深入企业中，了解其当前的技术标准和员工的技能需求。这样可以确保学校购置的软硬件设备与企业的实际需求相匹配，满足学生的实际培训需求。在明确了实训目标后，学校还需要合理规划经费，考虑如何分步骤、分项目进行投资。这包括确定实训室的大小、布局、所需设备的型号选择以及教学软件的选型等，确保实训基地的建设既高效，又经济。

根据专业性质的不同，校内实训室可分为真实场景实训室和虚拟实训室两种。真实场景实训室的特点是其所配备的设备和设施都是企业实际生产中所使用的，为学生提供一个接近真实工作环境的学习场所，使他们能够直接操作和生产，从而更好地掌握实际工作中所需的技能。这种实训室更像一个位于校园内的小型工厂。但是，建设这类实训室需要大量的资金投入，因为它涉及场地的选择、设备的购置、型号的确定以及数量的配置等一系列复杂问题。虚拟实训室主要依赖教学软件和设备模型来实现教学目标。教学软件既可以是专门为教学目的而设计的，模拟企业的实际操作流程，也可以是企业实际使用的软件。设备模型主要用于参观和了解，帮助学生更直观地理解相关知识。这种实训室在管理类专业中尤为常见，例如物流管理、营销策划和电子商务等。它们通常会使用一些教学软件来模拟真实的业务流程，或者使用物流设备的模型来帮助学生了解其工作原理。为了支持虚拟实训室的运行，必须依赖先进的信息技术和网络技术，并且需要有一个庞大的数据库来存储和管理相关数据。

3. 明确主干课程实训、专项实训和综合实训

各专业实训教学的开展，首先必须确定专业主干课，这通常通过对学院的调研、咨询专家和对毕业生的岗位调查来实现。通过分析毕业生的就业情况和专业的主要就业岗位，可以更准确地确定专业的培养目标。这样，教育者就可以根据这些岗位所需的专业素质、能力和技能来构建实训课程体系。有了这个体系，学校就可以有针对性地进行实训教学，确保学生能够掌握真正有用的技能，为未来的职业生涯做好充分的准备。

设置人才培养计划时，需要适当增加主干课的课时量，但仅仅增加课时并不足够，教育的真正价值在于如何进行教学。利用校内实训室，学生可以在学习理论的同时进行实践操作，这种学习与实践的结合方式可以帮助学生更好地理解和掌握知识。这种"在学中做，做中学"的方法确保学生能够在真实环境中应用所学知识。

实训不仅包含课程实训，还包括专项技能实训和综合实训。这些实训应该按照不同的阶段和层次进行，从简单到复杂，从专项到综合，确保学生能够循序渐进地掌握所需技能。为了真正实现这一目标，教育者需要跳出传统的学科体制，避免过于重视理论而忽视实际技能的问题。根据企业和行业的实际需求，教育者应该开发各种实训项目，确保学生在毕业时不仅具备理论知识，而且具备实际操作的能力。

4.科学编著实训文件资料

实训教学要求教材能够及时反映科学技术和行业的发展动态，以满足企业对人才的实际需求。为了确保实训教学的有效性和针对性，需要有一套完整的实训文件，这些文件包括实训教学大纲、实训教学计划、实训项目和实训教材等。这些文件的编写不是孤立的，而是要在企业和行业专家的指导下进行，确保其内容与行业的技术标准和最新发展保持一致。实训教学大纲是实训教学的核心，它明确了实训的任务、目的和性质。在大纲的指导下，可以为每个课程设置具体任务，采用任务驱动的方式进行项目化教学。这种方法通过每个具体项目的实施，帮助学生掌握基本的操作技能，从而实现实训的目的。为了确保实训教学的质量和效果，所有实训文件必须与时俱进。这就要求教育者不能仅仅满足现有的教材和方法，而是要不断与企业和行业进行合作，根据行业的最新发展和需求更新实训文件，确保实训教学始终保持针对性和实效性。

5.加强实训基地智能化建设

（1）创建智能化实训车间

随着工业4.0和智能制造的快速发展，未来的生产模式将更加依赖智能技术和自动化设备。为了适应这一变革，高校有必要及时调整教育模式，加强与产业界的合作，确保学生能够掌握最新的技术和知识。而创建智能化实训车间正是为了实现这一目标。智能化实训车间可以为学生提供一个真实的工作环境，使他们能够在实际操作中掌握各种先进的智能技术和设备。与传统的实验室相比，实训车间更加注重实际操作和实践经验的积累，能够更好地培养学生的实际操作能力和创新思维。通过与产业界的紧密合作，高校可以确保实训车间始终保持与时俱进，随时引入最新的技术和设备。这不仅可以为学生提供最前沿的学习资源，还可以促进学校与企业之间的深度合作，为学生提供更多的实习和就业机会。

（2）研发虚拟仿真实训平台

为了进一步提高学生的实践能力和工作经验，利用虚拟信息技术研发的仿真建筑管理平台显得尤为重要。这种平台通过模拟真实的建筑管理环境，使学生能够在仿真的环境中体验到真实的工作流程。无论是施工人员、安全人员还是检查人员，都可以在这个平台上进行实际操作，体验各自岗位的专业职责。更为重要的是，通过虚拟人物的操作，学生可以模拟项目经理的角色，对项目的进度进行管控，体验施工管理的全过程。此外，这个仿真平台还具备智能教学管理功能。通过数据库技术，可以对学生的操作轨迹进行实时监控，从而实现自动考核和自动分析。这不仅可以为教师提供更为详细的学生表现数据，还能确保教学质量的稳定性和可靠性。

实训场所通过引入团队语音讲解系统和语音识别系统，使学生可以通过语音导览进行学习。通过引入二维码标识系统，学生可以扫描相关的二维码进行独立学习；通过引入智能考勤系统，学生只需使用"校园一卡通"即可进入实训场。而无线 Wi-Fi 系统的引入更是为学生提供了一个便捷的网络环境，使得学习变得更为高效。这样多功能、智能化、开放式的智能实训场无疑为学生提供了一个更为先进和完善的学习环境，也进一步提升了实践场所建设的品质和深度。

二、校外实训基地的建设与管理

校外实训基地是高校实训系统的重要组成部分，它专门为学生提供岗位实务训练，通过产学合作的方式，确保训练内容能够真实反映当前岗位、职业和行业的发展趋势和水平。这种合作模式不仅能为学生提供了真实的工作环境，还能帮助他们更好地理解和适应未来的职业生涯。从地理位置来看，无论是学校、企业还是其他组织投资建设，只要它位于校园之外，都可以被称为校外实训基地。

（一）校外实训基地对高校的意义

校外实训基地为学生提供了与职业技术岗位"零距离"接触的机会，让学生在实际环境中训练和锻炼职业技能，从而全面提升学生的综合素质。而且这个基地为教育者提供了一个开展教学改革和科学研究的场所，同时为学生提供了就业指导，帮助他们更好地为未来的职业生涯做准备。校外实训基地对高校的意义主要体现在以下几方面：

1. 弥补校内实训基地的不足，提供真实的实训场景

校外实训基地为高校提供了一个扩展实训资源的平台，有效地弥补了校内实训基地在设备、场地和功能上的局限性。校外实训基地的建设不仅解决了学校在实训基地建设上的资金和空间短缺问题，还为学生提供了更为真实的实践环境。由于企业的技术专家经常作为兼职教师参与校外实训基地的运营，他们的专业知识和实践经验为学生提供了宝贵的学习资源，同时缓解了校内实训教学的压力。而且，学生在校外实训基地的学习经历更接近真实的工作环境，这不仅有助于他们更好地掌握专业技能，提高实践操作能力，还能让他们更深入地了解自己所学专业在社会中的应用和价值，为将来的职业生涯打下坚实基础。

2. 提升学生就业竞争力，缩短工作适应期

在当前的就业市场中，企业对毕业生的实际操作能力和工作经验的要求日益加强。校外实训基地作为重要的桥梁，将学生与真实的生产、建设、管理和服务环境紧密地联系起来，通过工学交替和顶岗实习的方式，让学生有机会深入现代企业中，体验真实的工作氛围，熟知行业的前沿技术和生产流程。这不仅使他们迅速掌握岗位技能和专业知识，还积累了宝贵的实际工作经验。而且学生在实训中可以学会如何进行团队合作、群体沟通和组织协调，这些都是现代生产和科技进步所强调的重要素质。此外，校外实训基地的规章制度和员工行为规范也为学生提供了一个培养职业素养、职业道德和职业意识的实践平台。这种真实的、规范化的职业环境为学生提供了一个模拟的工作场景，能帮助他们更好地适应未来的工作生活。

3. 推动学校教育教学改革，增强整体办学实力

校外实训基地为高等教育创造了一个独特的"工学交替"环境，为学生

提供了与真实工作环境紧密结合的学习机会。这种实践性的学习方式不仅能帮助学生更好地理解理论知识，还能够使他们迅速适应未来的职业生涯。更重要的是，通过与校外实训基地的紧密合作，学校可以直接了解社会对于人才的真实需求，从而及时调整教育策略，使之更加贴近市场需求。另外，校外实训基地的建设也为学校提供了一个宝贵的反馈机制，学校可以通过这些基地发现自身在师资、专业设置、课程内容和教学方法等方面的不足，从而进行有针对性的改革。例如，学校可以派遣教师到这些基地进行实地培训，或者邀请企业的技术专家担任兼职教师，这样不仅可以提高教师的教学水平，还可以增强学校与企业之间的互动。同时，企业的专家也可以参与学校的专业设置和课程开发中，确保教育内容与市场需求保持同步。

4.强化社会服务能力，扩大学校影响力和辐射力

通过建设校外实训基地，应用型高校不仅为技能型紧缺人才和农村劳动力提供了培训机会，还为地方经济发展提供了科技服务。这种有机结合使得校外实训基地成为一个功能齐全的平台，能够全面提升学校的科技服务能力。与此同时，校外实训基地为学校教师提供了一个宝贵的平台，他们可以在此开展科学研究和技术推广，并将研究成果，如先进的生产技术、新型材料或工艺等，通过实训基地推广到地方，为当地经济发展提供技术支持。这不仅能够为社会带来实际的经济效益和社会效益，还能扩大学校的社会影响力和辐射范围。

（二）校外实训基地的分类

根据学校与企业合作程度的不同，可以将校外实训基地划分为三种不同类型，如图 5-5 所示。

图 5-5　校外实训基地的分类

1.紧密型校外实训基地

　　紧密型校外实训基地指的是与学院建立持续、稳定的合作关系，通过签署正式的合作协议，确保双方长期稳定合作的校外实训基地。这类基地不仅频繁地与学院进行双向交流，还能够充分利用其资源和设施，为学生提供高质量的实习和实训机会。多年来，它已经成为学生进行认识实习、专业实训和顶岗实习的首选场所。此外，紧密型实训基地还能够为学院提供实践指导教师，并为毕业生提供实习和就业的机会。

　　紧密型实训基地与校内的综合实训基地在功能上具有相似性，但两者的组织形式有所不同。两者都在科研转化、"双师型"教师培养、技能培训和社会培训等领域起到了关键作用。但紧密型实训基地由于其独特的位置和与企业的深度合作，使其在为学生提供真实的工作环境和工作流程方面具有更大优势。因为紧密型实训基地本身就是一个具备完整运营和管理体系的社会组织，它能够为学生提供一个更接近真实工作场景的学习和实践平台，帮助学生更好地适应未来的职业生涯。

2. 半紧密型校外实训基地

半紧密型校外实训基地指的是与学院之间建立稳定的合作关系，签署正式的合作协议，双方保持有效的交流与合作的校外实训基地。这种基地不仅为学生提供了现场参观和认识实习的机会，还能够从中选派经验丰富的实践指导教师来指导学生。它与紧密型实训基地在深度合作程度上有所不同。

3. 协议型校外实训基地

协议型校外实训基地指的是与学院之间存在规范的合作协议，展现出初步的合作意向的校外实训基地。尽管这种基地在短期内可能只能有限地合作甚至不能安排学生进行实习和实训，但它具有巨大的发展潜力。这种实训基地可以逐渐转化为学生的就业基地。特别是在学生即将毕业的时候，这里不仅为他们提供了实习教学的机会，还为他们提供了岗前培训，帮助他们更好地适应未来的工作环境，为他们的职业生涯打下坚实基础。

（三）校外实训基地建设的原则

1. 系统性及实用性原则

首先，校外实训基地的建设应当与行业和企业的用人需求相匹配，确保其与人才培养目标一致。这不仅有助于提高实训基地的创新性和合理性，而且能够确保其与行业发展和企业需求同步。其次，校外实训基地应根据学生的特性和需求制定合适的培训方案，确保教学内容与实际工作紧密结合，培养学生的职业能力和素养。此外，实训基地的硬件设施不仅要支持软件应用，还要与明确的培养目标和标准相匹配，从而推动系统性工程的建立和完善。

2. 仿真性及开放性原则

所谓仿真性，是指实训基地在建设过程中，要与真实工作岗位一致。这不仅涉及工作流程和内容的相似性，还要注重培养学生的创新能力，使他们在未来的职业生涯中能够持续进步。通过在仿真的工作环境中进行实践，学生不仅可以加深对理论知识的理解，还能有效提高自己的实践和技术能力。所谓开放性，是指相关实习平台不仅要向学生开放，也要面向社会和企业及行业开放。这种开放性可以促进学校、企业和行业之间的互动，为合作机制的建立和完善提供参考。在此过程中，高校应密切关注各方反馈，根据反馈及时调整教学内容和方式，确保教学的质量和效果都能达到预期目标。

3.前瞻性及多功能原则

所谓前瞻性，是指校外实训基地在建设过程中必须保持时代前沿地位。例如，为了适应现代化的信息技术发展，校外实训基地可以融入大数据系统的应用。这种系统不仅可以通过数据分析来优化实训基地的资源配置，还可以引入更多的现代化设备和工具。这样，学生在校外实训基地中不仅能学习到传统的知识和技能，还能掌握最新的信息技术手段，为他们在未来的职业生涯中提供更多竞争优势。所谓多功能，是指校外实训基地不仅包含一定的教育功能，也要具有一定的服务功能及研发功能。这样可以确保实训基地不仅能为学生提供高质量的教育，还能为行业提供研发和服务支持，从而推动行业的持续发展和进步。此外，校外实训基地还应加强对学生综合能力的考核，为他们提供一个全方位的成长环境。例如，可以在校外实训基地中建立仿真的银行业务、财务管理和数据核算流程，使学生在实际操作中深入了解和掌握这些业务流程，从而更好地为未来的职业生涯做好准备。

（四）校外实训基地建设的模式

1.区域共享型实训基地

区域共享型实训基地是一个开放和合作的综合实训平台，其主要是服务区域经济并建立在该区域的经济基础之上。这种实训基地不仅是为学校的教学需求而建，更重要的是它向整个区域乃至更广泛的社会开放，旨在实现资源的最大化共享。它不仅是学校对外展示和服务的窗口，更是产学研结合的实际场所。其本质属性是共享性和开放性，这两大属性确保其能够充分发挥资源优势，为区域经济的发展做出贡献。

2. 校企合作型校外实训基地

校企合作型校外实训基地是学校与企业共同建设和运行的实训场所，旨在为学生提供更接近实际工作环境的实践和培训机会。这种基地通常位于企业内部或与企业紧密相连的地方，使学生能够直接接触真实的生产和经营活动。在这种实训基地中，学生不仅可以将所学理论知识与实际工作相结合，还可以了解企业文化和工作流程，为将来的职业生涯做好准备。同时，企业也可以通过这种合作方式，为自己培养和选拔未来的员工，实现双赢。

3. 松散型实训基地

松散型实训基地是针对企业短时间内难以承受大量实习生的情况而提出的一种实训模式。这种模式强调分散学生到不同的实训场所进行实践，而不是集中在某一特定企业。这种分散式的实训方式既能确保每位学生都获得高质量的实践机会，又能避免给任何一个企业带来过大压力。对于学生来说，他们可以在多样化的环境中学习，更好地适应不同的工作场景，增强其实践能力和适应性。

（五）校外实训基地建设与管理的建议

1. 充分运用企业优势

应用型高校和企业都有独特优势，高校在教育培训方面有丰富的经验，而企业在实际操作和技术应用方面更为熟练。根据行业对人才的实际需求，可以为学生提供更为贴近实际的实训机会。在合作过程中，应用型高校要充分利用和依靠国家产教融合政策，尊重企业的利益诉求，找到各方的利益平衡点，确保合作双方都能从中受益。根据不同地区的实际情况，因地制宜地推进合作，使企业真正成为应用型高等教育的坚强后盾，共同推动人才培养的质量和效果。

2. 充分考虑企业利益诉求

应用型高校在建设校外实训基地时，充分考虑企业的利益诉求是确保双方长期合作的关键，但这一点常常被学校所忽视。首先，企业对于高素质的技能型人才的渴求是明确的，这与学校的培养目标一致，因此在此基础上，双方可以轻易地达成共识。为了满足企业的这一需求，学校应当重视选拔过程，确保派遣到企业的学生都是专业对口、素质出众的。其次，企业往往更加关心学生实习是否会对其正常的生产活动产生影响，因为企业的人力资源有限，他们担心无法有效管理大量实习生。为此，学校可以派遣有经验、专业背景强、责任心重的教师到企业，帮助企业共同管理学生，同时作为学校和企业之间的桥梁，帮助双方更好地沟通和协作。这样的做法不仅可以确保学生的实习质量，还可以帮助企业解决实习管理的问题，同时为学生提供一个更好的实习环境和学习机会。

3. 关心学生个性化需求

通常来说，学生在选择实训基地时，关注点集中在以下几点：一是生活的便利性，包括住宿、餐饮和日常生活的便捷；二是实习期间的津贴以及转正后的待遇和薪资水平；三是企业的地理位置，因为它直接影响学生的日常通勤和生活成本；四是职业发展机会和晋升路径。基于此，学校和企业可以通力合作，共同为学生创造一个良好的实训环境。例如，改进宿舍设施、提供便捷的交通工具，以及增设休闲和娱乐设施，增加实训基地的吸引力。在薪酬方面，可以根据学生的表现和考核结果，提供逐步增长的津贴，激励学生更加努力地工作，同时减少他们跳槽到其他企业的可能性。建议实习期为 6 个月，之后可以根据学生表现选择是否转正，这样既可以保证学生有足够的时间适应工作，也可以为企业带来稳定的人才储备。

4. 学校适度增加在校外实训基地的经费投入

学校通过充分利用企业资源为学生提供实践培训，可以在一定程度上减少在校内的实验和实训设备上的经费投入。这可以有效降低学校的成本，同时确保学生获得高质量的实践经验。为此，学校需要适当增加在校外实训基地的建设和运营上的经费投入，确保学校在合作中获得更大利益，同时确保企业也从中受益，从而实现双方共赢。

5.增强企业服务，维系校企情感

首先，学校需要深入了解企业的需求和挑战，与企业进行深度合作，提供有针对性的服务。例如，学校可以为企业员工提供专业培训，协助企业进行专利申报，并参与解决企业的技术难题。这样的合作不仅可以加强双方的联系，还可以为学校带来更多的实践机会。其次，学校应定期组织校企交流活动，加强双方的情感联系。这可以通过举办各种活动来实现，如表彰在实训基地表现出色的集体和个人、邀请企业专家参与学校的专业建设研讨，以及在学校和企业的重要活动中互派代表，在加深双方了解的同时，还能为实训基地的持续发展提供支持。

第六章　应用型高校"双师型"教师队伍的建设

第一节　"双师型"教师的内涵

一、"双师型"教师的定义

严格来说，"双师型"教师属于一种行政称谓，在我国主要指职业技术学校的教师。目前，对于"双师型"教师的定义，学界并没有达成共识。从各种文献资料的分析中可以看出，"双师型"教学的定义主要有四种不同观点：第一，"双证说"。这种说法强调职业学校教师应持证上岗，即职业学校教师应持有专业教师资格证和行业技能等级证。这两证不仅证明了教师的专业知识和技能，还成为评估其是否符合职业教师资格的重要依据。第二，"双素质说"。这种说法强调职业学校教师应具有较强的实际能力，一方面，要具备深厚的专业基础，包括但不限于教育学、心理学等领域的理论知识；另一方面，应掌握高超的职业技术能力，确保在教学过程中能够与实际应用相结合。第三，"叠加学说"。这种观点强调"双师型"教师不仅应持有从业资格证和技术等级证，还应具有真才实学。该观点是对"双证说"和"双素质说"两种观点的综合，对"双师型"教师提出了更高标准的要求。第四，"双层次说"。这一观点赋予了"双师型"教师更加丰富的内涵，从层次上将教师的资格标准划分为低层次和高层次，低层次主要是指教师的理论知识和技术能力，高层次主要是指教师的师德和引导学生的能力。

笔者认为，"双师型"教师是指任教于高职院校的专业教师，一方面满足"双师型"教师的基本内涵和要求，即具备相应素质与能力；另一方面，持有"双证"，即教师资格证和职业技能等级证。这类教师不仅擅长进行专业理论的授课，而且能在实践教学中为学生提供直观的指导和帮助，更重要的是，能将自身在技术岗位上的经验和工作成果转化为教学设计和内容，确保教育内容既具有理论深度，又具有实践的针对性。

二、"双师型"教师的理论基础

（一）人力资源管理论

人力资源是社会中的宝贵财富，其管理需要科学、合理的方法。通过对一定物力相结合的人力资源进行组织、培训和调配，使人力、物力保持最佳的配比水平。与此同时，对人的思想和行为的引导和调整也至关重要，目的是充分发挥其主观能动性，确保人和资源都能得到充分使用。人力资源管理是促进组织目标实现的有效手段，涉及招聘、选拔、培训、管理与考核、激励以及规章制度等环节。特别是在高等院校当中，现代的人力资源管理不仅关注学校人员的配置和整合，还注重人才的培养、思想觉悟的提高以及他们在团队中的工作态度和合作精神的培育。要想实现这些目标，需要根据具体情况，为人力资源制定合理的发展目标、管理规划、评价标准以及培养计划等。其中，对高校教师队伍的管理必须进行深入且长远的规划，不仅要对当前的资源进行分配，还要预测未来的需求。高校需要对教师队伍的年龄、专业背景和学历水平等进行全面评估，不仅要确保知识的有效传承和更新，还要确保教学方法和内容的多样性。特别是在专兼职结合上面，兼职教师，尤其那些在业界有丰富经验的专家，可以为学生带来实际的、现场的知识和经验，从而丰富课程内容。而专职教师则可以持续为学生提供教学和学术指导。通过专兼职结合，学校可以确保其教育资源与发展策略保持一致，使学校与教师队伍共同成长。此外，学校文化的建设也不容忽视。一个积极、鼓励探索、团结和谐的学术氛围对教师成长十分有益。教师在这样的环境中不仅可以高效地教学，还能进行有意义的科研活动。因此，高校必须确保每位教师都能将提高工作效率和质量视为首要任务。

（二）教师专业论

教师专业化是一个持续的过程，指的是教师在其职业生涯中通过持续学习和培训，不断强化自己的职业道德水平、深化专业知识，并精进其教育技能，从一个入门级的教育者成长为一个高度专业化的教育专家。相比其他领域的职业，教师的专业化有其独特之处。为满足这一特殊性，培养专业化的教师不仅需要特定的方法和策略，更要建立和完善相应的管理制度，为教师提供独特的职业条件。教师的专业化涉及学科专业化和教育专业化，因此，要对教师的专业知识、教学能力、职业道德水平等方面进行严格的规定与考核。"双师型"教师是高等院校教师专业化的主要方式，也能理解成高校教师的"双素质化"。教师一般文化水平、教育科学知识以及行业素质构成了高等院校"双师型"教师素质的主要内容，也是实现职业院校教师队伍专业化的主要目标。

（三）学习型组织论

学习型组织的概念最早由美国系统动力学创始人佛睿斯特在 1965 年提出，随后得到了广大研究者的关注。其中，美国管理学大师、麻省理工学院彼得·圣吉的著作《学习型组织的艺术与实务》对学习型组织的概念进行了较为细致的阐述。彼得·圣吉主张，学习型组织不仅是一个简单的学习场所，而是一个能够鼓励其成员发掘与展现自己的潜能，积极与团队合作，形成集体智慧和创新的空间。[①] 在该组织中，每位成员都享有自主学习的权利和机会，同时他们也积极助人，与其他成员分享知识和经验，促使整个组织的综合能力超越了单纯个体之和，达到了真正的"1+1>2"的效果，这是"学习型组织"的最终目的。

高等教育的主要任务之一是培养高质量的人才，而这背后的关键驱动力是教师的专业能力和工作热情。在当今的教育环境中，教师不仅要具备丰富的学科知识，还需要不断地自我更新和学习，以保持在前沿领域的竞争力。由此一来，教师不仅能满足"双师型"标准中的技能和知识要求，还能为学生提供与时俱进的教育资源。引入学习型组织的理念到"双师型"师资的建设中，可以进一步增强团队的凝聚力和创新能力。在这样的学习环境中，每位团队成员

---

① 圣吉.第五项修炼：学习型组织的艺术与实务[M].郭进隆，译.上海：上海三联书店，2002：227-261.

都会被鼓励去探索、去研究和去分享，形成一种共同成长和进步的正向循环，加快教师实际经验向教学内容的转化，从而丰富课程，提升学生的实践经验和综合素质，使高校的教育质量与社会实际需求结合得更加紧密。

三、"双师型"教师人才特征

"双师型"教师人才特征主要包括以下几点，如图6-1所示。

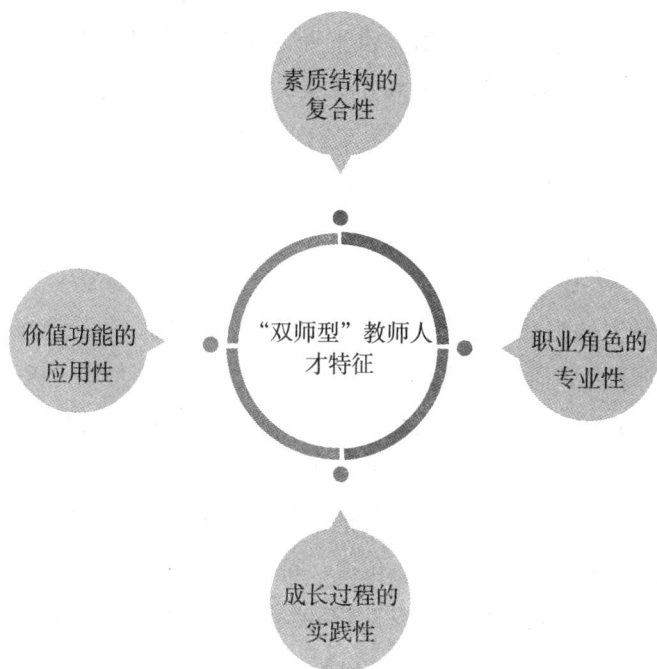

图6-1　"双师型"教师人才特征

（一）素质结构的复合性

在某种意义上讲，"双师型"教师属于特殊复合型人才的一种，在其素质结构的多个维度上呈现出复合性特点。具体表现在以下几方面：

一是理论与实践的统一。"双师型"教师不仅在专业领域拥有深厚的理论知识，也精通相关的实际操作和技能。在理论维度，他们不仅理解和掌握相关专业的基础理论，还对教育的本质和方法有深入的理解，能够有效地指导学生，并培养出能够适应社会需求的高质量人才。在实践层面，"双师型"教师具有双重技能。第一，具备与生产和行业直接相关的技能，包括但不限于熟练操作专业设备，应用新技术，进行设备调试、使用和维护，以及掌握专业软件和工具；第二，具备一定的工程设计、技术研发以及创新能力，使其在教学中能够灵活应对实际问题，为学生提供真实、前沿的案例。

二是教学与研发的统一。"双师型"教师不只是站在讲台上传授知识的讲师，更是工业界的应用技术研发者。当企业面临技术瓶颈时，"双师型"教师可以在第一时间参与进来，运用他们的专业知识与经验，针对性地解决问题，推动技术创新与发展。这类教师的研发能力更多是聚焦满足行业的应用技术服务需求，特别是技术创新和技术开发两个方面。

三是知识与技能的统一。"双师型"教师素质是知识与技能的统一。在知识层面，这些教师不仅精通教育学理论，更是某一专业领域的专家。例如，外贸专业的"双师型"教师，其知识体系既涵盖了外语知识，又包括了国贸、国际结算、国际商法等业务知识。在技能方面，"双师型"教师不仅具备在实践教学中的具体技能指导，还表现为紧随行业趋势的技术跟踪能力和具体的操作技术开发能力。针对外贸专业，"双师型"教师不仅能够教授理论知识，还能指导学生进行市场调研、价格核算、合同起草及执行等实际业务操作。

四是教育与专业的统一。"双师型"教师不仅持有教育领域的教师资格证，还持有某个专业领域的职业资格证，具备在特定领域内的深厚专业实力。这种跨越教育与某一特定领域的能力确保了他们在教育时既具备专业的深度，又能够以教育者的角度去培养、指导学生。

（二）职业角色的专业性

如今，"双师型"教师逐渐成为职业教育教师的标杆形象，它不仅是一个称呼，更代表着一种专业。从产生背景过程来看，"双师型"教师是专业化价值诉求的产物。在探寻职业教育教师如何专业化的历程中，"双师型"理念应运而生。这一特殊的职业身份强调了理论知识和实践技能的双重重要性，显示了我国对职业教育教师专业发展的高度重视。这样的要求并非仅限于某些特定的职业教育教师，而是普遍适用于整个职业教育领域，强调全体教师都应致力于达到"双师型"的标准。从资格标准来看，"双师型"教师的职业身份具有专业性。"双证"（教师资格证和职业技能证）不仅是"双师型"教师的专业特色，还是其不同于普通教育教师的显著、关键特点。从培养方式来看，"双师型"教师需要专门化的机构和途径进行培养。单纯依靠工厂、企业或普通高校，包括普通师范院校，很难培养出符合要求的"双师型"教师。原因在于"双师型"教师不仅需要具备深厚的专业知识和技能，还要有教育领域的理论和实践经验。这种双重要求超出了单一机构的培养范畴。因此，要确保"双师型"教师的高质量培养，就需要有专门化的培训机构和途径。

（三）成长过程的实践性

"双师型"教师的成长既是知识的积累，又是实践智慧的沉淀。教师的工作，特别是育人，远超过单纯的技能和方法，更多地体现为一种艺术。这种育人的艺术并不是机械化或模式化的操作，而是深受教师实践性智慧影响的独特方式。实践性智慧源于教师在教学中的真实体验、挑战和自我反思，使得他们能够更有深度地理解和应对复杂的教育情境。

首先，在"双师型"教师的成长过程中，实践和互动是关键元素。近年来，教育界趋势已明确指向两个方向：一方面，不再仅仅谈论"教师专业发展"，而是更多强调"教师终身学习"的理念，因为教育是一个永不停歇的旅程，教师也需持续地更新和扩充其知识和技能；另一方面，过去对于教师的专业发展过于侧重个体学习，而现在的趋势是鼓励建立实践共同体，让教师在集体中学习和成长。

其次，"双师型"教师是个性的价值体验。"双师型"教师的成长过程远非单纯的模式化教育、理论指导或技术训练所能比拟。实际上，"双师型"教师的发展过程是一个持续的自我批判和反思之旅。更精准地说，是一种将产业实践技艺与教育教学艺术完美结合的过程。

最后，"双师型"教师的成长根植真实的、特定的情境中。事实上，许多职业院校的教师直接从非师范背景进入教育领域，很多人上讲台前并没有足够的教育实践和企业经验，这使他们在技术应用和实际操作方面面临挑战。而"双师型"教师的特点就在于其长期的实践经验，更加擅长从真实、特定的情境中汲取经验，有助于培养学生的实践技能。不仅如此，不同学生之间存在着显著差异。他们更加注重技能的培训和实际应用，这就要求教师不仅具备专业技能，还需要有丰富的教学经验来满足这些特殊的学生群体。为了深入理解这些学生，教师必须具备广泛的教育知识，这种知识不仅是书本上的，还包括对职业院校学生特点的深入理解，具备与之匹配的教育理念和对学生的看法。而这种深层次的理解只能通过长时间的实践来获得。

（四）价值功能的应用性

从价值功能角度来看，"双师型"教师具有应用性，是培养应用型人才的教师，旨在教会学生职业技能，并将技术技能应用于实践当中。"双师型"教师是影响职业教育高质量发展的关键因素。"双师型"教师兼具教育教学与实践经验，既熟知教育理论，又深入企业一线，了解产业发展需求，掌握最新的生产技术与工艺，能够更为准确地识别企业的用人需求，从而为学生提供更为贴近市场、具有前瞻性的技能训练，确保学生毕业后能迅速适应工作岗位。职业教育的公平性与"双师型"教师的培养有关。因为这类教师能够有效弥补教育与产业界之间的鸿沟，为学生提供更为公正、客观的职业发展机会。"双师型"教师的双重身份使得教育过程不再仅仅依赖书本，而是真正融入实践，使学生在学习中得到真实、全面的职业体验。"双师型"教师在推动职业教育文化传承上展现出了重要价值。其不仅传授技能，更传承工匠精神，倡导专业态度，使学生在掌握技能的同时，也形成了正确的职业观和价值观。

除此之外，在职业院校的专业建设环节，"双师型"教师发挥着不可替代的作用。"双师型"教师是专业建设的中坚力量，凭借对行业和教育的双重认知，为学院带来了核心的竞争力。以课程开发为例，"双师型"教师对于高技能人才的知识、能力、素质要求有着深刻理解。因此，其在课程体系设计、教学内容开发等方面都能做出更为合理、系统的规划。通过与企业专家合作，还可以开发出结合了工学的特色教材，为学生提供更为实用、贴近实际的学习资源。在这一系列环节中，"双师型"教师都起到核心骨干的作用，他们既是连接学校与企业的桥梁，也是保障职业教育高质量发展的关键。

四、应用型高校建设"双师型"教师队伍的必要性

在应用型高校的改革与发展中，"双师型"教师扮演了关键角色。作为教学与实践两方面都具备专长的教育者，他们能够更直观、更实际地将知识和技

能传授给学生。进一步加强对"双师型"教师的专业培养和发展将有助于构建更加高质量的教师队伍，这对提升应用型高校的整体教学质量和科研成果具有积极意义。因此，为了应用型高校的持续和健康发展，建设"双师型"教师队伍至关重要，这不仅能确保教育的实际效果，还有助于推动应用型高等教育在学术与实践中取得更大突破。

在教育系统中，应用型高校的独特定位意味着其有责任为社会和企业输送既掌握深厚理论知识，又拥有实际操作技能的应用型人才。应用型高校在实际的教学过程中经常面临一些挑战。其中较为明显的问题就是部分教师在课堂上讲解理论知识时可以做到从容不迫，但面对实践指导时却显得无从下手；教师所教授的技术内容并没有做到与时俱进，导致学生在毕业后进入实际工作环境时，很难将所学应用到实践中。针对这些问题，应用型高校逐渐意识到"双师型"教师在人才培养中的重要价值，这类教师不仅具备深厚的理论背景，还拥有丰富的行业经验和实践能力。他们能够为学生提供真实、前沿的技术知识，同时指导他们如何将这些知识运用到真实的工作场景中。这正是应用型高校所追求的教育目标：培养出既理论扎实，又实践能力精湛的应用型人才。因此，要想实现这一目标，加强"双师型"教师的专业发展显得尤为关键。一方面，教师要持续参加培训和学习机会，以在自己的专业领域保持前沿；另一方面，在教育教学方法上进行不断更新和创新，确保在教授学生时不仅有深入的理论基础，还能为学生提供真实的实践指导。如此一来，学生在完成学业后，不仅能够熟练掌握所学专业的理论知识，更能够在实际工作中发挥其专业技能，满足社会和企业的需求。

"双师型"教师的质量决定着应用型高校培养出的学生的实际操作能力与理论知识深度。为了满足社会和行业的高要求，应用型高校必须构建一个既数量充足、质量上乘，又结构合理的"双师型"教师队伍，这就要求高校不仅招聘到有行业经验的教师，还要保证他们在教学方法、技能和理论知识上都处于行业前沿。同时，高校还需为这些教师提供持续的培训和发展机会，使他们能够跟上行业的发展节奏，不断更新自己的知识和技能。在我国应用型高等教育改革发展的大背景下，重视"双师型"教师队伍的建设显得尤为关键。因为只有高质量的"双师型"教师队伍才能确保应用型高校培养出真正能够适应社会和企业需求，既有深厚理论基础，又有实践能力的高素质人才。

第二节 应用型高校"双师型"教师的素质要求

一、应用型高校教师的职业特点

国务院办公厅《关于深化产教融合的若干意见》提出:"推动职业学校、应用型本科高校与大中型企业合作建设'双师型'教师培养培训基地。"校企合作、产教融合等办学模式强调行业与企业的紧密结合,这不仅适用于职业教育,也已经被广泛应用于应用型高校的人才培养和师资队伍建设中,确保了教育与实际产业之间的无缝对接,使得学生在学习过程中能够紧密贴合现实需求,为未来职场做好充分准备。同时,企业也从中获益,因为他们可以直接参与人才培养过程,确保毕业生拥有与企业实际需求相匹配的技能。这一模式的有效运用证明了应用型高校进行校企合作和产教融合是大势所趋。由此可以推断,与普通高校教师相比,应用型高校教师具有以下几点更鲜明的职业特点,如图6-2所示。

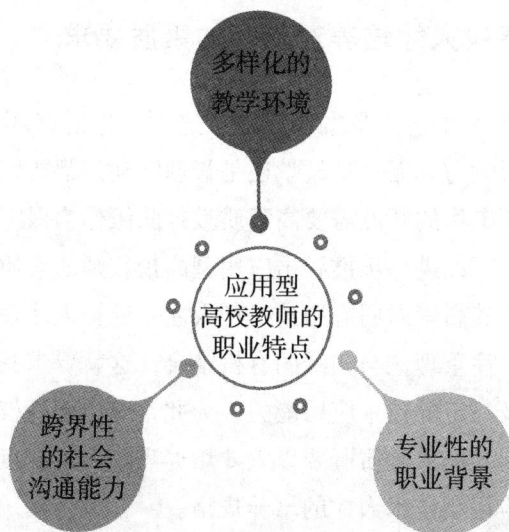

图6-2 应用型高校教师的职业特点

一是多样化的教学环境。与普通高校教师相比，应用型高校教师不仅在校园里授课，还经常深入企业和工作场所，指导学生的实习实训活动。这样的环境转换使得其需要具备更为强大的教学能力和适应性，快速适应各种不同的教学环境，确保学生在各种环境下都能获得高质量的学习体验。而这也使其在教学中融入了更多的实际应用和实例，更好地帮助学生理解和掌握知识。二是专业性的职业背景。应用型高校注重实践教学，这就对教师的专业背景提出了更高要求。教师不仅需要具备深厚的理论知识，还要有丰富的行业经验和实践背景。需要将实际经验和案例融入在教学，确保学生在学习中能够更好地完成实习实训、毕业设计等任务。而这也意味着应用型高校教师在职业生涯中，不仅要不断更新和拓展自己的学术知识，还要持续地与行业接轨，保持自己的实践敏感性和前瞻性。三是跨界性的社会沟通能力。应用型高校教师不仅要与学生进行深入的教育沟通，还要与各种行业企业建立和维持良好的合作关系。这需要其具备出色的沟通技巧和社交能力，能够理解和满足企业的实际需求，同时能够将学术研究与企业实践相结合，共同推进行业的发展。与此同时，应用型高校教师还常常担任企业的技术咨询和培训讲师任务，需要为企业解决实际问题，提供技术支持，这也使得他们在社会中拥有了更为广泛和深入的影响力。

二、应用型高校人才培养对教师的素质要求

在高等院校中，人才培养是本质职能，这项工作的好坏直接决定了教育质量和学校的整体影响力。无论是教学还是管理活动，都要紧紧围绕着人才培养工作进行，而这项工作的开展需要高素质教师队伍作为保障。根据应用型人才培养的规格要求，可以进一步推导出应用型高校教师的素质特征。高等院校的人才培养目标是培养高素质的应用技术型人才，这类人才在企业实践过程中所面对的是岗位群，注重理论与实践的有机结合，这就要求其具备扎实的专业理论知识基础，以及一定的技术应用能力。为此，应用型高校教师作为肩负人才培养使命的主体，其能力素质既要以人才培养需要为出发点，又要以此为基础进行拓展，超过应用型技术人才的培养规格。

具体来说，应用型高校人才培养对教师的素质要求可以细分为基本素质和专业素质两大部分。其中，基本素质要求涵盖了教学、科研、社会服务以及

文化传承等方面，这也是培养高级专门人才培养所需的基本素质要求。专业素质则特指"双师型"教师的要求，这不仅是基本素质的拓展，更体现了"双师型"教师在实践与教学中所应有的特质和能力。

应用型高等教育属于一种应用性专业教育，旨在培养具备实际应用能力的专业人才。尽管不是所有地方的应用型高校完全聚焦应用型人才的培养，但多数还是以此为主要目标，这就要求高校教师必须具备相应的基本素质和能力。从广义角度来看，现代大学的职责不仅局限于教学和科学研究，还涉及服务社会、文化传承。对于"双师型"教师而言，这意味着其不仅需要在教育和专业实践上有所造诣，还需要具备跨界的能力，确保能够在大学的各大职能中发挥其特长和影响力。从狭义角度来看，"双师型"教师专业发展应该具备的基本素质主要包括教育信念、知识、能力、专业态度和动机、自我专业发展需要和意识。

除了这些基本素质，为了培养应用型人才，应用型高校还要求教师具备一些专业素质。双师型教师不仅拥有坚实的基础理论知识和高水平教学技能，还拥有良好的专业实践能力和丰富的实际工作经验。把握"双师型"教师的内涵有助于探求对"双师型"教师的专业素质要求。应用型大学为了拥有高质量的"双师型"师资，通常会采取两种策略：第一，从现有的教师队伍中筛选出那些具备潜质的教师，并为他们提供进一步的培训和实践机会，确保其在教学技能和实践经验上都达到"双师型"教师的要求。第二，直接从各个行业中挑选表现出色的专业人才，邀请其加入教师团队，这样既可以确保其在专业实践上的经验丰富，同时可以通过进一步培训，提高其教学水平。具体来说，"双师型"教师所需要的专业素质主要包括四方面内容：一是坚实的基础理论知识，以确保在教学过程中能够为学生提供权威和准确的知识；二是高水平的教学技能，能够采用有效的方法，将知识和技能传授给学生；三是良好的专业实践能力，确保在面对实际问题时，可以为学生提供真实和有价值的经验；四是丰富的实际工作经验，能够为学生提供关于职场和行业的实用建议。

三、应用型高校"双师型"教师的特性

从人才培养目标来看，应用型高等院校和高职院校之间存在着诸多相似之处，两者均秉承了理论知识与实践能力相结合的教育理念，旨在培养学生

扎实的理论基础和良好的动手能力，塑造技术应用型人才，从而满足区域经济和社会发展的需求。从教学方法来看，应用型高等院校和高职院校都强调理论教学与实践教学的紧密结合，确保学生在掌握专业知识的同时，具备将理论知识应用到实际工作中的能力。从知识规格来看，两种院校都注重培养学生的相关专业理论知识和应用理论基础。从服务面向上看，两种院校均服务区域经济和社会经济的可持续发展。但应用型高等院校与高职院校之间也存在着一些显著的差异：从学制来看，应用型高校的学习周期通常为四年，而高职院校为三年；从人才培养类型来看，应用型高校更注重培养复合型人才，而高职院校更注重培养职业技能型人才。

因此，相较高职院校，应用型高等院校在"双师型"教师的标准上设定了更高的门槛。这不仅要求教师拥有深厚的理论基础和丰富的学科知识，更重视教师的实践经验和教学能力。这意味着应用型高等院校的"双师型"教师不仅要在教学和学科领域展现出卓越的才华，还需要在实际工作中积累丰富的经验，这种经验能使教师更好地将理论与实践相结合，为学生提供实用的知识。应用型高等院校所培养的人才除了掌握一技之长，还应具备设计研发能力。这是因为应用型高校的教育目标不仅局限于传授实践技能，更强调智性技能的培养。这种智性技能涉及快速吸收新知识、在关键时刻做出决策、具有敏锐的分析思维等，使得学生能够在复杂的工作环境中迅速适应和应对。

此外，作为以本科层次为主的高等院校，应用型高校需要体现高等教育属性，承担起进行科学研究的基本社会职能。但这与普通高校的学术性研究有所不同，应用型高校的研究取向并非纯学术性质，而是更加偏向应用技术，旨在服务地方的发展和满足行业的具体需求。为了实现这一目标，应用型高校对"双师型"教师提出了相应要求，即要求教师既有教育和教学的能力，也需要具备工程技术实践的实际经验。因此，从理论逻辑来看，应用型高校"双师型"教师的特性主要表现为两方面：一是不仅要具备传统教师的教育教学能力，更需拥有工程师的实际操作与实践能力，这种"双重性"能力素质意味着他们既能够进行高效的理论教学，又能在专业实践中为学生提供真实的操作经验和指导；二是相比中高职教育中的"双师型"教师，应用型高校的"双师型"教师需具备更高水平的应用技术研究能力，在培养学生的应用技能时，还需要引导学生探索新的技术研究领域。

第三节　应用型高校"双师型"教师专业发展模式

从"双师型"教师的来源来看，主要有两种来源形式，即"引进来"和"走出去"，两种来源形式的发展模式的侧重点各有不同，主要表现在"双师型"教师资格认证标准和素质要求两方面。在"双师型"教师资格的认证标准上，各地和学校之间尚未形成统一标准。多数高校和地方教育部门都是根据自身的实际情况和需求，为"双师型"教师制定了相应的资格标准。这种多样性有助于满足不同高校的特定需求，但也可能导致标准之间存在差异，甚至出现资质参差不齐的情况。为了构建高效、高质的"双师型"教师队伍，应坚持"引进来"和"走出去"相结合，为学生提供更全面、更实用的教学内容，从而促进学生的全面发展。

一、"引进来"双师型教师专业发展模式

"引进来"双师型教师专业发展，就其来源而言，在于"引"自何处。当前，应用型高校主要从各行各业或特定的企业中吸引拥有深厚实务工作经验的高级技术人才，旨在确保教师不仅在理论上有深入的了解，还能够为学生提供真实的行业经验。但这种模式也带来了一个问题：如何准确定义并认定来自行业的高级技术人才具备"双师型"教师的标准。对于"双师型"教师的资格认定，尽管各高校和地方都有自己的认定方式，但国家层面还缺乏一个综合性、统一的认定标准，特别是一个能够结合各个专业特点的标准。这种缺失可能导致认定过程中出现标准不一、水平参差不齐的情况，从而影响"双师型"教师队伍的整体质量和效果。因此，建立一个结合国家层面与专业特点的认定体系是迫切需要解决的问题。

"引进来"双师型教师专业发展是对教育质量的重要保障，要严格把关"双师型"教师资格认定标准，对学历、行业经验、职称、研究项目等做出相应要求。学历不仅是对个人知识储备的一个基础体现，也是对其学术能力的一个基本保证；行业经验可以帮助学生受益于真实的实践操作和行业动态；职称

作为教师职业发展的重要指标之一，可以反映其在教育和行业中的影响力和地位；研究项目可以证明教师在实际操作和研究中的能力，确保其不仅具有实践经验，还有一定的研究深度。尽管各地和各高校在"双师型"教师资格标准上有所不同，但在当前的大背景下，"双师型"教师的资格标准可以上述的基本素质和专业素质要求为强制性规定。

面对复杂多变的行业需求，高校对"双师型"教师的招聘标准正进行着一系列调整，特别是在学历、行业经验、职称以及研究项目等方面，许多高校都有适当放宽的趋势。这样的变革有其现实的考量：一方面可以吸引更多拥有丰富实践经验的行业精英加入教育队伍；另一方面为教育注入了新的活力和创新。虽然在某些硬性指标上有所放宽，但对于"双师型"教师的资格认定标准，高校仍然持有严格的态度，视其为"双师型"教师专业发展的坚实基石。这也意味着除了专业背景和实践经验，这些教师在教育理念、教学技能等基本素质上也需满足一定标准。特别是对于地方应用型大学，其在引进"双师型"教师时，除了对其学历、行业经验、职称、研究项目等硬性指标有所要求，还特别强调基本素质的培养。因为这些从实践领域转型为教师的专家虽然在行业经验上有优势，但在教育教学方法、学生管理、沟通协调等方面可能存在不足。因此，"引进来"的双师型教师专业发展需要一个双重的目标：一方面是确保其在行业和学术上有足够的深度和广度；另一方面需要加强其作为教师的基本素质培养，确保其既能为学生提供高质量的实践教学，也能在教育教学中展现出应有的教育素养和教学技巧。

二、"走出去"双师型教师专业发展模式

"走出去"双师型教师专业发展，就其来源而言，在于"走"去何处。应用型高校为"双师型"教师提供了一条多样化的培养路径，不仅注重其学术资质，如职业资格证书、高级职称，还强调其实践经验的积累，确保教师不仅熟练掌握相关理论，还具备相关实际操作和行业应用的经验。"走出去"模式下的"双师型"教师，其资格标准涵盖了学历、职称、实际行业经验以及产学研的实践经验。地方应用型高校在制定"双师型"教师的资格标准时，应将上述因素视为核心要素，在此基础上，根据学校和地区的具体情况进行微调，确保标准既具有普适性，又具有针对性。除此之外，在素质要求方面，"走出去"

双师型教师更应该加强自身专业素质的养成。

"引进来"与"走出去"作为"双师型"教师专业发展的两大模式，对教师的资格认定标准和素质要求存在显著差异。这些差异不仅是内在的，而是需要依赖外部环境的正面激励来实现的。具体来说，"双师型"教师的基本素质和专业素质要求是其专业发展的明确目标。但要有效实现这些目标，仅仅设置高标准、高门槛是不够的。应用型高校需为此进行精心设计，针对教师的评聘、任用、晋升和薪酬待遇等重要环节，确立一系列鼓励和支持的政策。紧紧依靠这种"外在驱动力"，充分调动每一位"双师型"教师的"主观能动性"，使之全身心投身专业发展中，从而更有效地提升应用型人才的培养水平。教师专业发展是一个复杂的过程，既受到组织环境的"外在驱动力"影响，又依赖教师个人的"主观能动性"。学校规章制度、管理风格、公众信任等都属于这一"外在驱动力"的组成部分。例如，当学校为教师提供明确的职业道路、良好的晋升机制时，教师可能更有动力追求专业发展。同样，社会的期望和对教师职业的信任也对其产生了积极的激励作用。专业组织和工会则为教师提供了培训、学术交流和发声的平台，进一步推动教师不断前行。然而，仅仅依赖外部因素是不够的。教师的主观能动性同样关键，这意味着他们在面对挑战、机遇或决策时，需要主动采取行动、做出选择。比如，教育改革、学生行为问题或课堂挑战，可以促使教师进行自我反思、寻找新的策略或更好的方法。此外，教师的个性特征，如好奇心、决断力、持久性等，也会影响他们如何看待和处理专业上的问题和机遇。因此，教师专业发展是一个既受到外部环境影响，又强调个人能动性的过程，教师需要在其中找到平衡，持续地努力和成长。

第四节　应用型高校"双师型"教师队伍建设的路径

一、政府层面

为了确保"双师型"教师队伍的高质量发展，政府应该采取针对性措施。

首先，制定统一的"双师型"教师认证标准，确保全国范围内的标准化和高水平。其次，完善人事管理制度，确保教师的权益和职业发展得到保障。再次，强化校企合作，为教师提供实际的行业经验和资源。最后，增加资金支持，为"双师型"教师提供必要的培训和资源，确保其在教育领域发挥更大潜能，为教育事业贡献力量。

（一）规范"双师型"教师认证标准

建立科学合理的"双师型"教师认证标准是应用型高校师资队伍建设的基本保证。当前，部分地方应用型高校自行制定了各自的"双师型"教师认证标准，这种情况下不可避免地会出现标准参差不齐的现象，有可能对整体的教师培养和学生教育带来不利影响。因此，制定统一、严格的"双师型"教师认定标准是促进应用型高校健康发展的必要措施。省级层面对此有相应的责任和作用，应当起到领导和协调的作用，确保各地高校在"双师型"教师的培养与使用上达到统一的高标准，为高等教育事业提供坚实的师资支撑。

统一的"双师型"教师认证标准不仅能确保师资队伍的建设更具系统性和规范性，还响应了学校转型发展的现实需求。政府在此环节应扮演关键角色，明确和细化"双师型"教师的资格要求与认证流程。考虑到不同职业之间存在的特异性，认证标准应结合各个专业的具体特点，使之更有针对性、更为实用。这种精细化的方法不仅增强了认证的针对性，而且提高了执行的可操作性。有了明确的"双师型"教师标准，能更好地统一教育界对"双师型"教师的认知，确保其培养路径明确、步骤有序，大大提高整体教育水平。

（二）规范人事管理制度

传统编制管理模式在高校人事管理中强调注重刚性的编制管理，导致应用型高校在引进高质量人才时遭遇种种阻碍。首先，由于老员工长期占据既有岗位，许多高校的编制名额被持续占用，从而缺少足够空间引进新的专业才华。其次，尽管高校对新进教师设定了严格的学历要求，如硕士或博士学位，但"编制内"与"编制外"人员在待遇上存在着明显差异，这种刚性的人事管理方式对高校的师资更新构成了巨大 挑战。因此，在当前实施任命制的背景下，改革传统人事管理方式是确保应用型高校能够适应时代发展，吸引并培养更多高质量人才的关键。

政府在"双师型"教师编制认定上应进行适当修改。首先，更新认定办法，确保具备卓越教学和实践技能的教师能够获得正式编制。相较维护传统、固定的编制体系，这样的策略更能激励并保留那些真正热忱和有能力的教育工作者。其次，政府在编制分配上应考虑到企业部门的兼职"双师型"教师，鼓励从企业部门招募的优秀兼职教师转为正式职工，为其创造一个更稳定的职业环境，确保其专业技能得到更好的利用。同时，通过这种更加开放和灵活的编制管理方式，可以进一步提高应用型高校"双师型"教师队伍的整体素质。这不仅有利于促进教师的个人职业发展，而且对于提高整体教育水平具有积极作用。而为兼职教师提供更多的权益和参考体系，不仅能确保其自身利益得到妥善照顾，也能为高校带来一个与企业界接轨的标准化参考体系。

（三）加强校企合作力度

合作共建和谐高效的校企合作平台，使教师参与企业实践中，不仅能锻炼教师的专业技能，还有助于进一步促进企业与应用型高校之间的紧密联系。通过政策的鼓励和引导，企业能更加主动地参与"双师型"教师的培养中，让教师更深入地理解和体验产业实践。为此，政府可以考虑实施税收减免和增加补贴等激励手段，促进企业与学校的合作。如果政府提供信贷优惠政策，无疑会使企业更有动力为高校提供先进的培训设施和资源。与此同时，高校和企业也可以通过联合研究和产品开发等方式加强双方的合作，使双方在互利的基础上建立更为紧密的伙伴关系。由此一来，一方面，学校可以针对本校特定的教师需求，与企业紧密合作，进行有针对性的"双师型"教师培训，致力于提升教师的专业实践和创新能力；另一方面，企业也可以从这种合作中受益，因为学校不仅承担着培养人才、推动科技进步的责任，还服务社会大众。通过与学校的合作，企业可以更好地利用学校的这些核心职能，从而助推其业务发展。简而言之，这种互补性合作能确保学校和企业在共同目标下取得双赢。因此，政府有必要加强校企合作的力度。

（四）增加资金投入

教育经费对于应用型高校的发展来说是不可或缺的条件，不仅影响学校的日常运作，更为师资队伍的稳定增长提供了坚实基础。在我国，应用型高校的主要发展路径包括教学型大学、高等院校及独立学院三种。随着时代的发展，这些应用型高校在转型中面临着众多挑战。其中，较为突出的问题是师资队伍在知识结构、能力体系及教师管理上均难以满足转型后的高校需求。因此，为保证应用型高校的持续和健康发展，对师资队伍进行适时的转型和优化势在必行，这是推动高校长足发展的关键所在。而仅仅依赖学校自有经费来支持自身的转型显然不够。无论是引进新的优秀师资还是对现有教师进行进一步培训，都需要巨大的资金投入。鉴于此，政府的角色变得尤为重要。为了响应和支持应用型高校的发展，政府应为应用型高校教师队伍的转型提供更为有力的财政援助，具体可通过设立专项资金来实现，以加快推动应用型高校的转型进程。此外，应用型高校可以根据自身的需要向政府提出资金申请，经过严格的审核流程后，获得"双师型"教师队伍建设所需的资金支持，这不仅能确保应用型高校转型的稳定发展，还能为"双师型"教师队伍建设提供坚实的后盾。

二、应用型高校层面

为了培养高质量应用技能型人才，一个科学的合作机制是关键，这需要政府、大学、教师和社会的共同努力。在这个体系中，应用型高校是主导力量，因为其直接影响着教育的质量和方向。应用型高校应充分、深刻地认识到优质的"双师型"教师是学校宝贵的资源，而且应当将这一认识转化为行动，将"双师型"教师的培养置于学校工作的重要位置。

（一）完善"双师型"教师培养体系

在建设"双师型"教师队伍的过程中，应用型高校要对青年教师和骨干教师队伍的培养进行层次化和分类化管理，即根据教师的经验和技能水平，制定差异化的发展路线和培训策略。对于新晋和青年教师，重点在于打下坚实基础，提供其所需的技能和知识；对于资深或骨干教师，应注重提高其教学技能和研究能力，让其在学术和实践领域达到高水平。此外，学校应主动与企业合作，探索和创新教师培训的方式。这不仅包括鼓励教师到企业实习、锻炼，获取实际经验，还应与企业紧密合作，确保"双师型"教师培养的质量。

1.加强对青年教师的培养

青年教师作为高校必不可少的师资力量，在高校教师队伍建设中占据着重要地位。应用型高校以青年教师居多，其充满活力、思维活跃并渴望知识，但通常在教学实践和经验上相对较少。为此，首先，高校可以建立科学的助教制度，让青年教师在资深教师的指导下逐渐进入教学，加速青年教师的成长，同时帮助其在短时间内积累宝贵的教学经验。其次，开展随堂听课活动，让青年教师观察和学习资深教师的教学风格、方法和策略，从中吸取教学的精髓。一个健全的"传帮带"机制将有助于培养更加和谐的教学团队，从而进一步提高青年教师的教育教学质量。

另外，青年教师在完成教学任务外，还需努力地迅速融入本专业的实践环节，积极创新科研成果，提升自身的实际操作能力，从而获得更多的知识与思路。应用型高校有责任加强对青年教师的培训，引导与鼓励其向"双师型"方向发展，确保其在教与学的双重角色中能发挥重要作用。

2.加强专业骨干教师的培训

学校的稳固发展在很大程度上依赖骨干教师，骨干教师不仅有丰富的教育经验、良好的教育科研能力，还对学校有着强烈的归属感，其职称主要集中在讲师和副高级别。为确保"双师型"教师队伍的高素质和高水平，应该不断加强对骨干教师的培养力度，确保其能为学校发展带来更多贡献和价值。

为了不断提升高校骨干教师的教育素质和教学能力，高校需要采取一系列相关措施。首先，学校可以有针对性地选拔杰出的骨干教师，将其送至国内知名转型院校进行学习和培训，为其提供脱产学习的机会。这不仅有助于提升骨干教师的教育素质，还能激发其竞争精神和教育热情。其次，利用学校的假期，尤其寒暑假，学校可以组织专业骨干教师参与国家级的"双师型"教师培训项目，进一步鼓励和引导其走向"双师型"教师的专业发展。这不仅能为教师提供更多的发展机会，还能进一步优化高校的教师队伍结构，从而更好地推动应用型高校的全面发展和进步。

3. 校企合作培养"双师型"教师

校企合作是培养"双师型"教师实践能力的必要手段。应用型高校要深化与企业之间的合作关系，优先安排骨干教师进入企业，进行实地培训和学习。此外，高校应当强化应用科学的研究方向，努力将科研成果落地，与企业的发展需求相结合，为社会经济发展注入新的活力。对于企业来说，应充分认识到与高校的合作不仅是资金投入，更多的是资源和知识的共享。将师资培训纳入企业的长远规划是确保持续发展和创新的关键。双方合作共赢，共同推动"双师型"教师培养的深度和广度，让教育与实践真正融合，更好地服务社会和产业的发展。

（二）加强兼职教师队伍建设

在应用型高校的"双师型"教师队伍中，兼职教师并非作为补充而存在，而是重要的组成部分。兼职教师通常具有丰富的行业经验和实践知识，可以为学生带来与市场紧密联系的前沿知识和技能。目前，在大部分应用型高校的师资结构中，专任教师占据了主导地位，兼职教师数量相对较少。为了更好地满足"双师型"建设的需求，应用型高校应当考虑调整师资结构，增加兼职教师的引进。通过专兼职教师的有机结合，不仅能够确保理论知识的深入教授，还可以确保学生获得实践的机会和市场的发展动态。

在兼职教师的聘任上，高校应当制定明确的任命兼职教师的标准。首先，高校在引进兼职教师时，应确保其在知识和能力方面达到一定标准，主要涉及教育背景、对专业的深度理解以及相关实践经验等。兼职教师的聘用应以专业需求为基准，确保其不仅具备理论知识，还具有与之匹配的实践经验。其次，在职业认同方面，兼职教师需展现出对教育的深沉热情。尽管可能不像专职教师那样拥有丰富的教育经验，但必须对教学抱有热忱，并愿意接受相关培训，从而确保课堂教学的质量。最后，职业道德是评估兼职教师的重要指标。一名优秀的兼职教师不仅要在学科上有所建树，还需具备良好的职业道德，以及对于社会、政治和文化的正确认知。因此，高校要加强对兼职教师素质的管理，同时要注意数量与质量的平衡，因为过多的兼职教师可能会造成管理困难，而过少则可能造成资源不足。只有确保兼职教师的数量和质量都与学校的发展策略相匹配，才能发挥其在教育体系中的价值。

当然，应用型高校对兼职教师的关注不能仅限于其研究能力，其生活与情感需求同样重要。为帮助专职教师与兼职教师之间建立起和谐友好的关系，学校可以组织相应的团队活动，加强双方的交流与互动，以创造情感支持。另外，学校还应为兼职教师提供合理的教学时间表和良好的食宿条件，使其在教学之外也能有归属感，进而更好地投身学校文化的建设当中，为教育事业做出更大贡献。

（三）制定"双师型"教师聘任标准

相较普通的学术型高校，应用型高校更重视培养学生的实践能力和应用技能。因此，在教师的选拔过程中，单纯以传统高校教师资格证作为唯一的任职资格标准并不合适，还应该在此基础上充分考虑教师的实践经验。对于应用型本科高校相关专业教师的招聘，教育部颁布的《国家职业教育改革实施方案》中指出："特殊高技能人才（含具有高级工以上职业资格人员）可适当放宽学历要求。"根据文件要求，应用型高校在招聘教师时，应采取灵活和开放的策略，注重能力和经验，而不是过于固守学历和职称。丰富的实践经验和专业能力往往比纸质证书更能体现一个教师的价值。

应用型高校应积极探索新的"双师型"教师聘任制度，旨在更好地匹配教师的实际能力与所在岗位，突破传统上仅以第一学历或最高学历为聘任标准的约束，转向对继续教育和专业培训所获资格的重视。该制度鼓励教师持续地提升自己，依据其实际技能和知识来选择与之最为匹配的岗位，使其更好地在专业领域内大放异彩。为确保聘任制度的高效运行，高校可对不同的职位需求制定具体、明确的评估方法。在教师入职前，进行资格的预评估以确认其是否适合该职位。在教师的任职期满后，再次进行综合考核。那些无法满足岗位需求的教师可以选择不再续聘；而表现优异且完全符合岗位要求的教师应当被优先考虑，确保每一位教师都能在自己的岗位上发挥最大价值。此种聘任制度不仅能确保教师队伍的高水平和专业性，更能激发教师的内在积极性和创新精神，从而提高整体教育质量。

（四）改革"双师型"教师考核评价体系

《深化新时代职业教育"双师型"教师队伍建设改革实施方案》指出："建

立职业院校、行业企业、培训评价组织多元参与的'双师型'教师评价考核体系。""双师型"教师的考核评价不仅要公平，还要全面和科学，不应只是由学校单方面评估，而应该是多方参与的全过程评估，涉及学校、行业专家、企业领袖及第三方评估机构。学校需精心挑选并培训一批既懂得教育理论，又富有实践经验的评估团队，深入理解和公正评估教师在教育和实践中的综合能力。结合此团队的专业知识，学校应设计出具有实用性的评估方法，确实反映出教师的实际教学和技术技能，并且邀请相关领域的专家参与评估过程，为整个评估增添更高的权威性，保障整体评估的专业性和科学性。

对于教师评价的改革，《深化新时代教育评价改革总体方案》中强调："坚持把师德师风作为第一标准""突出教育教学实绩""强化一线学生工作""改进高校教师科研评价"。在"双师型"教师的评价内容上，第一，加强师德评价。师德不仅是教育的灵魂，更关乎学生的培养与学校的声誉。因此，师德评价要真正融入教师的日常教学、科研与社会活动当中，其评价结果更直接关联教师的岗位聘用、学位评定和其他荣誉称号的获取。第二，重视教学工作的实际发展。严谨认真的教学态度、引领学生创新创业、指导学生社会实践、参与知识竞赛以及帮助学生顺利就业都是评价"双师型"教师的重要内容。通过对教师的教学水平、效果和效率的多角度评估，确保教育教学的高质量输出。第三，加强教师实践技能的考核评价。对"双师型"教师的实践能力要给予足够的重视，教师在企业的实地挂职经历、一线项目的参与等都应成为考核的要点，因为这些经验更能体现出教师的实践能力和与产业的结合程度。第四，改进科研评价指标。鼓励教师深入研究，避免过分追求短期成果而牺牲研究质量。对于从事不同研究领域的教师，应该构建多元化的评价标准，避免"一刀切"，确保每位教师都能在其擅长的领域中得到公正的评价，从而激发其持续的研究热情和创新能力。

在评价方法上，应注重过程评价。过程性评价强调对教师工作的持续性和全过程的考察，以动态地反映教师在教育教学中的表现，而不仅仅局限于学期或学年末的单一时点。相较结果导向的评价，过程性评价更能揭示教师在日常教学中的实际情况，增强评价的客观性与深度。另外，单一的评估视角可能遗漏某些重要信息，因此，结合教师自我评价、学生反馈、教师同行的观察以及学校领导的意见，可以提供立体、全方位的教师评价结果。对于那些与企业有紧密合作关系的兼职教师，企业管理者的评价也成为评估的一部分，其见解有助于高校更深入地理解教师在产学合作中的贡献与表现。综合多个评价主体的意见，不仅能增强评估的公正性和准确性，还有助于从多个角度充分了解和评价教师的全面素质和综合能力。

（五）健全"双师型"教师激励机制

教师是推进应用型高校发展的重要力量，其工作积极性和主动性对教育质量有直接影响。因此，对教师需求的满足和激励显得至关重要。在应用型高校环境中，为"双师型"教师提供物质和情感上的支持与关怀不仅能满足其自身的基本需求，还能促使其追求更高层次的自我价值，同时可以吸引其他教师朝"双师型"方向发展，促进"双师型"教师向更高质量和专业化的方向迈进，对于提高整体的教学质量和推动教育创新有着深远意义。

"双师型"教师的成长离不开物质激励，对"双师型"教师适当加薪是效果显著的激励方法。通过精细化的考核评价体系，针对每位教师在教学、专业进步和实际操作培训中的绩效，设计具有弹性的薪资结构，而不是单一化的支付模式。这种差异化的薪酬策略不仅让"双师型"教师明确感知到与非"双师型"教师的待遇差异，还能进一步鼓励其努力优化和加强自身与教学培训目标之间的契合度。此外，基于教师在校企合作项目中所做出的贡献，学校应为其提供额外的经济补助，并将此项措施纳入薪酬和福利条例中，不仅可以增强教师的积极性，还有助于保证激励措施的公平与公正。

培养"双师型"教师需要一定的精神激励。虽然物质奖励能够满足教师短期的需求，但要真正点燃并持续保持教师内心的激情，则需要更多地重视对其尊严感和自信心的激发。应用型高校可以对表现突出的"双师型"教师进行表彰，这不仅可以提高其个人荣誉感，还能激励其他教师追求更高标准。同时，高校将表现出众的教师树立为榜样，可以进一步促进教育团队中的良性竞争，鼓励每位教师都发挥自己的专长和潜能。

三、教师自身层面

（一）转变思想观念

高校转型既是高等教育结构改革的必然选择，也是缓解毕业生就业压力的必经之路，还是提高毕业生综合素质的现实举措。随着高校的转型，高校教师也面临着角色转变的现实挑战。受到"重学轻术"传统观念的影响，可能有个别教师将高校向应用型高校的转变视为"降级"，这种错误观念会妨碍高校转型的进程。但现实情况是这种转型有助于高校满足社会和经济的实际需求。因此，转型绝非"降级"，而是适应时代发展的必然选择。应用型高校的教师要及时审视自身，积极转变思想观念。

一方面，加强对应用型高校的认知。教师作为高校的重要力量，其态度和行为直接影响高校转型的成败。若教师对此持有误解或产生抵触情绪，无疑会阻碍整个转型进程。因此，加强教师对应用型高校的理解和认知成为至关重要的一步。教师应从积极的角度看待高校的转型，参与学校组织的各类培训和活动，理解其深远意义，与学校共同努力，推动高校转型进程。持消极态度或抵抗转型的行为不仅不能解决任何问题，反而会对整个转型进程带来障碍。因此，只有当教师真正理解并接受这一变革，积极参与并贡献自己的力量，应用型高校的建设和发展才能真正取得成功。另一方面，加强对"双师型"教师的认知。"双师型"教师必须正确认识自己的角色和价值，意识到自身在专业教育发展中不可替代的地位。尽管我国"双师型"教师的培养和发展仍然面临一些挑战，但只要教师能坚守自己的教育理念，积极投身个人和专业成长，那么"双师型"教师的发展之路就会越走越宽广。

（二）加强学习意识

教师很多技能的养成和发展源自在工作中的不断积累，这就要求其树立终身学习的理念，持续锻炼和强化自身的能力。终身学习态度可以确保"双师型"教师在教育领域的持续贡献和职业生涯的稳定进展。

首先，为了跟上教育和行业的发展步伐，教师应该热衷参与各类岗位培训，充分认识到继续教育在加强自身专业素养方面不可替代的作用。识别自己的短板并努力补齐，以便更有信心面对各种职业和生活中的挑战，并在教育领域中发挥出更大潜能。而要实现这一目标，教师可以选择多样的学习途径：参与学校组织的"双师型"培训；亲身投入企业的实际工作中去，与实践结合，提高教育教学的实效性。只有真正内化终身学习的观念，并积极实践，教师才能真正塑造成为专业素养和实践经验并重的"双师型"角色。

其次，系统、详尽的职业发展规划不仅能帮助教师明确自己的长期目标，还能提高其日常工作的效率。应用型高校教师可以在学校的指导下，建立学习共同体，相互交流、分享经验，形成更加适合自己的专业发展计划。这种共同体不仅有助于促进教师间的合作和沟通，还为其提供了一个持续学习和成长的机会，确保所掌握的知识和技能始终处于行业前沿。

（三）积极主动参与

在构建"双师型"师资队伍的进程中，教师的积极主动参与尤为关键，决定着"双师型"师资队伍建设的进程。教师不仅是高校转型的实践者，更是高校转型的重要驱动力。为了高校成功转型，教师必须对自身进行深入的反思，找出自己在理论知识和实际应用之间存在的差异，并积极探寻有助于教师转型的途径。一方面，教师要积极主动取得相关的专业能力证书。不仅要获取教师资格，还要主动获取与职业相关的专业资格，这能有力证明教师不仅掌握教育教学所需的基本理论知识，还具有解决实际问题所需的实践能力。因此，随着院校的转型，对于教师的能力要求逐渐提高，这就要求教师不断进行自我反思，寻找自身短板，然后通过培训和学习，不断提升自己，获取更高级的专业认证，更好地适应教育界的变革和未来的发展趋势，为整体的教育改革和师资队伍的质量提升尽微薄之力。另一方面，教师要积极参与应用科学研究。在应用型高校中，"双师型"教师不仅需要具备扎实的教学能力，还要投身应用科学研究，以确保其知识和技能与实际社会需求紧密相连。教师应深入参与应用研究，将理论知识与实际应用相结合，进而推动科研成果在社会中的广泛应用。这样，教师不仅为教育事业做出了贡献，更为社会的持续发展提供了有力支持。因此，要想成为"双师型"教师，教师应积极参与应用科学研究并将其成果转化为实际价值。

四、企业层面

（一）承担社会责任

虽然企业的核心目标是追求盈利，但在现代社会，企业的社会责任感也显得尤为重要。企业在追求经济效益的同时，也需要思考如何为社会的长期可持续发展做出积极贡献。为"双师型"教师的成长和发展提供支持正是体现企业社会责任的一种方式。有远见的企业不仅关注短期的利益，而且更多地考虑如何平衡各方利益，以实现长远的发展目标。这样的企业理念不仅有益于企业自身的发展，更能够为整个社会带来更广泛的价值。

企业要带头树立正确认识，及时更新传统观念，加强校企合作。部分企业错误地认为应用型人才的培养是应用型高校的职责，企业仅仅是受益者。事实上，应用型高校对于应用型人才的培养主要来源于理论基础牢固和实践经验丰富的"双师型"教师，而"双师型"教师的发展则以在企业中获取的实践经验为基础。因此，应用型人才的培养和"双师型"教师队伍的建设都需要来自企业的支持。企业应当深刻认识到自身在"双师型"教师培训和应用型人才培养中的重要位置，积极转变观念，与应用型高校进行密切合作，共同为培训更多优秀的"双师型"教师而努力。这不仅能够为企业提供更多专业人才，也将促进其自身的持续创新和发展。

作为高等教育领域社会责任的一部分，企业通过投入自己的资本、技术、管理经验以及其他资源，与应用型高校在人才培养、技术研发、社会服务及文化传承等多个领域展开协同，从而为应用型高校注入实践的力量。这种合作不仅是企业履行社会责任的体现，更是其持续发展和经济增长的关键因素。与此同时，企业对"双师型"教师的培训和发展的支持非常重要，这不仅可以增强教师的实践能力，还能进一步推动学术与产业的结合。从长远来看，这种互惠互利的合作模式不仅能为企业带来经济上的回报，更能在社会层面产生十分深远的影响。

（二）制定相关制度

在众多企业中，不同的部门处理各自的专业业务，工作量和任务性质也有所不同。其中，有些部门可能面临着繁重的任务和巨大的工作压力，导致部分员工可能采取敷衍应付的工作态度。若教师被安排到这些部门进行学习和实践，便难以实现"双师型"教师培训的真正目的。因此，企业在进行"双师型"教师培训时，不应仅仅依赖单一部门或现有的工作流程，而是应建立一个全面、结构化的培训体系，确保企业内部各部门对"双师型"教师培训有统一且明确的理解，从而使培训更加系统、有针对性。只有当企业确立了这样的培训体系，才能真正使教师在实际工作中获得全面、深入的学习经验，进而培养出真正具备理论和实践双重能力的"双师型"教师。

首先，设定明确的培训任务。将每个部门纳入教师培训计划中，并将此任务明确为其日常职责，让教师有效、深入地融入部门的生产和运作中。为了确保各部门对此给予足够重视，可以将教师培训效果作为部门的年终绩效考核的重要指标，强化部门对教师培训的责任感和紧迫感。其次，进行应用能力的评估。培训任务结束后，应对各部门进行全面评估，明确了解哪些部门能够为教师提供实质性的培训、哪些部门仍需改进。奖励和激励措施对于确保部门积极性至关重要。对于在评估中表现出色的部门，应给予合适的奖励，如提供更多的资源或资金支持。而对于那些在培训中表现欠佳的部门，应适当采取批评和约谈，甚至采取惩罚措施，以确保其在下一阶段真正改进。最后，在每年的教师培训总结评估中，企业应评选出对"双师型"教师培训贡献较大的部门，并在接下来的人才招聘活动中为其提供额外的招聘优势。这不仅能进一步鼓励部门提高培训水平，更有利于吸引更多有志之士参与"双师型"教师的培训工作中，共同助力企业的长远发展。

（三）加大培训投入

资金支持作为保障培训工作顺利进行的关键因素，决定着培训活动的广度与深度。目前部分企业对"双师型"教师的培训经费安排显得过于保守，多数时候，企业只是与学校协同合作，没有设立专门的培训经费，这种经费来源的模糊性导致负责培训的各部门在经济上承受了额外的压力。当培训被视为附加的任务，而不是长远的投资，各部门自然会出现疲态。由此一来，对各部门而言，参与培训不仅没有带来直接的经济回报，反而可能产生额外的经济损失。这不仅打击了部门对培训的积极性，更可能导致培训质量的下降，从而影响"双师型"教师的实际培训效果。因此，企业应当从战略层面重新认识到"双师型"教师培训的重要性，并在财务上给予足够的支持。设立专门的培训经费，确保培训活动的持续性和质量。只有当企业真正将培训视为长期投资，而不是短期负担，才能真正激发各部门的热情，促使"双师型"教师培训工作更上一层楼。

一方面，为确保"双师型"教师的高效培训，企业应结合自身规模和现状，为此专门设立经费预算。明确的资金规划不仅能够确保培训活动顺利进行，还能为企业带来额外的经济效益。具体而言，根据各部门的需求，企业可以调整经费分配，确保资源的最优配置。与直接聘请外部培训师相比，企业与学校的深度合作模式更具经济效益，所节省的资金可以重新投入"双师型"教师的培训中。这样，不仅能降低企业的培训成本，还能促进校企合作的深化。当企业与学校建立了稳固的合作关系，自然可以在招聘环节获得优先权，确保人才的第一时间获取，从而实现真正的双赢局面。另一方面，为了确保"双师型"教师的培训顺利进行，企业可以考虑从年度员工培训基金中拨款专项支持这一培训计划，为"双师型"教师的培训提供稳定而强有力的资金保障。当企业的相关部门在培训过程中遇到经济损失时，可以通过审批流程，向上级部门申请从此基金中提取相应资金用以补偿或报销相关费用。这样的做法能有效解决部门在"双师型"教师培训过程中可能出现的经济压力，确保培训活动的顺利进行。此外，企业内部的员工可以与正在培训的教师深入交流，分享他们的实践经验和理论知识，为教师提供宝贵的实践机会。这不仅能使"双师型"教师更深入地了解和体验实际工作，还能进一步加强企业与教师间的互动与合作，为"双师型"教师的培训创造一个全方位的支持环境。

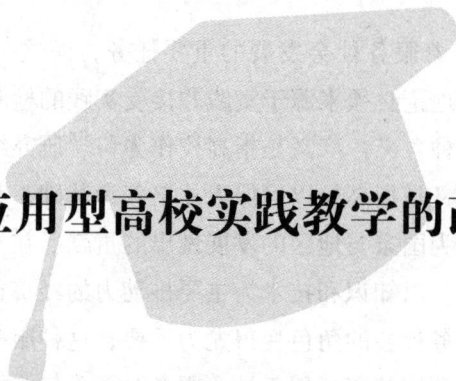

第七章　应用型高校实践教学的改革与发展

第一节　应用型高校实践教学改革的必然性和可行性

一、应用型高校实践教学改革的必然性

（一）是应用型高校提升人才培养质量的重要途径

1.实践是日益重要的育人途径

自 18 世纪以来，以产业革命为标志的科技进步不仅极大地改变了社会面貌，也对教育产生了深远影响。在当今社会，实践育人逐渐被认识到并被广泛采用，其价值和重要性得到了进一步强调。实践作为一种育人手段，与理论教育相比，更有助于培养学生的综合素质，帮助他们建立完整的知识体系，并更好地适应和服务社会。我国将人才作为优先发展战略并置于极高位置，不仅注重学生的知识储备，更注重提供实践教学机会，使学生能够更好地融入社会，为建设和谐文明美好社会尽自己的一份力量。特别是应用型高校，实践教学与其教育目标紧密相连，为了更好地培养应用型人才，实践教学的改革与创新是必然选择，这样才能确保实践教学真正地为学生的成长和发展提供支持，并为社会的进步输送更多高质量人才。

2.实践教学的社会服务作用发挥越发重要

应用型高校承担着服务社会发展的重要任务，而这一任务的完成离不开实践这一途径，因为理论必须来源于实践并接受实践的检验。应用型高校社会服务有广义和狭义两种含义：广义是指高校作为科学研究组织为社会所做的直接和间接的贡献；狭义是指高校以确保人才培养为基础，利用教学资源、科研力量以及智库支撑等为国家与地区的发展做出的贡献。在知识经济、信息化和智能化的时代背景下，以知识和技术为主要推动力的经济社会发展特点越发鲜明，这使得高校在服务社会的角色变得尤为重要，这种服务并非单向流动，而是互惠互利。当高校利用其资源用于社会服务时，不仅为社会带来了价值，也通过人才培养获得了自我提升和能力培养。因此，应用型高校通过服务社会实现自我发展是一个双向赋能的过程，应用型高校在实践中为社会提供理论指导，在实践中为社会创造财富。

（二）是实现国家竞争力全面提升的关键环节

面对愈演愈烈、日益复杂的国际竞争，中国要以中国式现代化全面推进中华民族伟大复兴，必须高度重视教育特别是应用型高等教育的发展，可以从以下两个方面着手提升核心竞争力：

1.强大的内部凝聚力

中国地域辽阔，区域发展之间存在着不均衡的问题，强有力的领导与稳定的社会环境显得尤为关键。坚持党的领导不只是代表了人民与历史的选择，更是维护社会稳定和国家长治久安的现实与客观需求。在国内思想多样化的背景下，外部存在的敌对势力对我国带来了一定挑战。在这样的大环境下，应用型高校承担着至关重要的责任。通过加强和改进素质教育，引导青年学生增强"四个自信"（中国特色社会主义道路自信、理论自信、制度自信、文化自信），坚定"两个维护"（坚决维护习近平总书记党中央的核心、全党的核心地位，坚决维护党中央权威和集中统一领导），从而确保其不仅能为社会带来积极的影响，更能成为党和国家事业的坚强后盾和未来接班人。而仅有理论不足以称为素质教育，实践才是检验其成果的最好方式，不仅要培养学生正确的社会观察能力，更要让其综合素养真正内化于心，转化为实际行动。

2.领先的科技创新力

客观来讲，我国的国际竞争能力发展存在不均衡的问题，优势与不足都较为显著。总量、规模和增长率这三个维度都展现出了强劲的竞争力，特别是在全球经济条件、全球规模这两方面，我国处于领先地位。但相对来说，教育质量、劳动力市场效率、金融市场开放度以及技术成熟度等领域存在着一定短板。当前，科技对国家的前途和人民的生活福祉有着前所未有的深刻影响。基于此，应用型高等教育被赋予了重要的时代使命，不仅要教授知识，更要重视培育学生的实践能力与创新能力。只有这样，学生才能适应未来的竞争，为国家的发展贡献自己的力量。实践教学是一种紧迫而有效的教育方法，强调教育者与学生的共同探索、共同创新，真正实现了教育与实践的有机结合。加大实践教学的改革力度，不仅能培养出更多高质量的创新人才，更能增强我国的自主创新能力，更好地推动科技的应用转化，从而为提升我国的国际竞争力注入持久而强大的动力。

（三）是高等教育优质化改革发展的需要

截至目前，我国高等教育已取得不少成就，然而相较世界顶尖的教育水平，仍需努力追赶。过去，我国教育追求的是"温饱型"的数量性扩张，现如今，社会对于高等教育的需求转向了"紧缺型"的素质人才。在这种变化趋势下，高等教育的实际需求与现有的教育资源供应之间产生了突出的矛盾。自1977年恢复高考制度后，我国的高校为国家输送了大量专业人才，这对于推动我国的社会主义现代化建设起到了不可或缺的作用。但这并不意味着我国的高等教育已经达到了顶峰。与国际上的一流高等教育机构相比，我国高校在教育教学、科研、国际化等多个领域仍存在不小差距。因此，全面深化我国高等教育的改革势在必行，只有这样，才能更好地适应新时代的挑战，满足人民对高等教育日益增长的期望，真正实现大国兴邦的目标。而应用型高等教育实践教学作为高等教育的一部分，也应该进行改革与创新。首先，要遵循高等教育的发展规律。从外在角度来看，在中国伟大复兴和新的经济发展中，应用型高校应该明确自身所扮演的角色，把握历史使命和重要战略任务，即为新一轮的发展提供高层次的科技和高水平的科学研究。从内部层次来看，为了迎合时代发展的战略需要，应用型高校需进一步完善战略布局，确保办学目标与时代的发展需求相契合，对学科和专业结构进行优化，形成鲜明的办学特色，并致力于建设一流大学、一流学科。其次，要把握综合改革创新性的本质要求。制度创新是激活高等教育活力的关键。因此，应用型高等教育的综合改革应该紧密围绕创新进行，通过创新驱动的方法，探索出更加适应时代、更具高效性的办学路径和管理机制，从而为应用型高校的发展提供持续的动力，并产生真正有意义的创新成果。而这就需要应用型高校进行实践教学改革与创新，以满足高等教育优质化改革发展的需要。

（四）是青年大学生全面成长发展的需要

1. 学生自身的客观成长需求驱动

大学生的成长需求涉及方方面面，总体上包括五大方面：一是专业学习需求。由于高校主要按照学科专业组织，学生的日常学习和生活也围绕专业班级进行，使得专业知识的学习成为他们的主要职责。二是就业创业需求。大学是大学生通往社会大门的跳板。大学生越来越认识到为未来工作做好充分准备的重要性，并深入思考自己的兴趣、技能与市场需求，努力寻找适合自己的职业定位。三是综合发展需求。除了专业学习，大学生也会寻求自己的综合发展，包括各种兴趣、爱好以及全方位的能力提升。四是身心成长需求。如何设定合理的人生目标、如何建立和谐的人际关系、如何应对生活中的压力和情绪波动，是大学生需要面对和解决的问题。五是融入社会需求。毕业后的社会生活不仅是一个新的开始，更是对过去学习的验证和延续。因此，为了更好地融入社会，大学生应努力准备和适应这种转变。这些成长需求既是大学生成长的动力，也是其所面临的压力。正面动力和反面压力的存在使得大学生对全面发展的成长需求变得更加迫切。

纵观大学生的五大成长需求，除了专业学习，其他几方面的需求单纯依赖书本教育是难以达到预期，需要大学生走出课堂，深入社会，亲身参与和体验，从中学习和汲取经验。这种在社会大课堂中的实践教学不仅可以让学生更好地理解理论与实际的联系，还能帮助学生更好地应对未来的挑战，完成从学生到社会人的转变。因此，为了更好地满足大学生的成长需求，应用型高校实践教学改革势在必行。

2. 学生自身的客观成长特点驱动

当前的大学生群体主要由"00后"构成，这类青年生长在一个多元、多变的时代，其思想特征呈现出鲜明的个性化和独立性，其崇尚平等，追求自主，对创新充满热情。这种特质使得大学生对传统教育方式不感兴趣，反而对那些能够满足其自身自主发展和创新需求的实践教学方式产生浓厚兴趣。因此，为了更好地满足大学生的学习需求，高校应更加重视并且加强实践教学的建设。"三下乡"、志愿服务、创新创业比赛等实践教学形式因其尊重学生主体性、发展性和创新性等特点，受到了广大大学生的喜爱。更为重要的是，生活在信息爆炸的今天，大学生更愿意通过亲身体验和实践去验证和形成认知，而不仅仅停留在纸上的学问。这种现实、互动、参与性强的教育方式更能满足当代大学生的学习和成长需求。

社会实践活动为大学生提供了一个具体和生动的平台，使其能够在实际环境中观察、思考并深化自己的认知。实践活动不仅补充和拓展了传统的思想政治教育，而且更有利于激发大学生的积极性和创造性。实际上，真正的认知不仅来源于理论或书本，而是基于实践的体验和参与。只有在实际的环境中，学生才能将他们的知识和理解转化为实际行动，从而将内部的知识和价值观转化为具体的行为和实践。因此，为了更好地满足大学生客观成长特点，应用型高校有必要进行改革与创新，以提高实践教学的吸引力。

3. 新时代对学生成长成才的要求驱动

一个国家的崛起往往会涌现出大量卓越人才，成为国家复兴的引擎。如今，中国已经踏上新的征程，目标是实现伟大的中国梦，走到世界的中心位置。这一使命与过去的任何历史阶段都不同，这就要求应用型高校培养出与时俱进的新一代人才，必须与民族复兴、担当精神、历史重任以及过硬能力等有机结合。实际上，这不仅代表了新的历史特征，而且是适应当下和未来发展的必然选择。而有效的人才培养途径不只是理论教学，还包括实践教学。中国特色社会主义事业的发展历程有力地证明了社会实践是青年成长的必由之路。只有真正参与社会实践当中，青年才能对知识形成深层次的理解与认识，磨炼自身的技能，并增强自己的实践和应变能力。基于新时代对学生成长成才要求的驱动下，应用型高校要重视实践教学及其改革，为伟大中国梦的实现输送更多应用型人才。

二、应用型高校实践教学改革的可行性

场域是一种具有相对独立性的社会空间，人们的行为受到这一空间的规范和约束。随着经济社会的飞速发展，加之科学技术的日新月异，各种活动场域都处于不断扩展和重构状态当中。应用型高校的实践教学作为一个涵盖面广、系统性强的社会活动，更加受到经济社会发展场域的影响，其已不再是孤立的教学活动，而是与经济和社会发展紧密相连的综合性场域。新场域的形成为应用型高校实践教学改革提供了机遇。

（一）拓展实践教学新内容

随着社会经济的进步和技术的迅猛发展，劳动的内涵和范畴也在不断地拓展与丰富。在传统社会，劳动分为体力劳动和脑力劳动，其中体力劳动在过去的社会结构中占据了主导。在现代社会，随着经济与科技的发展，人们已进入以脑力劳动为主的新时代。传统的劳动场所，如工厂、农田等，已不再是劳动的唯一舞台。现如今，互联网和数字技术为劳动者打开了全新的领域，从实体空间扩展到了无边界的数字空间。这种转变不仅意味着更多的劳动机会，还体现出劳动对象发生了根本变革，即从物质、有形对象转向了以符号、无形为主的对象。这种"虚拟化"的趋势实际上是人类文化和社会发展的一种标志。在数字化时代，几乎所有可以被量化和信息化的事物，如音乐、影视、设计、培训、展览等，都被转化为符号，进而成为脑力劳动的内容。这些内容不再仅仅是某个具体产业或行业的专有领域，而是成为整个社会所有人都可以参与、创新和实践的公共领域。这样的转变对于实践育人意味着巨大的机遇。过去，实践教育可能更多的是围绕具体的手工技能或专业技能进行，而现在，实践的内容和形式变得更为丰富和多样。这意味着教育者和学生可以在更广阔的领域中探索、实验和创新。数字化和信息化不仅为实践教育提供了无尽的可能性，更为青年提供了一个展示自我、锻炼才能、追求梦想的广阔平台。在这样的背

景下，应用型高校实践教学的内容得以有效拓展。

（二）提供实践教学新模式

随着经济的高速增长和工业化进程的加速，社会正在经历一场前所未有的、无声的职业革命。特别是在信息技术蓬勃发展的背景下，不仅触发了传统行业的深刻变革，还催生了新型的高层次的专业技术人员。例如，"互联网 +"浪潮的兴起，涌现出了如电商、数字经济等新经济业态，同时孕育了各种新的就业机会。其中，智力密集型职业如网络写手、税务师、专利代理人，劳动密集型职业如快递员、网约车司机尤为突出。这种变革趋势为应用型高校实践教学提供了新模式。尤其智力密集型职业非常适合大学生进行实践，因为这类职业可以充分利用学生的专业知识和技能，可以成为应用型实践教学探索和拓展的新领域。

除此之外，随着虚拟现实和人工智能的发展，人们已经能生动形象地再现三维空间中的物体，这为学生提供了一个与虚拟世界中的对象进行交互的平台。在这样的环境中，学生不仅可以从不同的角度和维度进行学习，还能自由地操控和调整其所处的虚拟场景，更深入、更实际地理解和掌握新的知识和技术。

（三）搭建实践教学新平台

新场域的出现为实践教学新平台的搭建提供了便利条件，主要表现在以下四个方面：一是需求对接平台。网络信息化工具平台的诞生为实践教学创造了机会。二是组织动员平台。各种社交应用和网络工具的出现改变了社会组织动员的方式，提供了一个更高效性、全面性、交互性强、隐蔽性高的平台。三是实践参与平台。现代的网络社会打破了大学生实践的传统界限，他们不再仅仅限于实地探访基层乡村或城市社区。现如今，线上的互动教学、活动组织、宣传交流等都已成为新的实践舞台。值得一提的是，线上志愿服务、远程实践服务、互联网公益已逐渐成为主流，这些新场域和新模式正处于盛行期。四是宣传传播平台。要确保教学实践活动产生深远影响，关键在于如何有效地传播。网络新媒体和融媒体为实践教学提供了一个强大的宣传工具，不仅能广泛地传播信息，而且能确保信息传达的效果最大化。通过这些媒介，优秀的实践团队可以更好地分享经验、感悟和成果，从而鼓励更多学生参与并从中受益。

第二节　应用型高校实践教学改革的思路与趋势

一、新工科背景下应用型本科高校实践教学改革

高校工程教育经历了起步、重构、调整、扩张、创新五个发展阶段。2016年初，首次提出了"新工科"建设计划，标志着工程教育迈向了一个全新的时代。从教育理念来看，新工科与传统工科教育存在显著差异，前者强调的是与时俱进，紧密跟随产业界的发展节奏，而非被动地接受传统教学模式。而且新工科倡导以业态需求为导向来塑造和优化人才培养模式，确保学生所学的知识和技能能够与现实工作场景紧密结合。这种转变解决了传统工科教育与现代产业发展之间的脱节问题，使教育内容更具前瞻性和应用性。而应用型高校实践教学改革是符合"新工科"计划对人才培养的要求的有效途径之一。在新工科背景下，应用型本科高校应结合自身特点，做好以下四个转变：

（一）从围绕课程内容目标到专业培养目标为主的转变

应用型人才培养是在通才教育基础上的专才教育，旨在培育学生运用专业知识来解决具体领域的技术难题，并确保他们能够胜任相关的专业职位。因此，要更加突出实践教学对于应用型人才培养目标达成度的作用。传统的实践教学方法多以课程内容目标为中心，由教师引导学生按照既定路线前进，这种方式不仅很难充分挖掘并激发学生的个人专业兴趣，也难以利用学科专业这一平台为学生提供更为广阔的实践机会。在衡量实践教学成效时，应用型高校必须突破仅以课程内容目标达成度作为评价标准这一准则，要将各专业人才培养目标的达成度作为准则，即各专业毕业要求。这种评估方法与当前从校内到国家层面的各种专业评估和认证标准相契合，如省级专业评估、国家行业专业认证和国家工程教育认证等都强调专业培养目标的达成度。为此，应用型高校应针对不同专业提出明确、具体的实践能力培养标准，并围绕这些标准构建完

整的实践教学目标体系。与此同时，该体系应当随着社会需求的变化而动态调整，确保其始终与时俱进。实践教学不仅要重视技术应用能力的培养，更应着眼整体优化课程结构，使之能够全面满足专业人才培养的综合要求。

（二）从知识验证到探究体验的转变

应用型高校实践教学改革的一项重要举措是如何将传统的"知识验证实验"转化为学生的自主"探究体验实验"，实现学生在实验中主动地"做中学"，而不仅仅是被动地接受知识。这种探究式的实验教学能够让学生真正地将其所学的知识和技能发挥到极致，从而培养学生的实践智慧。传统的知识验证式实践教学往往将学生局限于教科书或教师指导下的固定步骤内完成实验，这种模式确实有助于学生对知识的初步认识和现象规律的理解，但缺乏对学生独立思考能力的培养，使学生过多地依赖"遥控式"的指导。相对而言，探究体验式实践教学是对传统模式的一种创新和突破。在此模式中，在理论教学结束之后，教师不再提供固定的步骤或模板，而是为学生设计一系列的实践环境和挑战，如在实验室、实习基地或企业车间中提供实践机会，使学生能够主动探索、体验并反思。此外，探究体验式实践教学鼓励学生对教学内容和教学方法进行深入的思考、分析和优化。这不仅仅是对知识的简单传递，更是教育学生如何打开知识之门，真正理解并应用这些知识。因此，探究体验式实践教学旨在构建一个能够促进学生心智发展的教学环境，不仅挑战了传统的教学模式，还为学生提供了一个真实、富有挑战性的环境，使学生能够充分发挥自己的潜力，真正实践"学中做，做中学"的教学理念，从而为培养未来社会所需的高素质、能够独立思考和创新的人才打下坚实基础。

（三）从不可体验到虚拟现实技术运用的转变

随着技术和产业的快速发展，伴随着新技术、新产业、新业态和新模式的出现，应用型高校实践教学也面临着前所未有的机遇与挑战。特别是现代信息技术的广泛应用，为实践教学带来了前沿的方法和手段，使其呈现出更加丰富和创新的特点。其中，虚拟现实技术（VR）的应用尤为突出。该技术为学生提供了一个能够在计算机上模拟真实环境的平台，从而开展深入的实践教学活动。通过这种方式，学生不仅可以直观地验证和体验课本中的相关知识，还可以预先体验未来可能从事的工作岗位，为实际工作做好充分准备。与此同时，虚拟现实技术的应用也挑战了传统实践教学的观念和模式，使一些原本难以实现或不可实践的实验和体验变得触手可及。例如，某些高风险或成本过高的实验可以在虚拟环境中安全、便捷地完成，为学生提供更为真实和深入的体验。这种技术的广泛应用标志着高等教育实践教学正经历着一次深刻的转型，其中现代信息技术为实践教学注入了新的活力，使其更加适应当前社会的发展和需求。

虚拟现实技术在实践教学中可解决以下几大问题：一是解决实践中危险性太大的问题。对于生产化学品、高压线路维修、驾驶或医学手术等领域，直接的现场操作对于学生而言存在安全风险。但是借助虚拟现实，学生可以在一个无风险的环境中模拟这些操作，从而获得宝贵的实践经验。二是解决现实实践中高费用的问题。对于一些实践周期长、难以在固定的教学时间内完成的活动，虚拟现实提供了时间的灵活性，使学生可以按照自己的进度进行学习和实践。三是解决实操实训比较困难甚至难以实现以及相关周期长难以在教学时间内完成等问题。地震、火灾、海啸等自然灾害，或飞机和车辆的故障再现等，这些很难或无法在实际中再现的事件，通过虚拟现实技术，学生可以在模拟的情境中体验，从而对这些事件有更深入的理解。四是解决现实中小概率事件重现问题。传统的实践教学环境不可能为每位学生提供"一对一"的指导，或者缺乏足够的设备供学生操作。而通过虚拟仿真，学生可以根据自己的进度和兴趣进行实践、调整，并在完整的学习和实践过程中得到智能化的跟踪与反馈，同时能实现远程监控和网络化的实践教学。

（四）从辅助教学到实现能力培养的转变

在应用型本科高校中，人才培养的核心是能力，尤其实践能力培养。符合国家工程教育认证对专业人才培养的十二种能力的要求。实践教学不仅是关键的教学环节，更是锻炼学生综合实践能力、激发其创新思维和解决生产技术难题的平台。而且实践教学对于激发学生的创新意识、培育其对工程项目的认知以及增强其适应社会的能力也都具有至关重要的影响。为了满足新时代对于复合型、高素质应用型人才的需求，应用型高校不仅要重视理论教学，更要确保实践教学的质量。因为只有当学生能够在实践中应用所学的知识和理论，才能真正变得对社会有用。这样不仅可以确保教育的应用性，而且能确保培养出的学生能够满足社会的实际需求。

针对实践教学从辅助教学到实现能力培养的重大转变，应用型高校在办学过程中必须转变思想观念。首先，高校需要确保实践教学与理论教学得到同等重视。无论是在教师的晋升机制、岗位任命、课时分配、薪酬制定还是在教学评价中，实践教师与理论教师应该受到平等对待。其次，高校必须彻底转变对实践教学的认识。不应再视其为理论教学的附属部分或仅用来验证理论的手段。高校领导和教学管理部门必须充分认识到实践教学的核心价值，摒弃轻视实践教学、忽视实践教师培训与配备的传统观念，而是应该重视培养学生的工程实践能力和动手能力，确保高水平的专职实践教师参与，避免让低水平的实验室管理员担负实践课的重要职责。

二、面向创新创业能力培养的应用型高校实践教学改革

随着全球信息技术的迅速发展，创新精神和创造能力已成为引导国家和科技产业未来走向的关键因素。自我国改革开放以来，特别是从 20 世纪 90 年代中期的互联网浪潮开始，我国经济高速发展并逐渐崭露头角。为确保未来持续、健康地发展，必须抓紧时间培育更多具备创新创业能力的高素质人才。在这个背景下，高等教育，尤其应用型高等教育，需要重新定义时代使命，在培养学生扎实专业知识基础的同时，更要通过实践的方式培养学生的创新创业能力。

（一）构建创新创业能力培养与实践教学体系

应用型高校的实践教学改革是一项涉及多个教育部门的复杂性、长期性、系统性教育工程，主要目标在于构建一个完善、高效的实践教学体系。这个体系是由多个相互联系的部分组成的复杂体系，每一部分都是整个体系的有机组成部分。面向创新创业能力培养的应用型高校，在建立实践教学体系与开展实践性教学改革的过程中，要注意坚持以实践教学与人才培养的总体目标为中心原则，以实践教学的各种基本内容为主要内容，重视建立实践性教育课程平台资源和实践性课程培训基地，如建立特定的教育平台和培训基地，配备必要的实验设备和环境，为学生提供现实中的实践机会。此外，教学目标、教学内

容和教学路径应紧密结合，形成一个相互补充和支持的教学网络，确保学生能够在实践中获得完整、系统的学习经验，从而为未来的创新创业之路打下坚实基础。

（二）增强与提高应用型高校实践教学的层次性

在新课改背景下，应用型高校实践教学改革成为高等教育质量提升的关键手段。这种改革以培养学生的创新创业能力为核心，旨在为地区高等教育带来实质性的进步，更好地满足现代社会对高素质人才的需求。要确保这种教学改革的成功和效果，必须将其与地方经济和市场发展紧密结合，确保所提供的教育与市场需求相匹配。其中，明确并整合实践教学的目标和教学平台是关键。教师队伍的建设是改革的基石，因为优秀的教师可以为学生提供更深入、更具实践性的学习经验。多层次、多样化的教学内容和手段是推动这种改革的重要动力。为增强与提高实践教育教学的层次性，可以将创新创业能力培养的实践教学课程划分为四个层次：一是从基础到综合，首先是基础课程与实验，为学生打下坚实的理论基础；二是专业课程与实验，深入特定领域的知识与技能；三是综合课程与实验，帮助学生将所学知识融会贯通；四是具有创新创业特色的实践课程模块，培养学生的实际操作和创新能力。这种分层次的实践教学旨在使学生能够系统、逐步地掌握知识，将所学"纵向知识"与"横向知识"有效地结合起来。

三、产教融合视域下应用型本科高校实践教学改革

产教融合在应用型本科高校发展中具有重要的现实意义，整合教育资源、提升产业竞争力的战略需求是对校企合作的进一步深化发展。产教融合视域下，应用型高校在实践教学过程中要做出以下改变：

（一）丰富课程教学内容，推进教学方法改革

在产教融合的大背景下，应用型高校的实践教学需紧密结合产业需求，注重解决实际问题，以适应地方的经济增长和产业升级。为了满足各种企业的特定需求，高校必须根据专业规范、具体的企业要求，以及学生的个体差异进行因材施教，同时需要在教学内容上持续进行创新和完善。《关于在院校实施

"学历证书 + 若干职业技能等级证书"制度试点方案》于 2019 年颁布，为实践教学改革指明了方向。其中提到的"1+X"证书制度不仅强调了学历教育的重要性，还突出了职业技能的培训，有助于加快应用型高校在实践教学领域的改革步伐。基于这一文件的指导，应用型高校必须进一步加强与各个行业、企业的紧密合作，对课程进行调整，完善实践教学内容，以确保教学与产业的真正对接。只有这样，学校与企业才能真正实现双赢，为社会培养出更加符合实际需求的复合型高技能人才。

为了适应岗位需求，学生不仅要获得学历证书，更要在学习过程中掌握实用的职业技能，并获得相关的技能证书。这意味着高校除了提供标准的学术课程，还需要确保这些课程与职业技能考核的要求相一致，帮助学生建立坚实的职业技术基础。为此，单一的教学方式已经不能满足当下的需求。应用型高校在产教融合的方向上，需要与企业建立更为紧密的合作关系，共同探索新的实践教学方法。例如，理实一体化的教学方法可以使学生在学习理论知识的同时，有机会将这些知识应用于实际情境中，真正做到"学中做，做中学"。此外，项目化教学也是一种有效的方式，它允许学生在完成具体的项目任务中，培养解决实际问题的能力，同时提高他们的团队合作和沟通技巧。

（二）构建完善的产教融合长效机制

在产教融合视域下，应用型高校面临的重要挑战之一是如何构建一个完善、资源优化、可持续的产教融合机制，以确保有效的实践教学并培养出具备高级技术技能的应用型人才。构建此机制的目的不仅是单纯地加强学校与企业之间的合作，还要深化合作关系，确保双方能够共同努力，满足行业和地区经济的实际需求。由于我国高等教育体系中尚未形成统一且成熟的产教融合框架，这为应用型高校提供了独特的机会。高校可以根据自身的办学特色和学生需求，设计出适应当地经济和企业发展趋势的产教融合管理模式。

首先，高校应当与时俱进，密切关注全球和区域的发展趋势，与地方政府、企业和其他相关行业主体建立紧密的合作关系，确保教育教学与实际需求保持同步。为了更好地服务地区的经济和社会发展，高校需要不断扩大自身影响力，一方面加强与政府和企业的交流；另一方面主动适应新的技术和产业变革，深化与各方的合作模式。其次，结合自身学科和研究优势，应用型高校应积极寻求与地方政府及行业主管部门的深度合作，具体可以从项目研发、资源整合、共同培训、解决技术瓶颈和成果转化等多个层面展开。这种多方面的战略协同不仅可以为高校带来更多的资源和机会，还有助于形成一个高效的产教融合生态，实现各方的共赢。最后，为了确保产教融合的可持续性和长效性，建立完善的校企合作机制显得尤为关键。这种机制应覆盖从课程内容的更新、培养计划的制订到人才培养目标的明确、实践教学的实施等全方位的教育活动。这种全面的合作模式能确保高校的教学活动与企业的实际需求高度匹配，从而实现真正意义上的协同育人，培养出既具备理论知识，又有实际操作能力的应用型人才，为未来社会和经济的发展做出积极贡献。

第三节　新时代应用型高校实践育人协同创新发展

一、新时代应用型高校实践育人协同创新的基本特征

在新时代背景下，应用型高校实践育人协同创新的目的是通过实践育人系统内各要素的紧密合作，推动实践育人整体功能的持续性提升。虽然应用型高校实践育人协同创新系统继承了一般系统的共性特征，但由于其要素、目标和功能等方面的特殊性，所以与其他系统之间存在着明显差异。新时代应用型高校实践育人协同创新的基本特征如图7-1所示。

图7-1　新时代应用型高校实践育人协同创新的基本特征

（一）功能的整体性

应用型高校实践育人协同创新这一系统并非是若干个单一要素或部分的简单叠加。相反，这一系统是由若干个要素组成的有机整体，其中各要素与外部环境紧密相连，互相协作和协同，从而产生新的动力和影响。这种整体性不仅是各部分的简单组合，而是各要素功能与本质的重组与整合。因此，新时代应用型高校实践育人协同创新的各组成部分是一个有机整体，各要素都有其独特的角色，相互作用、相互影响、相互促进。在新时代，应用型高校实践育人协同创新系统是由诸多要素组成的有机整体。为确保有效把握该系统的整体性、协同性，关键在于综合考虑各个要素之间的相互作用，包括从载体到主体施力的方式，以及各个要素的作用和着力点，真正发挥"1+1 > 2"的协同效应。

（二）结构的层次性

从系统论角度来看，一个复杂的体系都是由结构层面构成的。从横向的切面分析，无论哪个系统都是由若干个相互联系但又相对独立的单元组成的。新时代的应用型高校实践育人协同创新系统正是这种结构的体现。以实践育人载体为例，它涉及的实施主体有多个子要素，包括政府、学校、家庭、社会和学生个体等。在这些要素中，学校和学生无疑是基础、核心的要素。学生作为受力主体，是所有其他子要素作用的具体施力对象，学生的学习与成长被视为系统的最终目标。在这一过程中，家庭、社会和政府的作用与贡献也都旨在更好地服务学生的发展。而学校则如同一个连接器，不仅负责直接教育学生，也为其他要素与学生之间建立联系提供平台。各要素之间形成有机的关系网络，共同协作，彼此依赖，确保整个协同创新系统高效、和谐地运作，从而实现其既定的教育目标。从纵向的切面分析，应用型高校实践育人协同创新系统是由多个层级交织而成的复杂结构。这一系统在高校实践育人中表现为三个主要子要素：国家、省市和高校。而这些子要素又进一步包含各自的细分部分，形成了一个多层次的结构。其中，高校是基础层面的关键要素，起到承上启下的桥梁作用。其不仅承担着政策的具体执行和落地任务，同时在整个协同创新过程中，它也肩负着资源协调和整合的主导角色，展现出其在系统中的独特能动性。

（三）环境的适应性

外部环境的不断变化，特别是所处时代的特征，对应用型高校实践育人协同创新系统的运作具有十分深远的影响。为了对学生进行有效培养，该系统必须展现出高度的灵活性，根据外部环境的变化进行内部调整。这种调整不仅发生在整体层面，系统内部的各要素和子要素都需根据情境进行微调。随着时间的推移，特定的构成要素可能已不再满足当下环境的需求，这就需要系统进行重构和再组，以确保其始终与外部环境保持同步。实际上，这是一个循环往复的过程：环境变化导致系统调整，而系统的新构造又在新环境中发挥作用。应用型高校实践育人协同创新系统必须具备这种动态性和适应性，不仅要对基础知识和技能进行传递，更要对外部环境变化进行积极响应。实践证明，无论是在结构、内容还是功能上，应用型高校的实践育人协同创新都是随历史发展而不断进化的。

二、新时代应用型高校实践育人协同创新的发展趋势

实践育人是一个复杂的活动，涉及众多要素之间的互动和冲突，其内在根本冲突源于社会发展对实践教育的需求与现实教育实际需求之间的不一致。特定的社会发展环境塑造了对实践教育的特定需求，然而现实中的教育往往难以完全满足这些需求，并因此产生了一些矛盾，这种基本矛盾推动了实践育人协同创新的需求。因此，实践育人协同创新是实践育人基本矛盾决定下的自身发展过程中的差距带来的发展需要。在新时代，由于发展差异而产生的发展需求与趋势主要表现为以下两个方面：

（一）更加聚焦立德树人的根本任务和目标

1.党的教育方针发展与立德树人根本任务确立

立德树人是教育事业发展必须始终牢牢抓住的灵魂。培养什么人、怎样培养人、为谁培养人是党和国家教育的基本问题。自中华人民共和国成立以来，我国党的教育方针一直着重学生的德、智、体、美四方面的全面发展。特别是自党的十八大以来，教育的根本任务已经明确转向立德树人。党的十八大

报告、十九大报告、二十大报告均强调，高校的根本任务在于立德树人，如二十大报告强调"全面贯彻党的教育方针，落实立德树人根本任务"。对于党和国家来说，立德树人的主要目的是培养一代又一代坚定不移拥护党的领导，为社会主义现代化事业不懈奋斗的建设者和接班人。

2. 立德树人根本任务的深刻含义与时代价值

"树人"始终是教育的一个重要任务。自党的十八大以来，党对教育的指导方针在承袭传统理念的同时，逐渐探索新的内涵和方向，这正是党高度重视教育的体现。其中，有三个方面的深刻含义：第一，立德树人是对教育本质的新认识。历代都强调教育的主要目的在于"培养人"。党的十八大特别强调了德育的重要性，这是对"如何培养人"这一核心问题的更新回答，即不仅是传授知识，更多的是对人的道德修养和价值观的培育，确保每一位受教育者都能成为有道德、有担当的公民。第二，立德树人体现了对中华优秀传统文化的传承。在我国历史长河中，涌现出诸多文化和思想，如儒、道、佛等，及个人伦理、家庭伦理、国家伦理，这些伦理准则与德育思想是中华民族的文化精髓，在不同程度上强调了人的道德修养，体现了对党弘扬美德这一优良传统的继承和发展。第三，立德树人凸显了鲜明的时代紧迫性。在物质条件丰裕、信息交流迅速的今天，人们面临着多种价值观的交织与碰撞。特别是在一些低俗、腐化的娱乐风尚盛行的背景下，正确的道德取向显得尤为关键。只有树立正确的世界观、人生观和价值观，人们才能在纷繁复杂的社会中坚守初心，做到不随波逐流。为了实现中华民族伟大复兴，弘扬正能量，肩负起国家的未来和使命，"立德树人"不仅是一个教育方针，更是对每一个公民的深沉期望和呼唤。

（二）实践育人系统自身的复杂性不断提升

1. 实践育人的主体与载体更加多元丰富

一方面，自改革开放开始，伴随着经济社会及高等教育的步伐，实践育人的载体也变得越来越丰富。起初，这主要集中在教学实践、社会实践活动及军政训练中。但随着时间的推移，实践育人的载体不断扩展，涵盖了勤工俭学、志愿服务、创业创新教育、挂职经历、各类学术研讨和科技竞赛等。另一方面，实践育人的参与主体更加多元。随着实践育人逐渐融入各种各样的课程当中，参与实践育人的主体不再局限于特定的教师或党团学干部，而是涵盖了更广泛的群体。除了学校内部的各类教师，社会各界，包括企业、党政机关、事业单位，以及为实践育人提供专业服务的机构都参与其中，共同促进学生的全面成长。这种多元化的主体参与为实践育人带来了三方面显著的影响：首先，不同的参与主体间的交流与合作自然增多，为学生提供了更加丰富多样的实践体验。这种跨界合作增强了学生的综合能力和应变能力，使他们更好地适应复杂多变的社会环境。其次，多元的主体参与带来了资源的竞争。各种实践活动需求对时间、空间、物资和人力等资源都有一定要求，这就需要所有参与方更加精明和高效地配置资源，确保实践育人活动的高效运行。最后，主体的多样性为各方提供了丰富的学习和交流机会。在相互合作中，各方可以分享经验，借鉴优点，达到互补互助的效果。但主体的多样性也要求所有参与方加强沟通与协同，减少因资源竞争而产生的摩擦。这些影响都要求、推动着实践育人更加自觉自发地推进协同创新，通过协同创新促进相互联系合作的正面效应并克服相互竞争的负面效应。

2. 实践育人的功能作用更加广泛显著

实践育人的历史发展经历了自发与相对主导、自觉与相对隐性、普及与价值凸显的过程，这种发展不只体现在形式之上，更在实质上显示了实践育人功能作用的日益扩大与其效果的逐渐明显化。这种变化发展与教育尤其高等教育的作用功能的转变息息相关。自党的十八大以来，我国的高等教育在人才培养方面已有显著转型。过去可能更偏向传统的学科知识教育，而现在则注重培养学生适应新技术、新行业以及新的业务模式的能力，以满足时代发展的需要。这种变化不仅仅局限于普通的人才培养，还延伸到了高层次、拔尖人才的培养，尤其那些能够代表"中国范式"的基础专业领域的精英人才，为国家的发展提供了更为坚实的支持和保障。

高等教育的主要职责实现了从单纯的教书育人和学术科研延伸至为社会服务与文化传承提供重要支撑的转变。与此同步，实践育人的理念也必然要经历一场相应变革，不应只是课堂教学的有益补充，而是一种更加广泛、更加深入的育人理念、方式和载体。基于此，实践育人所需要承担的功能应该越来越广泛，所发挥的作用应该越来越显著。为了更好地发挥越发广泛的功能和作用，实践育人协同创新变得尤为重要。只有通过多方合作、共享资源和知识，才能确保实践育人真正达到应有的效果，满足现代社会和经济发展的需要。

3. 实践育人的环境条件更加复杂多变

随着社会经济的日益发展，实践育人所处的环境也变得越发复杂与多变。这主要与两大发展趋势密切相关：一是社会经济的结构化、组织形态、职业形式、分配方式以及利益关系正朝着多元化发展。与此同时，国外的各种社会思潮、价值观、文化现象和生活方式都在不断地涌入我国，为实践育人带来了各种各样的机遇与挑战。二是社会和时代发展速率日益提升，就像摩尔定律中所描述的，集成电路的组件数量在短时间内翻倍，这反映了技术的高速发展。同样地，社会的发展速度也在日益加快，要求实践育人不断适应新的变革和挑战。面对这样的环境变化特征，实践育人不再是一个孤立的过程，而是一个与外界环境相互作用的系统。为了能够更好地应对外部环境的快速变化，实践育人的方法和策略必须不断创新。协同创新在此扮演着至关重要的角色，它能够帮助实践育人更好地适应外部环境的变化，甚至有可能主导和引领这些变化。

三、新时代应用型高校实践育人协同创新的关键点位

新时代应用型高校实践育人协同创新是一项系统工程，既需要整体谋划，也需要重点突破。因此，在系统性建构基础上，需要寻找到具体、有形、关键的工作抓手。

（一）优化政策指导联动体系

政策是指国家、政党为实现一定的政治路线而制定的行动准则。为了实现政策的具体目标和愿景，需要借助各种政策工具，这些工具是为了满足公共需求而采纳的一系列各种方法、手段和实物机制。对于应用型高校实践育人而言，政策和政策工具起到至关重要的作用，其不仅具有强烈的顶层设计、明确的约束力和全面的导向作用，而且对于确保教育工作在特定环境下的流畅进

行，以及保障教育体系内各要素的和谐协作具有决定性的引导作用。因此，如何制定合理的高校实践育人政策，以及如何为这些政策配备恰当的政策工具成为推动实践育人的关键所在。

首先，实践育人政策具有双三级体系。实践育人政策主要包括三大制定主体，分别为全国、省级、高校。在全国层面，政策制定的主体可以进一步划分为两个主体；第一个主体为党中央、国务院代表的中央；第二个主体是党和国家、军队的中央机关部门，主要包括中宣部、教育部、团中央、财政部、解放军总政治部。实践育人政策的制定与党和国家的积极引导分不开。在高等教育领域，政府的领导和引导起到了决定性作用。在省级层面，政策制定的主体可以进一步划分为省级党委、政府和省级的宣传、教育、共青团等部门。这些部门通常以国家政策方向为依据，结合本地特色与实际需要，细化并调整政策方针，确保其既与全国政策保持一致，又能够针对性地解决地方性问题。对于一些具有创新和试点性质的实践，省级部门会制定相应策略。高校作为实践育人政策的执行前线，处于这一政策层次体系的基层，但在高校内部，其具有最高的决策权。高校不仅是实践育人政策的主要执行者，还需要根据本校的实际情况和特色，进一步细化和本地化这些政策，确保所制定的政策与学校的整体发展策略和教育目标紧密结合。

其次，实践育人政策具有不同类型。实践育人政策主要包括四大类，分别为总体性政策、专项性政策、关联性政策、操作性政策，如图7-2所示。以全国中央层面为例，总体性政策为实践育人提供了宏观的指导框架，如国家的五年发展规划、教育现代化规划，以及关于教育的、思想政治教育的方针等，这些政策往往揭示了高校实践育人的方向、目标、要求等。专项性政策指的是中央专门针对实践育人所制定和颁布的相关意见，如《关于进一步加强和改进实践育人工作的意见》《关于深化高等学校创新创业教育改革的实践意见》。这类政策对于明确实践育人的具体目标与实施细节极其重要。关联性文件指的是由中央层面出台的其他政策文件，其中部分要求与实践育人有关，如部分国家级政策文件可能涉及与实践育人相关的资源分配或支持措施，这也间接影响到实践育人的实施。操作性政策指的是围绕实践育人的某一个载体、某一项具体工作做出的规定、要求或部署，如《志愿服务记录办法》《中国注册志愿者管理办法》。不同层级的不同类型政策汇集起来构成实践育人的政策体系。

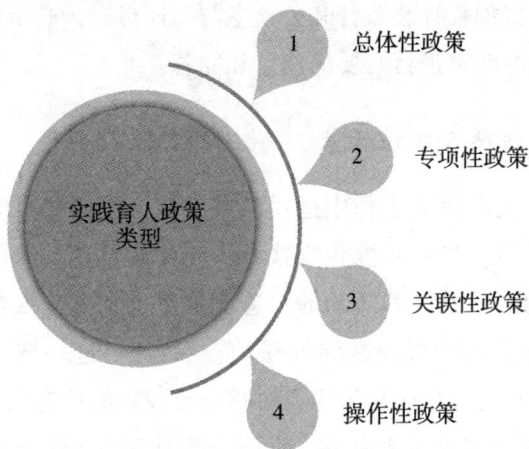

图 7-2　实践育人政策类型

最后，实践育人政策具有与时俱进的动态性。政策随着时代的变迁和社会需求的演变而适时调整和更新，具有相对稳定性。在政策的制定和完善中，比较常见的理论借鉴是多源流理论。美国政策科学家、政治学家约翰·W.金登（John W.Kingdon）认为，政策变化是问题源流、政治源流、政策源流交互作用的产物。[①] 其中，问题源流凸显了政策制定中的核心驱动因素，这是社会中存在的诸多问题和议题，需要政府采取措施来解决；政治源流反映了治国理念、执政方针和公众期望对政策形成的影响，这是政策背后的力量，决定着政策的方向和重点；政策源流涉及现有的政策建议、观点和方案，是政策制定的基础，为解决问题提供了可能的路径和手段。实践育人政策的联动体系建设更加需要关注的是问题流源，即识别当前政策联动迫切需要解决的问题，如顶层设计的缺陷、考核机制的不完善或发展的不平衡性。

另外，为确保实践育人政策的有效执行与成果，建立评估评价和反馈机制至关重要。教育部可领导并协调各应用型高校和社会专业机构，共同制定一个科学而详细的实践育人政策执行评价指标体系。这一体系的目标是确保各政策指向的教育目标得以实现，同时揭示可能的差距或不足。通过定期的效度评估，可以获取关于政策执行情况的详细信息。再将这些评估结果以透明的方式

---

① 金登，议程、备选方案与公共政策 [M].丁煌，方兴，译.2 版.北京：中国人民大学出版社，2004：148-154.

公之于众，不仅可以加强社会监督和公众参与，还可以为政策制定者提供宝贵的反馈，从而对现有政策进行必要的调整和完善。

（二）优化品牌传导联动体系

应用型高校在实践育人工作中运用品牌效应，可以通过策划和执行标志性的品牌活动或项目，进一步强化实践育人工作的推广与影响力，为其持续发展注入新的活力。而且品牌活动的打造能够促进实践育人各个层面的协同创新，强化实践育人各个层级之间的联动。"品牌"这一概念源于古挪威语"brandr"，用于表示通过烙印标记主人对牲畜或奴隶的所有权。随着时代的进步，"品牌"的含义逐渐丰富和扩展，延伸至商业和社会的各个领域。在当代社会，由于科技的飞速发展、市场制度的完善和消费者需求的不断升级，"品牌"不再只是代表一个名称或一个视觉标记，而是更多地涉及感官刺激、消费者情感认同、对品牌的认知等多方面。应用型高校实践育人中的品牌效应的传导运用需要做好以下几项工作：

一是统一的品牌名称。品牌名称不仅是品牌的标识，更是其灵魂。品牌名称需要简洁、醒目，能够引起公众的注意和关注。如，"三下乡"社会实践活动、"创青春"大学生创业大赛，这些名称简明扼要，便于记忆，同时能够很好地传达其价值和意义。二是统一的品牌主题。在品牌名称的基础上，进一步深化其内涵，为其赋予更具深度的情感和哲理。例如，"未来之星"的主题语"点燃梦想，照亮未来"不仅清晰地揭示了该活动旨在发掘并培养年轻人的潜力，同时激励参与者对自己的未来充满信心，追求更高的目标。三是统一的品牌标识。品牌标识是品牌形象的直观展现。如同志愿服务中的"心鸽"标识和"三下乡"社会实践中的三原色带标识，这些标识不仅是一个图形符号，更包含了一系列的价值观、理念和使命。鲜明且独特的标识能够快速吸引公众的注意力，使其对该活动或项目产生兴趣，进而参与其中。一个设计好的标识能够为人们提供持久且难以模仿的印象，从而在众多信息中脱颖而出。四是统一的工作部署。工作部署是影响实践活动顺利进行和品牌传播持续性的重要因素。例如，"三下乡"活动每年都由中宣部、中央文明办、团中央、教育部、全国学联五部委进行工作部署。这种逐级的部署方式确保了全国范围内的实践育人活动具有统一性和连续性，无论是在目标设定、任务分配还是实施步骤上，都有明确的指导和要求。这不仅使得活动的推进更为有序，也确保了品牌传播的稳定性和长远性。五是统一的工作衔接。这不仅是保障活动有序开展的基础，也是确保品牌活动核心理念得以延续和扩展的关键。以"全国青年科技创新大赛"为例，该大赛分为校级、省级、全国级三级赛事，旨在挖掘和培养青年科技创新人才。为确保各层次赛事的流畅和一致，比赛的评判标准、提交材料要求以及参赛流程都进行了严格的规范和统一。这样的设计既确保了参赛青年在每个阶段都获得公平、公正的竞赛体验，也为各级评委提供了一个高度统一的评审标准，从而确保从初级到高级每一个阶段的选拔都严格按照标准，形成了一个有机、连贯的评选链条。

品牌传导联动体系的构建与运行主要由规划、建设、联动三个阶段构成。在规划阶段，由教育部、团中央等主要部委发挥指导作用，对全国性的实践育人品牌进行全面梳理。不只是对既有品牌的盘点，更重要的是对其功能和意义进行评估。对于那些缺乏品牌认知度的活动，需要重新设计，构建一个更加鲜明、易于理解的新品牌形象。而对于已有的重叠品牌，应进行整合提升，确保其独特性和可辨识度。对于子品牌的管理，应根据其实际作用和影响度进行有选择性的保留或合并，形成一个清晰、有层次的品牌体系。在建设阶段，各级实践育人的主体应按照品牌战略的运用规律，结合实际需求，对品牌的建设进行精心设计和完善，包括确保品牌的稳固性、其声誉的扩展和传播的持久性。在联动阶段，主要是统一品牌标识的应用、统一工作部署，以及统一工作机制的建立，为实践育人品牌的深入推广创造有利条件。同时，强化品牌理念的培训、资源的整合配置、工作评价及奖惩机制，以及典型的选择和宣传传播等都是增强联动协同意愿和能力的有效途径。这不仅能够确保品牌的统一性和连贯性，更能确保品牌活动在不同层级、不同地区的有效推广和执行。

（三）优化实施激励联动体系

育人是教育的根本目标，关乎人的全面成长与发展。作为教育的重要一环，育人的任务不仅是传授知识，更多的是为社会培养全面发展、身心健康的人才，这一任务反映出国家和社会对人才的期望和要求。应用型高校是育人工作的重要阵地，这里会聚了大量的年轻人才，这些人的成长和发展与国家的未来息息相关。因此，应用型高校育人工作必须体现整体性、系统性和一致性。

这就需要应用型高校实践育人工作注重过程联动，通过过程重点环节的动态联动，以及主体联动意愿能力的提升，确保实践育人目标的实现。

1.过程重点环节的动态联动

通常情况下，层级联动的应用型高校实践育人工作需要在多个不同层级之间进行实施，具有层级间的共性。一般实施过程包括四个环节：一是动员部署环节。动员部署环节是这个过程的启动点，确保所有参与方都对活动有一个清晰的认识和期待。这不仅包括任务的明确，还涉及使命感的培养和动员。在此环节，高层的指导和方向性部署对于下层的执行至关重要，从而保证活动的整体方向和目标的统一。二是信息流通环节。信息流通环节作为桥梁，保证了不同层级之间的沟通和反馈。信息的及时互动对于整个过程的顺利进行至关重要。这不仅关于任务的更新和调整，还包括各级实践育人主体之间的相互学习和经验分享。三是检查督导环节。检查督导环节保证了整个过程的质量和效率。通过定期的检查和反馈，可以及时发现并纠正偏差，确保每一步都沿着预定的轨道进行。四是总结考核环节。总结考核环节为整个过程画上了圆满的句号。在这个环节中，各级主体可以根据实际情况进行自我评估，同时接受上级的评价和反馈，从而不断优化和完善。这四个环节相辅相成，形成了高校实践育人协同创新中的完整闭环，确保了层级联动的有序性。

2.主体联动意愿能力的提升

在应用型高校实践育人协同创新系统中，各参与主体主要包括教育部门、学校、教师、学生、企业等。这些主体的联动意愿和能力是影响实践育人工作质量和效率的间接因素。从联动意愿来看，主要是要增强主体联动的激励动力。为了更好地满足各个主体的协同需要，可以增强主体协同三大激励动力。具体如下：

一是利益驱动动力。要设计科学合理的利益分配模式，明确各方收益。在活动的实施中，关键是详细记录每个主体的贡献，为后续的利益分配提供准确依据。为确保该驱动机制的高效运作，活动结束后，应迅速启动利益分配程序，使各方能够及时感受到其努力带来的实际回报。这样利益驱动策略不仅确保了公平分配，还能立即产生明显的激励效果。

二是竞争驱动的能量动力。创建竞争平台，如通过开展各种创新试点，挖掘出一批有潜力和代表性的典型，同时可以设立项目立项、资源申报等程序，确保多个参与主体都有机会为有限的荣誉和资源展开激烈竞争。为防止暗箱操作或不公平的竞争，需要设计公平、合理的竞争规则，保证竞争是在公平、透明和有序的环境中进行。一场竞争，无论多么激烈，如果其结果没有得到适当的应用或反馈，那么其价值将大大降低。当主体经过一番努力后，得知自己的努力没有得到应有的回报，或者连一个合适的应用场景都没有，那么下次可能不再参与。因此，还要应用竞争结果。此外，为了确保这一切都按计划进行，并且能够持续改进，优化竞争反馈是关键。除了给予竞争者应有的奖励之外，还需要告知其关于竞争结果的详细情况，同时鼓励其提供反馈，确保竞争激励机制的长期有效性。

三是负向激发的能量动力。为确保所有主体遵守联动协同的基本要求，对那些阻碍、破坏甚至不履行此要求的行为应予以严格处罚。这包括但不限于对其进行公开批评和通报，降低对其的资源投入，或减弱对其的支持力度。这种负向激励旨在补充正向激励机制，确保所有参与者朝着共同的目标努力。

参考文献

[1] 张一婷. 应用微生物学实验分级训练教程 [M]. 北京：化学工业出版社，2023.

[2] 赵杨. 创新创业实践与应用型高校人才培养研究 [M]. 北京：中国纺织出版社，2022.

[3] 董丽娟. 转型高校实践教学体系的科学构建与实施研究 [M]. 秦皇岛：燕山大学出版社，2021.

[4] 李红，王谦. 新时代高校实践育人理论与实践 [M]. 镇江：江苏大学出版社，2021.

[5] 浙江省教育厅. 行走的课堂浙江省高校实践育人理论与实践 [M]. 杭州：浙江工商大学出版社，2021.

[6] 孟猛，宗美娟. 应用型本科高校教育教学理论与实践 [M]. 长春：吉林出版集团股份有限公司，2021.

[7] 桑爱友. 应用型人才培养导向下高校教育教学理论与实践研究 [M]. 长春：吉林人民出版社，2022.

[8] 吴建铭. 新时代地方本科高校应用型发展研究 [M]. 北京：中国广播影视出版社，2023.

[9] 蔡明山. 地方高校应用型人才培养的研究与实践 [M]. 上海：复旦大学出版社，2020.

[10] 徐向伟，姚建涛. 新形势下高等工程教育实践教学体系构建与实践 [M]. 秦皇岛：燕山大学出版社，2022.

[11] 张晋. 高等职业教育实践教学体系构建研究 [M]. 北京：光明日报出版社，2019.

[12] 鲍玮. 高职教育实践教学体系的建设探索 [M]. 天津：天津科学技术出版社，

2017.

[13] 张亚娜. 双创时代下应用型本科实践教学体系研究 [M]. 北京：中国纺织出版社，2020.

[14] 黄珍. 基于能力本位的地方高校应用型人才培养模式研究 [D]. 上海：华东理工大学，2021.

[15] 曾臻. 应用型本科高校实践教学体系研究 [D]. 昆明：云南师范大学，2020.

[16] 邱国路. 应用型高校专业课程实践教学质量研究 [D]. 南昌：南昌大学，2019.

[17] 冯小强. 高校本科实践教学学生满意度调查研究 [D]. 天津：天津大学，2018.

[18] 王鹏. 高校转型背景下应用型本科院校实践教学体系研究 [D]. 西安：西安建筑科技大学，2017.

[19] 曾玲玉. 应用型人才的本科教育 [J]. 内江科技，2006，27（2）：15，63.

[20] 陈蕾，李建启. 我国应用型本科教育的培养规格与培养模式 [J]. 黑龙江高教研究，2014（5）：40-42.

[21] 戴德锋，窦德强. 应用型本科院校教学团队建设问题探讨 [J]. 中国包装，2017，37（1）：71-73.

[22] 翟丽，王栋. 高校应用型人才培养实践教学研究 [J]. 中共太原市委党校学报，2022（4）：42-44.

[23] 翟陆陆，王盼丽，张晓军. 应用型本科课程开发现状、问题与对策：以河北省 10 所转型高校为例 [J]. 河南科技学院学报，2016，36（12）：72.

[24] 付冬波，吴伟丰. 教学质量监控系统多维度分析的设计 [J]. 科学咨询（科技管理），2021（10）：93.

[25] 高明. 应用型本科教育的内涵、发展依据与实现模式 [J]. 教育与职业，2016（14）：12-15.

[26] 何国锋，胡合武，杨添冰，等. 应用型本科院校嵌入式课程创新能力培养研究与探索 [J]. 电脑知识与技术，2022，18（26）：104-106.

[27] 贺祖斌，孔苏. 新型本科院校应用型人才培养研究 [J]. 应用型高等教育研究，2018，3（2）：1-4，10.

[28] 胡源，付跃刚，王世峰，等. 新工科本科人才创新能力培养模式的实践探索 [J]. 科教导刊，2022（15）：7-9.

[29] 蒋永荣，方成，夏金虹 . 基于学科交叉培养本科生创新能力的探索 [J]. 高教论坛，2015（7）：45-48.

[30] 张一婷，伦海波，王华 . 食品微生物学实验的基本原理及技术分析：评《食品微生物学实验技术（第 4 版）》[J]. 食品安全质量检测学报，2022，13（22）：7476.

[31] 张一婷，伦海波，杨相丽 . 应用型本科实践教学评价体系构建与应用研究 .[J]. 文创教育，2022（7）：46-48.

[32] 徐宏杰，刘启蒙，张平松，等 . 地方应用型高校实践教学质量监控体系构建 [J]. 吉林农业科技学院学报，2020，29（6）：57-60.

[33] 王艳 . 专业评估背景下应用型高校实践教学体系的优化 [J]. 黑河学院学报，2020，11（9）：73-75.

[34] 马宁，王金萍 . 应用型高校实验室 STEM 实践教学模式研究 [J]. 黑龙江科学，2021，12（21）：68-69.

[35] 刘燕 . 双创背景下民办应用型高校实验室的开放性建设 [J]. 化学工程与装备，2021（2）：266-267.

[36] 林晓霞，管航敏，叶原丰，等 . 应用型高校开放实验室管理系统研究与实践 [J]. 科技创新与应用，2021（7）：190-193.

[37] 程杰 . 创新视阈下地方应用型高校实践教学管理优化策略 [J]. 大连教育学院学报，2020，36（3）：74-77.

[38] 任昊源，刘小梅 . 产教融合协同创新视域下高校实践教学模式研究：以应用型高校财会类专业为例 [J]. 中国高新科技，2020（15）：77-78，85.

[39] 庞晨 . 基于网络管理系统的应用型高校实践教学育人协同体系建设分析 [J]. 财富时代，2020（7）：68-69.

[40] 黄慧 . 内蒙古应用型高校实践教学对学生创新创业能力的培养 [J]. 中国多媒体与网络教学学报（上旬刊），2020（7）：147-149.

[41] 王珩，王利岩，徐世峰，等 . 应用型高校实践教学基地建设研究与探索 [J]. 中国教育技术装备，2020（8）：66-68.

[42] 危亮，贺晓梅 . 新建地方本科应用型高校实践教学改革探索与实践 [J]. 大学，2020（13）：45-46.

[43] 张翔，魏群 . 转型发展中应用型高校实践教学体系构建研究 [J]. 知识经济，2020（6）：179-180.

[44] 唐吉深，莫燚 . 应用型高校实践教学质量评价指标体系构建探析 [J]. 教育现代化，2020，7（8）：16-18.

[45] 金泽兴，李晓英 . 双创背景下应用型高校实践教学体系再设计研究 [J]. 智库时代，2020（3）：194-195.

[46] 姚琳 . 应用型高校实践教学体系优化研究 [J]. 许昌学院学报，2019，38（6）：148-152.

[47] 金廷福，彭双艳，谭野，等 . 地方应用型高校实验室安全管理问题与对策研究：以贵州工程应用技术学院为例 [J]. 创新创业理论研究与实践，2022，5（15）：75-77.

[48] 张杰，周伟，朱珺 . 应用型高校在"互联网 +"背景下虚拟实验室构建模式应用 [J]. 数字技术与应用，2022，40（1）：114-116.

[49] 崔建国，宁永香 . 地方应用型高校校企联合共建创新实验室探索：以山西工程技术学院为例 [J]. 西部素质教育，2021，7（23）：140-141.

[50] 蔡琼 . 面向创新创业能力培养的应用型高校实践教学优化探索 [J]. 智库时代，2019（29）：72-73.

[51] 谈一真，孔荣，黄新 . 创新创业背景下应用型高校实践教学内涵建设的研究 [J]. 教育现代化，2019，6（47）：30-32.

[52] 刘杨，项鸣，朱丽，等 .SWOT 视角下应用型高校实验室安全管理问题研究 [J]. 现代职业教育，2023（24）：113-116.

[53] 寇琼洁 . 应用型高校实验室文化建设发展策略研究 [J]. 中国现代教育装备，2023（9）：53-55，59.

[54] 吴洁 . 地方应用型高校实验室安全管理策略研究 [J]. 科教导刊，2022（33）：137-139.

[55] 陈志，柯惠珍，李永贵，等 ."双一流"建设背景下地方应用型高校实验室开放共享运行机制探索 [J]. 纺织服装教育，2022，37（5）：482-484.

[56] 张宇，李雨 . 高校政行企校联动的产教融合实训基地运行机制研究 [J]. 产业创新研究，2023（12）：181-183.

[57] 王雯，杨静，谢金良，等 . 产教融合视域下校企合作实训基地建设研究：以汽车检测与维修技术专业为例 [J]. 汽车测试报告，2023（8）：116-118.

[58] 汪顺锋 . 校外专业实训基地与"双创"深度融合：以艺术设计专业为例 [J]. 美术教育研究，2023（4）：112-114.